司法智库

2021年第一卷·总第四卷

李 峰 主编

厦门大学出版社

XIAMEN UNIVERSITY PRESS

国家一级出版社

全国百佳图书出版单位

图书在版编目(CIP)数据

司法智库.2021年第一卷·总第四卷/李峰主编.—厦门:厦门大学出版社,2022.4

(司法智库系列)

ISBN 978-7-5615-8516-0

Ⅰ.①司… Ⅱ.①李… Ⅲ.①司法—文集 Ⅳ.①D916-53

中国版本图书馆 CIP 数据核字(2022)第 021843 号

出 版 人	郑文礼
责任编辑	甘世恒 郑晓曦

出版发行 厦门大学出版社

社 址	厦门市软件园二期望海路 39 号
邮政编码	361008
总 机	0592-2181111 0592-2181406(传真)
营销中心	0592-2184458 0592-2181365
网 址	http://www.xmupress.com
邮 箱	xmup@xmupress.com
印 刷	厦门集大印刷有限公司

开本	720 mm×1 020 mm 1/16
印张	16.5
插页	1
字数	280 千字
版次	2022 年 4 月第 1 版
印次	2022 年 4 月第 1 次印刷
定价	88.00 元

厦门大学出版社
微信二维码

厦门大学出版社
微博二维码

编辑团队成员简介

李峰（1966—　），男，生于河南潢川，法学博士。本科、硕士、博士均毕业于西南政法大学。现任上海师范大学教授、博士生导师、诉讼法学科（学位点）负责人、法律系主任，兼任中国民事诉讼法学研究会理事、上海市司法学研究会理事，曾任河南省律师法学研究会副会长兼秘书长、浙江工业大学法学院副院长等。主要研究方向为民事诉讼法、证据法、司法学等。在《科学学研究》《法商研究》《法律科学》《现代法学》《法学评论》《华东政法大学学报》等核心刊物上发表论文数十篇，出版著作十余部，主持国家社科基金、教育部人文社科基金项目等多项。

陈洪杰（1979—　），男，生于浙江温岭，法学博士。现任南京大学法学院特任副研究员、硕士生导师，同时任中国董必武法学思想（中国特色社会主义法治理论）研究会理事、中国法理学研究会理事、上海市司法学研究会理事等。主要研究方向为民事诉讼法、司法体制、法学方法论等。在《法律科学》《法制与社会发展》《比较法研究》《华东政法大学学报》等核心刊物上发表论文多篇。

程兰兰（1981—　），女，生于河南安阳，法学博士。现任上海师范大学副教授、硕士生导师。主要研究方向为经济刑法、刑事法律一体化等。在《政治与法律》《华东政法大学学报》等核心刊物上发表论文多篇，主持教育部人文社科基金项目等多项。

吴啟铮（1982—　），男，生于广东汕头，法学博士。现任上海师范大学副教授、硕士生导师。主要研究方向为刑事诉讼法、司法制度等。在《比较法研究》《环球法律评论》等核心刊物上发表论文若干篇，主持上海市哲学社会科学规划项目等。当前主要研究方向为刑事诉讼法、刑事司法制度与改革、比较刑事司法、少年司法、社区矫正。

张玉海（1986—　），男，生于山东青州，法学博士。现任上海师范大学讲师、硕士生导师，上海交通大学凯原法学院破产保护法研究中心兼职研究人员。在《法律科学》《法学》等核心刊物上发表论文若干篇，出版著作多部，主持上海市哲学社会科学规划项目等多项。

　　韩振文(1987—　　)，男，生于山东滨州，法学博士，高雄大学访问学者。现任浙江工商大学法学院副教授、硕士生导师。主要研究司法认知科学、裁判方法等。主持国家社科基金、教育部人文社科基金、浙江社科规划基金项目等，在《东方法学》《求是学刊》等刊物上发表论文五十余篇，出版个人专著两部。

Contents

目 录

理论探索

法律解释理论是知识冗余吗？*

王云清**

摘要：当代法律解释学正在面临怀疑论者提出的去理论化批评。怀疑论者声称法律解释不存在统一的理论，而且已有的解释理论并不能很好地说明法官是如何解释法律的。对法律解释理论的怀疑，最终得出了"法律解释理论不重要"的结论，并使得法律解释逐渐走向实用主义、虚无主义。当前法律解释确实不存在统一的理论，在这一点上怀疑论者的批评是正确的。而且，当前法律解释正在走向共识，对这些共识的抽象和总结依然是法律解释理论的重要工作。法律解释的理论化并不是在规则意义上提供一套可以供法官直接使用的解释技术，而是通过证立法律解释维持客观性和认知融贯性。正确认识法律解释理论的功能表明，法律解释理论并不像怀疑论者所说的那样是知识冗余。

关键词：法律解释；解释理论；反理论

"理论是法律当中最重要的部分，就好像建筑师对房屋的建造至关重要一样。"

——奥利弗·温德尔·霍姆斯[1]

---

* 基金项目：国家社科基金青年项目"司法裁量的运作机制与偏差控制研究"（17CFX054）。

** 王云清，厦门大学法学院副教授、硕士生导师。

[1] O. W. Holmes, *Collected Legal Papers*, New York：Harcourt Brace and Co.，1921，p.3.

在社会科学领域中，所谓的理论就是"脱离个别事物的一般化，脱离具体事例的抽象"。[1] 学习理论的意义就在于"其可以最简洁的方式用因果关系勾连起不同现象，并由于这种联系而可能最大量地解释和预测现象的一般性"。[2] 然而，对于对真实世界感兴趣的人来说，理论或者与理论有关的知识似乎离题甚远。正如好的投球手不需要学习抛物线理论一样，近年来法律理论和法律实践似乎正在走向分殊的道路。不少学者批评法律理论"几乎没有任何影响"[3]，"对理论的追求总是带有很强的自我怀疑的意味"[4]。而在制定法领域内[5]，围绕着法律解释的目标与方法，产生了文本主义、意图主义、目的主义、动态解释理论等多种进路。20世纪中期以来，随着制定法解释理论从大冷走向大热，这些理论甚至还衍生出了更为复杂的变体。制定法解释理论同样也面临着"去理论"或"反理论"的批判，这些批判认为制定法解释理论不足以说明或指导复杂的司法实践，因而是知识冗余。本文试图回答的问题是，制定法解释理论是不是一种知识冗余，以及如果不是，制定法解释理论研究对于法官的解释活动来说有何意义。

---

[1] ［美］杰弗里·亚历山大：《社会学二十讲：二战以来的理论发展》，贾春增等译，华夏出版社2000年版，第2页。

[2] 苏力：《追求理论的力量——〈法律理论的前沿〉代译序》，《法制与社会发展》2003年第2期。

[3] 理论与实践之间的冲突与关联，最集中的讨论莫过于学界过去数十年间对于"法理学"究竟是一门什么样的学问的综述，其中一种比较有代表性的观点是，理论相对实践而言保持一种超然的地位，正是理论的"哲学批判性"所要求的。这种观点认为，理论对实践不具有具体的指导意义，并不是问题所在。关于"法理论"能够为法律实践提供什么样的知识以及为何作为一种法理论的法理学不是"知识冗余"，相对较新的归纳以及批判性综述可以参见陈景辉：《法理论为什么是重要的——法学的知识框架及法理学在其中的位置》，《法学》2014年第3期。

[4] Robert Fishman, The Futility of Theory?, 63 *University of Colorado Law Review*, 206(1992).

[5] 需要说明的是，本文所指的"法律解释"主要局限在"制定法解释"上。"制定法"(statute law, civil law)是普通法国家中相对判例法(case law)的法律渊源。针对制定法解释的理论化以及随之而来的去理论化思潮，在普通法国家当中表现特别明显，尤其在美国受到了实用主义、批判法学的影响。本文的分析虽然借助了普通法世界中的资料，但讨论的问题却具有一般性。

一、规范与多元：存在统一的解释理论吗？

现代社会正在逐渐走向立法化的时代，今天的律师和法官在他们的日常工作中，经常会遇到各种各样的法律，这些法律调整着社会生活的方方面面。即便是以法官为主体所创设的先例作为法律制度的主要渊源的普通法国家，以行政机关为主体所颁布的"制定法"（statute）的比例相较数十年前也有了长足的发展，甚至已经有超越普通法成为主要法律渊源的趋势。[1]尽管昔年美国现实主义的代表者罗斯科·庞德曾经站在普通法司法裁判风格的立场指出，法官未必能够很好地处理制定法这种更加偏重形式化的法律渊源[2]，但是引发庞德担忧的一个不容忽视的事实是，美国正在走向"制定法的时代"，而普通法的法院面前的案件肯定也会大量涉及制定法的意义或适用问题。

有趣的是，和这样一种趋势相反，法律解释一直都被认为是不需要学者投入过多的精力去研究的课题，因为这一实践通常被认为是由一些历久不变的原则、概念所组成的。正如一位学者所言：当代美国制定法解释的一般观点就是，对于这个话题没什么可以说的。所以，法律当中这样一个如此重要的话题，也就没有得到多少关注。[3]尽管有不少学者已经注意到"制定法化"的事实必定会改变美国法律的全貌乃至研究法律的方法，并且有必要提出一种关于制定法解释的科学，然而当时的法律教育并不待见立法科学，更遑论制定法解释了。詹姆斯·兰迪斯法官曾经抱怨法律人没有用科学的精神研究立法，以至于法官们在遇到制定法解释的问题时，还在运用很早以前用来解释旧式的立法命令（legislative mandates）的准则。[4]自哈特与萨

---

[1] ［美］盖多·卡拉布雷西：《制定法时代的普通法》，周林刚、翟志勇、张世泰译，北京大学出版社 2006 年版，第 1 页。

[2] "普通法从来就不能很好地根据成文文本践行司法。它有一种非常完美的技术，即能够从过去存在的其他案件的决定中找到特定案件之决定的理据。但是，和制定法（civil law）相比，它总是显得有点笨拙，而且不能行之有效地以立法文本为依据进行裁判。"See Roscoe Pound, *The Formative Era of American Law*, MA: P. Smith, 1938, pp.46-47.

[3] Robert Weisberg, The Calabresian Judicial Artist: Statute and the New Process, 35 *Stanford Law Review*, 213(1983).

[4] James McCauley Landis, Statutes and the Sources of Law, 2 *Harvard Journal on Legislation*, 7-8(1965).

克斯等学者于 20 世纪 30 年代编写当时哈佛大学法学院学生使用的教科书《法律过程：法律制定与适用中的基本问题》（*The Legal Process：Basic Problems in the Making and Application of Law*）以来，在"法律过程"的指引下，立法与制定法的解释问题逐渐进入法学界的视野。从 80 年代开始，法律解释理论一改学术研究中的"灰姑娘"的形象，成为风靡一时的热点话题。[1]

　　从"冷宫"到"正妃"的地位转变，使得越来越多的学者参与到这场智识竞赛当中，同时无疑也在让法律解释理论变得越来越复杂。伴随着法律解释的理论复兴而来的，是让人眼花缭乱的法律解释理论，包括"文本主义""新文本主义""意图主义""修正的意图主义""目的主义""动态的法律解释""想象性重构"等等。持有不同立场的学者总是认为自己的法律解释理论才是唯一正确的，甚至能够包容对手的理论。然而从这些琳琅满目的法律解释理论当中，任何一位读者都可以轻易地推测，学者们的分歧盖缘于"法律解释的目标"的不清晰。法律解释的目标究竟是立法者的主观意图，还是客观意图？是文本本身对于公众而言所具有的意义，还是文本本身独立的目的？当我们越往深处追问，我们就越会意识到，即使我们能够设定一个统一的判准，如何运用具体的法解释方法来达到这个标准，也是一个让人头疼不已的话题。假设解释的最终依凭是立法者的目的，那么我们可以使用立法史来帮助我们理解立法者的"原意"吗？或者，我们只能够运用文本，因为文本才是立法者目的的形式载体？这些问题一直困扰着法律解释学领域的学者，同时也为司法实践带来了许多不确定因素。

　　由于法律解释理论内部未能就法律解释的目标形成一致的看法，任何人如果想要用这些理论来描述法院的解释实践必定会无功而返，因为事实上法院有可能会使用多种不同的解释方法。学者们所提出的法律解释理论并不是枯坐书房想象出来的，而是从一系列具有代表性的案件中寻找到原型，然后再配合规范论证形成的理论体系。从这个角度来说，法官们在实际案件裁判中确实会运用这些方法，然而这并不足以证明法官真的就是在坚持一套法律解释理论。如果学者们只是寻找和自己所偏好的理论最为接近

---

　　[1]　William N. Eskridge，*Dynamic Statutory Interpretation*，Cambridge：Harvard University Press，1994，p.1.

的案件,那么他们的理论最终也不过只是"自证预言"而已。[1]早在20世纪中叶,哈特与萨克斯等法律过程学派的学者就已经提醒我们:"不要奢望任何人的法律解释理论——不管是你自己的还是别人的——能够准确描述法院的实际做法……令人尴尬的事实是,美国法院并没有一套清楚的、普遍接受的且一致适用的法律解释理论。"[2]如今,这一现象非但没有改变,而且还在持续困扰着法律解释学者。弗兰克·克罗斯教授曾经用略显悲观的语气评论道:"关于法律解释的正确目的的争论已经持续数十年了。美国联邦最高法院在不同时代里经常在不同的目的之间绕圈圈。尽管在某个时代,一种进路或另一种进路会趋于上升,但是它最终也会丧失这种地位。没有一种理论能够打败与之相竞争的其他理论。在大多数时候,这些不同的理论是相互共存的。"[3]

对当代制定法解释做一番粗略的回顾,我们可以发现,在美国这样一个稳步走向制定法化的普通法国家,也很难说法院拥有一套统一的法律解释理论。不仅仅美国如此,在德国、法国、英国和加拿大,我们也可以观察到类似的结果。例如,德国方法论学说中,历来就存在"主观说"与"客观说"的争论,而且至今尚未有定论。[4]而在英国和加拿大,文义解释规则、黄金规则和"除弊规则"(mischief rule)(目的论解释方法的前身)经常是同时存在的,法院在案件中也都会用到这些规则,哪怕它们实际上指向不同的结果。[5]种种都说明,承认法律解释不存在一套统一的理论,至少比与之相反的主张,要承担更少的论证负担。

---

[1] 斯坦利·费斯指出:"理论总是行得通的,而且它们总是能够产生它们所预言的那些结果,这些结果立马就会被那些人觉得是有说服力的,对这些人来说,理论的假设和使得这些假设为真的原则是不证自明的。事实上,难就难在找到一个行不通的理论。"See Stanley Fish, *Is There a Text in This Class?*, *The Authority of Interpretive Communities*, Cambridge, MA: Harvard University Press, 1980, p.68.

[2] Henry M. Hart and Albert M. Sacks, *The Legal Process: Basic Problems in the Making and Application of Law*, New York: Foundation Press, 1994, p.1169.

[3] Frank B. Cross, *The Theory and Practice of Statutory Interpretation*, California: Stanford University Press, 2009, p.2.

[4] 雷磊:《再论法律解释的目标——德国主/客观说之争的剖析与整合》,《环球法律评论》2010年第6期。

[5] John M. Kernochan, Statutory Interpretation: An Outline of Method, 3 *Dalhousie Law Journal*, 337(1976).

二、理论与实践：法官需要解释理论吗？

既然学者们所提供的法律解释理论没有办法对司法实践作出合理的解释，那么法律解释理论家就会面临另一个尴尬的问题：法官们需要他们的法律解释理论吗？换句话说，从理论的生产者和消费者的角度，他们的理论产品有"销路"吗？

在波斯纳、桑斯坦等"芝加哥学派"[1]的学者看来，法学家们所提供的"宏大理论"（grand theory）美则美矣，实则对实践毫无帮助。在一些人看来，由学者来研究法官究竟应该怎么解释法律，未免有点过于理想主义了。学者与法官毕竟处在不同的立场，看待问题的角度以及面临的压力都存在非常显著的差异。伊斯特布鲁克法官就曾经撰写过一篇名为《什么令法官如此特殊》的短文，指出学者与法官至少存在三个明显的差别——法官们的任期、他们始终需要被遵从、上诉法院的法官是所有法律职业中最算不上通才的职业。[2]学者当然可以像一名"影子法官"一样模仿法官裁判案件，并且隐含地宣称某个案件如果由他来判应该如何如何，并且从分析过程和判决结果上看都会比现实法官要好得多，然而学者与法官所处的地位存在根本性的差异，那就是学者们可以按照法学知识分析一个案件，但法官对案件的处理经常会引起相关的法律后果，法官的特殊之处就在于他们享有权力。[3]正如美国联邦最高法院大法官杰克逊说的一句大实话："我们说了算不是因为我们不犯错，我们不犯错是因为我们说了算。"学者与法官的根本区别就在这里。

由于学者与法官虽然属于同一法律职业，但担任的却是全然不同的角

---

[1]　德沃金将波斯纳、桑斯坦等人称为"芝加哥学派"，因为芝加哥大学是现代法律经济学最为兴盛的学校，而且这种"经济利益导向"的学者的一致立场就是反对宏大理论。德沃金、波斯纳和桑斯坦等人曾经就法理论的重要性展开过一系列的论辩。相关论文参见 Richard A. Posner, Conceptions of Legal "Theory"：A Response to Ronald Dworkin, 29 *Arizona State Law Journal*，377-378(1997)；[美]罗纳德·德沃金：《身披法袍的正义》，周林刚、翟志勇译，北京大学出版社 2010 年版，"保卫理论"章。

[2]　Frank H. Easterbrook, What's So Special about Judges?, 61 *University of Colorado Law Review*，775(1990).

[3]　Charles Fried, Scholars and Judges：Reason and Power, 23 *Harvard Journal of Law and Public Policy*，812(1999).

色,因此当法官站在外部视角来看待法官的工作时,难免就会出现不接地气的结果。正如一些学者指出的:"从外部研究法官并不是一件容易的事。他们可能会守口如瓶,多数法官甚至不让他们的助手知道他们在想什么……不是法官的人很难想象当法官是什么样子的。"[1]在"反理论派"的学者看来,这就意味着学者们"所开出的药方"很可能并不是法官所需要的。波斯纳就曾经用戏谑的口吻对宪法解释的宏大理论提出尖锐的批评意见:"宪法理论家们是规范主义者,他们的理论意在影响法官们对疑难案件的裁判;如果这些理论家还受过法律训练,他们就忍不住要告诉读者哪些案件的判决是符合或者违反他们的理论的……尽管他们所撰写的理论可能在法学界内部圈子当中流传甚广,但是对于司法实务来说却没有多大的影响。"[2]

波斯纳的这个主张在经验上得到了丹尼尔·法伯教授的证实。法伯以"法律实用主义"的波斯纳法官和"法律形式主义"的伊斯特布鲁克法官作为对比,发现他们在司法哲学论述当中所表现出来的理论分歧,对于判决案件时的投票行为并没有产生实质性的影响。在必要的情况下,波斯纳法官可以很形式主义,而伊斯特布鲁克法官也可以很实用主义。[3]当法官们面临法律解释的问题时,他们总是在运用各种可以利用的方法或者准则来解释法律条文,而这些方法或者准则说到底只是一种工具和技术,而不是准则或宏大的理论。在必要的时候,法官仍然可以抛开原本所偏好的那种解释方法,接受对手的解释理论。有的时候,法官仅仅只是故意将这些理论化的修辞方式放到司法意见书当中,其背后没有多少复杂的思考,目的只是让当事人和社会共同体感受到司法中立。[4]

这似乎不是什么骇人听闻的事情,毕竟除了法官个人审理的少数案件之外,更多的案件是在合议庭制度下展开的。合议制度的设立初衷,就是让观点对立的法官们可以通过理性论辩的手段,尽可能达成各方可以接受的

---

[1] Richard A. Posner, *Reflections on Judging*, Massachusetts: Harvard University Press, 2013, p.12.

[2] Richard A. Posner, Against Constitutional Theory, 73 *New York University Law Review*, 2(1998).

[3] Daniel A. Farber, Do Theories of Statutory Interpretation Matter?, 94 *Northwestern University Law Review*, 1409(2000).

[4] Anthony D'Amato, Can Any Legal Theory Constrain Any Judicial Decision?, 43 *University of Miami Law Review*, 537(1989).

裁判方法。这种集体决策的特征之一,就是允许法官发表不同的声音,并利用他们的异议来推动其他法官沿着对手的思考路线反思自己的推理过程,从而从逻辑、说服性修辞的角度改善并精炼法院发布的司法判决书。[1] 这种平等对话之所以能够成立,就是参与对话的双方不能够预设自己的立场才是唯一正确的。显然,要求所有法官都持有相同的法律解释理论,恰恰贬低了"异议"在更为宏大的裁判语境中的重要性,并在一开始就使得这种对话成立的前提条件荡然无存。

除此之外,法律解释理论很可能没有办法帮助解释者处理复杂的疑难案件。立法者在制定法律条文的过程中,所考虑到的一般是相对普遍的、抽象的事态或者具有代表性的典型事件。从司法者的角度来说,他们面临的是更为具体的案件,因此从立法到法律解释,法官与立法者所处的立场是完全不同的。立法者在制定法律的时候不可能想到法律条文适用时所面临的全部事实情节,因此法律条文终归是存在"漏洞"的,这就需要法官因时制宜地进行灵活解释。学者们所设计的法律解释理论声称具有普遍的适用性,也就是说,不仅仅适用于简单的案件,而且也能够帮助法官对实际案件中所遇到的疑难问题找到正确的解答。但是,这些特殊的疑难案件的存在,恰恰是法官们的分歧产生之处。尽管我们可以在相对抽象的层面上将法官们所支持的法律解释方法说成是某种法律解释理论,但是,如果法官们对于法律解释问题的分歧是一种真诚的分歧,那么这最多只能说明,在实际案件裁判过程中,这些法律解释理论并没有给法官提供确定的指引。最终法官仍然必须依靠实践理性来解决这些法律问题,而一旦涉及实践理性,就意味着这些个案在短时间内是无法被任何一种现有的法律原则涵盖的。为了应对这些无处不在的疑难问题,法院在漫长的司法实验中创设不少具有实践智慧的"解释准则",比如"荒谬结果避免规则""最后先行词优先解释规则""显明含义规则"等等;还有"实施"法律条文意义的一般分析框架,例如在行政法领域内

---

[1] 关于集体决策对司法决定的影响,See Harry T. Edwards, The Effects of Collegiality on Judicial Decision Making, 151 *University of Pennsylvania Law Review*, 1646 (2003)."在集体决策的环境中,不同的意见更可能在讨论过程中获得完全展示的机会——法官可以在讨论过程中针对有争议的疑难问题唇枪舌剑,直至达成合意。这并不是说一个法官的观点向主流多数派'妥协'。而是直到作出终局判断为止,法官可以平等地参与讨论过程——每个法官的声音都是有分量的,因为每个法官都想要聆听并回应不同的观点。法官们的共同目标是适用法律,并找到正确的答案。"

以著名的"谢弗林股份有限公司诉自然资源保护委员会案"为蓝本建立起来的二阶段分析法。然而,这些准则与分析框架并不是来自任何一种法律解释理论,而只是一种因地制宜的司法政策。从总体上而言,法律解释仍然是一种实践理性,而非理论理性的运作过程,因此法律解释理论是不重要的。

但是,不管怎么样,法官在解释法律的过程中,总是会尽可能让自己的方法论看上去前后一致。假如法官没有参考某种事前的、形式化的标准或原则,那么司法裁判如何能够表现出这种连贯性?这难道不是意味着法官是在"使用理论"吗?斯坦利·费斯认为,这种反驳还不够有力,因为进行司法裁判是一回事,对司法裁判的过程本身加以描述则是另一回事,即使我们能够用一套看上去非常形式化的语言来描述司法裁判,这也不意味着这套语言就优先于并且控制了司法裁判,正如同投球手不需要一套复杂的曲线函数理论一样。[1] 事实上,对于法律解释而言,这也就意味着法官"仅仅是在解释",理论化仅仅是事后提供的证成,并不能准确地描述他们的解释实践,更不可能引导或证成他们的解释实践。

三、解释理论的功用

如果说法律解释理论对于法律实践是没有帮助的,那么当我们说法官和学者们在进行一种"理论性的讨论"时,这种说法就是没有意义的。如此一来,我们就需要回答一个更加深层次的问题:当学者和法官诉诸某种解释理论来论证自己的解释立场时,他们难道只是"在阴雨天里玩猜谜游戏"?他们是在"假装"自己有或者应该有一套解释理论吗?反理论派的部分批评是正确的,然而他们的批评却未能正确衡量解释理论的功用,因此很容易滑入实用主义和虚无主义。因此,本文的最后一部分将重新回到解释理论的功用上来。

(一)保持解释客观性

反理论派与理论派的基本分歧点之一,就在于如何处理法律解释中"实然"与"应然"之间的关系。反理论派声称,从实然的角度来说,法律解释实践

---

[1] Stanley Fish, Dennis Martinez and the Uses of Theory, 96 *Yale Law Journal*, 1779(1987).

作为一种理论理性的运作过程,是不可能被任何一种法律解释理论约束的。进而,如果没有一种法律解释理论能够"描述"法律解释实践,那么这些理论就是不重要的。对于保卫理论派来说,这种推理逻辑是有缺陷的,因为它首先假定了"没有一种理论能够约束法律解释者、描述法律解释的实践"不仅仅是一种客观存在的事实,而且这种事实是可以正当化的。但是,法律解释的碎片化和无规则恰恰证明了为什么我们仍然需要一套法律解释理论。

所有的法律解释理论,除了需要在描述层面上解释法官如何运用相关解释理论所对应的解释方法之外,还必须在规范层面上证明自己所推崇的法律解释方法比对手还要好。在它们看来,现实世界中存在的混乱不堪的解释实践,恰恰是它们的理论需要规范的对象。法律解释的理论化意味着所有的法律解释问题都应该存在正确的答案,如果法官否认这一点,那么解释就会变成"法官说法律是什么法律就成了什么"。在"理论化"的对极,就意味着一种不遵守定式的司法恣意。法律解释理论所要做的工作,就是思考在非相对论的意义上,到底什么才是正确的解释。解释理论的重要性就在于"理性地讨论司法决定是不是在可以接受的范畴之内"。[1]

因此,追问制定法解释对与错的基本判断标准,乃是所有解释理论的核心。斯卡利亚在论证为什么我们要回归到文本主义这一"最古老且最符合常识的解释原则"时,也指出:"不受文本的约束对法官来说也是非常有吸引力的。它提高了他们做他们认为好的事情的能力……寻求超脱文本的司法决定有时会变成神秘的占卜。"[2]如果法律理论和法律实践之间是没有关联的,那么法律理论就不像学者们所声称的那样可以结构化、证立、理解法律实践,更不可能被用来批评、重塑法律实践。法律解释不存在统一的理论,也就意味着"对能否获得将某种独特的、明显的意义归于法律文本的客观标准失去了信心"[3],同时也会使得"什么是正确的解释"变得越来越无足轻重,并且使得一种自觉的反思成为不可能。因此,尽管反理论很可能乍眼一看是

[1] Robert H. Bork, *The Tempting of America*:*The Political Seduction of the Law*, New York:Simon and Schuster Inc.,1990, pp.140-141.

[2] Antonin Scalia, Bryn A. Garner, *Reading Law*:*The Interpretation of Legal Texts*, MN:Thomson, 2012, p.10.

[3] Michel Rosenfeld, Deconstruction and Legal Interpretation:Conflict Indeterminacy and the New Legal Formalism, 11 *Cardozo Law Review*, 1211(1989).

一种非常谦虚的态度，但这种谦虚很可能是虚有其表。[1]

尽管现代以伽达默尔为首的哲学解释学对真理与方法之间的关系作出了一种解构性的解释，从而使得方法已经不再是通向真理的可靠道路，但是对于法学来说，探究法律的真意仍然必须依靠一套成熟的司法技术来实现。法学之所以能够成为一门科学，也就在于法学拥有着一套区别于其他学科的方法论。尽管许多人（包括学者与法官在内）都将法律解释当作是一门艺术，然而对于法官来说，法律解释的科学性仍然是非常重要的。律师可以思考什么样的解释最符合客户的利益、最可能被法院采纳，但是法官的工作却不是如此。对于法官来说，法律解释是一项更为严格的工作，因为他们要在文本化的判决书中将他们的分析过程展现出来，而白纸黑字的判决书将伴随着他们的司法职业，并且还会影响到公众和评论家对他们的司法品格的评价。因此，法官有动机也有义务讨论什么才是对法律条文的"真正或正确的"解释。对解释者来说，所谓客观的解释并不仅仅意味着他是在表述或者支持一种看法或者观点，还意味着他真诚地相信某种解释立场是"对的"。

正是因为原则化、概括化的思考不可或缺，所以保卫理论派才会主张：司法裁判本质上是一种"理论内置型"的实践活动，即使是体现在个别化的实践中的原则，也必须要能够为更为广泛的领域内更具一般性的法律实践给出最佳的辩护。[2]正如同解构主义最终没有办法解构自身一样，无论怎么反对理论，一些残余物始终还是会在那里。正如一句俏皮话所说的："'你不是理论化的'这个主张只会让你变得更加理论化，因为拒斥理论这个主张本身就是一个理论性的立场。"[3]任何基于实用主义立场反对理论的做法

---

[1] 这也是德沃金对反理论派的批评之一。参见[美]罗纳德·德沃金：《身披法袍的正义》，周林刚、翟志勇译，北京大学出版社 2010 年版，第 85 页。

[2] [美]罗纳德·德沃金：《身披法袍的正义》，周林刚、翟志勇译，北京大学出版社 2010 年版，第 60 页；Ronald Dworkin, *Law's Empire*, Cambridge：Harvard University Press, 1986, p.90.

[3] Miller, But Are Things As We Think They Are?, Times Lit. Supp., Aug.9, 1987, p.1104, c. f. Michael J. Perry, Why Constitutional Theory Matters to Constitutional Practice(And Vice Versa), 6 *Constitutional Commentary*, 231(1989).

恰恰会让你自己变成一个理论家,因为"实用主义"也是一种理论。[1]

(二)保持认知融贯性

反对法律解释理论的学者提出的第二个主要批评是,法律解释理论无法指导法官如何裁判案件,因为法律解释理论无法为法官提供唯一正确的答案。这种"实践上的怀疑论"立场大体上包含三个分论点:(1)法官只是在工具论的意义上使用法律解释方法,而不是在遵循或者体现某种法律解释理论;(2)法律解释理论是学者们事后对法官如何解释法律所作出的抽象说明,对于法官来说并不是事先存在的指导,实践中法官如何解释和特定的法律解释理论是没有关联的;(3)目前法律解释不可能形成统一的解释理论,而且实践中,这种法律解释理论的统一化可能是没有必要甚至没有帮助的。尽管反理论派站在实践理性的高度,似乎提出了非常有力的论辩,但这并不意味着法律解释理论对于法律解释实践就不再重要了。那么,法律解释理论对于法律解释实践究竟有什么样的作用呢?

首先,反理论派认为,法律解释理论对于法官如何解释法律是没有任何影响的。这种批评很可能没有办法解释为什么我们能够在一些法官的身上观察到方法论的一致性,同时也没有办法解释法官们在进行法律解释时提出的论辩与法律解释理论所运用的语言、证立结构为何会如此相似。法律解释理论为法官提供了判断什么样的解释才算是正确解释的标准,例如,坚持原旨主义解释方法的法官会认为,法律解释应该以追求立法原意为判断标准,进而他可能坚持长久以来的司法理念,即法院应该是立法机关的代理人。在解释法律的过程中,他可能会首先将动态的解释方法抛弃一旁。同样,对于这些法官来说,像"罗伊诉韦德案"这样的案件,就会成为司法篡权最糟糕的例子,因为它违反了民主、法治等基本政治价值。而站在反对面的法官,则会认为"超文本的"宪法裁判方式才符合民主、法治等基本政治价值,并且最符合对公民权利的保障。任何一位法官在进行法律解释实践时,

---

[1] "实用主义或许看上去也是另一种理论,在这种情况下,如果我还像桑斯坦那样使用理论这个名头,那我就是自相矛盾的。尽管在一种意义上,实用主义确实是一种理论,并且在用于宪法法律时,也是一种宪法理论,但是在同样有效而且更加有启发性的意义上,它也是在公开声称一种对各种理论化行为的怀疑论,包括我称为宪法理论化的那种理论化行为。"Richard A. Posner, Against Constitutional Theory, 73 *New York University Law Review*, 9(1998).

都不可避免要在抽象的理论层面上思考法律解释问题,并且在论辩时借助法律解释理论。近现代以来围绕著名的宪法案件所发生的争议,很大程度上可以简化为对"反多数难题"的两种或多种对立理论之间的交锋。而且,如果我们在处理这种"真诚的分歧"(genuine disagreement)的时候说一方是在说谎,可能是很奇怪的。由此可见,理论对于司法解释是非常重要的,至少它为法官解释法律并逐渐形成属于他自己的理论提供了基础和行之有效的概念。[1]

其次,对于法官来说,他们有义务保持方法论上的连续性,至少必须让公众觉得他们是在前后一致地适用某种解释方法,否则公众就会觉得他们的解释仅仅是个人喜好问题。如果法官 A 在一个案件中使用了原意解释方法,并对法官 B 所使用的非原意解释方法提出批评,但在下一个案件中,法官 A 本人却使用了他原本反对的解释方法,那么法官 A 的正直性就会受到怀疑。相同案件相同处理是法治的基本要求,除非法官能够用一种可普遍化的原则区分不同的案件,否则法官就应该坚持这一基本理念。一些学者的实证研究也表明,法官所持的法律解释理论和他们在司法实践当中所采取的解释方法之间具有高度的吻合性。例如,肖特对 1996 年庭审期的研究表明,奥康纳、苏特、伦奎斯特等法官大量援引立法史,而托马斯和斯卡利亚等新文本主义者则很少援引立法史,这基本上和他们所持的法律解释理论是相符合的。[2]

再次,如果说法律解释理论对于法律解释实践没有任何影响的话,那么法律解释实践中所存在的一些共识性的原则、准则也许就得不到合理的解释。反对法律解释理论的学者很可能夸大了实践当中法官们所存在的分歧,但事实上法官们的分歧很可能没有他们所想的那么大,甚至很可能仅仅是一种"经验性分歧"而不是"理论性分歧"。比如,反理论者认为,法官们是碎片式地使用法律解释准则的,但是事实上,一些法官(例如斯卡利亚、托马斯和史蒂文斯)都很可能会参考相关的解释准则,只不过在具体使用方式上略有差异。法官们很有可能只是在遵守一种理论,只不过他们对于如何"实施"这个理论有不同的看法,而不是因为他们持有不同的理论。

最后,学术界中存在的各种各样的理论,在使得法律解释变得越来越

---

[1] Maujinder S. Sohal, Legal Practice and the Case Against Theory: Dworkin versus Fish, *UCL Jurisprudence Review*, 237(2000).

[2] See Frank B. Cross, *The Theory and Practice of Statutory Interpretation*, California: Stanford University Press, 2009, p.142.

复杂的同时,也对实践中的法律解释提出了另一种要求,那就是对现存的法律解释方法进行系统的归纳与总结。曾经担任过美国联邦最高法院安东尼·肯尼迪大法官的法律助手的尼古拉斯·奎因·罗森克兰兹(Nicholas Quinn Rosenkranz)在《制定法解释的联邦规则》一文中就指出,当前美国联邦制定法数量的增多也在呼吁美国形成一套相对统一的联邦制定法解释规则,深奥的法律解释理论的增多更是使得这种需求日渐紧迫。[1] 各州如今已经成为制定法解释的"实验室",各州法院和州立法机关正在合力统一法律解释方法,而且有趣的是这些方法论共识都在往修正文本主义的方向靠拢。[2] 我国并未像澳大利亚等国家那样制定统一的法律解释法,近年修改后《立法法》也只在第104条做了相当原则化的规定。[3] 这些复杂的解释渊源如何适用于复杂多变的个案,需要理论工作者对各种解释方法的性质及其认知功能展开深入的分析和检讨,只有这样才有可能建构成一套最大化共识并且具有可操作性的解释方法论。

四、结语

法律解释理论化的失败之处或许在于,学者们想要去追求一种单一化的、能够适用于所有情境的法律解释方法论。然而,由于法律解释是实践理性的运作过程,而非宏大理论叙事,这种理论化努力确实可能会面临"解释不足"的困境。理论工作者应该认识到,从终极意义上而言,不应该奢望有一种解释理论能够准确描述法院的解释实践,因为本来就没有这种理论。这也就意味着,我们也不可能从司法实践当中去提取、提炼某种统一的解释理论,这并不是法律解释理论研究工作的重点。

与此同时,理论工作者也不应该过分悲观。由于追求客观性和融贯性始终是法律解释不可能避免的工作,制定法解释过程也不是碎片化的。法

---

[1] Nicholas Quinn Rosenkranz, Federal Rule of Statutory Interpretation, 115 *Harvard Law Review*, 2085(2002).

[2] Abbe R. Gluck, The States as Laboratories of Statutory Interpretation: Methodological Consensus and the New Modified Textualism, 119 *The Yale Law Journal*, 1750(2010).

[3] 我国《立法法》第104条规定:"最高人民法院、最高人民检察院作出的属于审判、检察工作中具体应用法律的解释,应当主要针对具体的法律条文,并符合立法的目的、原则和原意。"

律解释理论的重心应该放在揭露制定法解释过程中一再复现的基本问题、强化已经形成或正在形成的基本共识、发现法律解释的一般趋势进而在规范上提供具有可操作性的基本原则方面。正如丹尼尔·法伯准确地指出的：“制定法惊人的多样性和解释语境的多元性，意味着一种统一的制定法解释理论可能是无法获得的。但是，理论至少还是可以说明制定法解释中某些一再出现的问题。”[1]为法律解释提供一种可以原则化、普遍化的证立标准，乃是法律解释理论最大的功用。从这个意义上来讲，法律解释理论绝不是知识冗余。

Theory of Statutory Interpretation: Knowledge Redundancy?

Wang Yunqing

Abstract: Contemporary statutory interpretation is facing de-theory criticism from sceptics. Sceptics claim that there is no uniform theory of statutory interpretation, and that the existing theories of interpretation do not explain very well how judges think about the law. The doubt of the theory of statutory interpretation finally draws the conclusion that "the theory of statutory interpretation is not important" and makes the statutory interpretation gradually move towards pragmatism and nihilism. It's true that there is no uniform theory in the current statutory interpretation. More-over, the current statutory interpretation is moving towards consensus, and the abstraction and summary of these consensuses is important work of statutory interpretation theory. The task of theorization of statutory interpretation is not to provide a set of interpretation techniques that can be used directly by judges in the sense of rules, but to maintain objectivity and cognitive integration through the justification of statutory interpretation. The theory of statutory interpretation, in proper understanding, is not as knowledge redundancy as skeptics say.

Key words: statutory interpretation; theory of statutory interpretation; against-theory

---

[1] Daniel A. Farber, Statutory Interpretation and Legislative Supremacy, 78 *The Georgetown Law Journal*, 281(1989).

犯罪认定中的明知体系与视角差异

樊华中*

摘要: 在现代刑法责任主义原则的基础上,明知是构成犯罪的应有内容,不需要特别明示。刑法中有些条文运用了明知,有些条文则未运用明知,但这并不意味着司法证明活动中不需要证明明知。刑法理论与实务中的认知与明知在认定法则上具有相似性。刑法中的明知既存在于总则中,也存在于分则中。总则中的明知与分则中的明知,在定位上存在着差异。在理论上,明知可能属于犯罪故意论的内容,也可能属于责任论的内容,二者在司法中均需要加以证明。在行为人供述自己明知的场合,司法上较为容易认定,在辩解或拒不承认的场合则需要运用推定明知方法来进行认定。推定明知的方法,在故意论中、责任论中具有运用上的相似性。但是,应当注意到明知有自者视角与他者视角的站位差异。自者视角中的怀疑与他者视角中的推定明知具有交叉性。自者视角中的怀疑一旦被他者视角中的推定明知确认,自者视角中的怀疑对于事实的认识、行为性质的认识等内容的认识概率则被提升。在司法中可以广泛运用这种推定明知,也要允许可反驳推定。

关键词: 明知;推定;推定明知;视角;故意论;责任论

　　无论是故意犯罪还是过失犯罪,明知都是认定、追究行为人责任的重要证明内容。在我国的刑法总则与分则中,有些则没有,有些条文中没有将明知作为条文的组成内容。但是,在理论上,明知是犯罪构成应有的内容,而不需要特别明示。尤其是在现代刑法责任主义原理的基础上,行为人构成犯罪应当对自己的行为性质、行为对象、行为内容等有所认识。如果无法理

* 樊华中,法学博士,上海市奉贤区人民检察院四级高级检察官。

解自己的行为性质、行为对象、行为内容的话，则不构成犯罪。有学者批评我国刑事法中的明知，认为在我国刑法和司法解释中，"明知"的规定存在着混搭使用、表述模式的级次混乱、含义不统一等问题，混淆了罪过的基本类型划分，而且影响了司法实践的可操作性。[1] 在当前实务中，如帮助信息网络犯罪活动罪、危险驾驶罪等法定犯适用越来越多的情况下，刑法中的明知证明及其意义越来越重要。我国刑法总则与分则条文中的明知是否具有不同的意义？行为人的明知，究竟是属于犯罪故意理论中的认识论还是责任论的内容？作为故意论的明知与作为责任论的明知是否有差异？在司法证明中，在证明明知有难度的情况下，如行为人否认明知需要进行推定时，在推定行为人明知的概率上有何差异？这些问题横跨实体法与程序法。本文以刑法总则与分则中明知内容的不同、定位差异，犯罪构成理论中的违法故意理论与责任论为标准进行类型化区别，尝试揭示明知的证明及明知内容在不同视角人之间的概率差异。

一、刑法中的明知及其类型

在刑事司法中，证明行为人构成犯罪，既要依据刑法、司法解释等实体法及理论进行实体性认定，也要根据程序法及理论对事实进行证据材料收集、认证。在实体性认定中，我国刑法规定是认定犯罪的重要依据。刑法有些地方直接规定明知，有些地方并没有规定明知。但是，根据责任主义原则，无论是故意犯罪还是过失犯罪，行为人对自身行为具有或可能具有的危害性（一般称之为行为性质）、行为对象、行为状态都有认识。认识在某些程度上和明知是等同的。为了便于理解，本部分主要讲刑法总则、分则中的明知规定，在后续部分中阐述明知与认识中的概率因素。

（一）总则中的明知

我国《刑法》总则第14条、第15条规定了犯罪有故意和过失两种罪过形式。其中《刑法》第14条直接以明知的形式规定了故意的内容。故意犯罪是指"明知自己的行为会发生危害社会的结果"。除此之外，刑法总则中

---

[1] 王新：《我国刑法中"明知"的含义和认定——基于刑事立法和司法解释的分析》，《法制与社会发展》2013年第1期。

再也没有出现明知作为条文内容的情况。但这是否意味着刑法中的其他犯罪就不需要有明知。显然,并非如此。根据现代刑法中的责任主义原则,只有当行为人具有刑法责任能力以及故意、过失与期待可能性时,才能对行为人进行责任的非难处罚。《刑法》第15条规定的过失犯罪,第16条规定的不可抗力和意外事件,虽然没有出现明知的文字,但是根据责任主义原则,仍然要求行为人在主观上对自己的行为是否可能发生危害社会的结果要有所认识。如《刑法》第15条规定的过失犯罪中的过于自信的过失,"已经预见到自己行为可能发生危害社会的结果",在一定程度上就是明知。只不过明知的可能性相比于故意犯罪中的明知在概率上有所降低(在下文的概率论部分将予以阐明)。如疏忽大意的过失,"应当预见自己的行为可能发生危害社会的结果",行为人没有认识到危害社会的结果,但是法律仍然要求其有认识。刑法惩罚的不是其已经有认知,而是其应当有认识而没有认识。第16条的不可抗力和意外事件,"或者不能预见的原因"其实也是在表述一种明知可能性。

(二)分则中的明知

结合刑法修正案,我国刑法分则关于明知的规定有接近40个。明知的具体内容也大相径庭。因此,对于刑法分则中规定的明知进行类型化的分析就十分重要。根据刑法分则中各个相关犯罪对于明知的具体内容规定,明知大体上可以区分为如下几个类型:[1]

第一,对行为对象的明知。例如,《刑法》第214条销售假冒注册商标的商品罪,要求对行为对象系假冒注册商标的商品有明确认识;第218条规定销售侵权复制品罪,要求对行为对象系《刑法》第217条规定的侵权复制品有明确认识;第171条规定的运输伪造货币罪,要求明知是伪造的货币而运

---

[1] 具体可参见,此处仅列明几条:《刑法》第310条【窝藏、包庇罪】明知是犯罪的人而为其提供隐藏处所、财物,帮助其逃匿或者作假证明包庇的;第285条【提供侵入、非法控制计算机信息系统程序、工具罪】提供专门用于侵入、非法控制计算机信息系统的程序、工具,或者明知他人实施侵入、非法控制计算机信息系统的违法犯罪行为而为其提供程序、工具,情节严重的,依照前款的规定处罚;第287条之二【帮助信息网络犯罪活动罪】明知他人利用信息网络实施犯罪,为其犯罪提供互联网接入、服务器托管、网络存储、通讯传输等技术支持,或者提供广告推广、支付结算等帮助,情节严重的,处三年以下有期徒刑或者拘役,并处或者单处罚金。

输;第 172 条规定明知是伪造的货币而持有。

第二,对状态的明知。如《刑法》第 258 条规定的重婚罪,就要求行为人明知他人有配偶而与之结婚。他人已有配偶就是一种状态。

第三,对他人所从事的行为的明知。如《刑法》第 285 条规定的他人实施侵入非法控制计算机信息系统的违法行为,属于一种他人从事行为,行为人明知他人行为而为其提供程序、工具;《刑法》第 287 条之二规定的他人利用信息网络犯罪,也属于一种他人从事行为,行为人明知他人行为而为其提供互联网接入、服务器托管、网络存储、通讯传输等技术支持,或者提供广告推广、支付结算等帮助。

第四,对发生危害可能性的明知。如《刑法》第 138 条规定的行为人明知校舍或者教学教育设施有危险,就属于危害可能性的明知。除此之外,刑法分则中没有定明"明知",但是条文中隐含明知。比如,明知他人组织卖淫而提供帮助的协助组织卖淫罪;明知他人是实施毒品犯罪、走私犯罪所得而提供资金转移的洗钱罪。分则中的类似情形不胜枚举,此处不再一一展开。由此可见,我国刑法分则对明知的规定范围十分宽泛。

(三)总则明知与分则明知的定位差异

在理论上,关于刑法明知的罪过形式、总则明知和分则明知的关系问题,我国学界大体上存在早期通说、形式区分说以及实质区分说三种观点,但这三种观点都存在明显的不足。[1] 我国台湾学者认为二者之间存在着明显不同,总则中的明知属于主观要件的一种基础,分则中的明知是一种特定的主观要件。刑法分则中的明知是第一次的明知,刑法总则中的明知为第二次明知。[2] 显然,这种解释值得认同。刑法总则中的明知与刑法分则中的明知,显然是有差异的。如果二者没有差异的话,在同一部法条中,在两处重复规定明知就没有必要。我国刑法学者曾对总则中的明知与分则中的明知做过矛盾的解释。先期其认为,刑法分则关于"明知"的规定都属于注意规定。[3] 这就意味着总则中的明知与分则中的明知在性质上是同一的。但其后续又认为,总则明知与分则明知不同:"总则中的'明知'是故意

---

[1] 张少林、刘源:《刑法中的"明知""应知"与"怀疑"探析》,《政治与法律》2009 年第 3 期。

[2] 郑健才:《刑法总则》,三民书局 1985 年版,第 128~129 页。

[3] 张明楷:《刑法分则的解释原理》,中国人民大学出版社 2011 年版,第 622 页。

的一般构成要件,分则中的'明知'是故意的特定构成因素;只有具备分则中的'明知',才能产生总则中的'明知';但分则中的'明知'不等于总则中的'明知',只是总则中的'明知'的前提。"[1]由此观之,这种矛盾的解释也充分说明了总则明知与分则明知有显著的不同。这种区别在司法实践中,得到了指导性案例认可。如最高人民法院在《刑事审判参考》第81辑"王岳超等生产、销售有毒、有害食品案"中,虽然裁判理由并没有回答总则规定的明知与分则规定的明知为什么存在区别、如何加以区别,但裁判承认了总则中的"明知"是对犯罪故意成立的总的要求,其内容是"自己的行为会发生危害社会的结果"。而分则中的"明知"内容则较为特定,并不局限于犯罪故意的认定,还涉及定罪量刑标准等问题。

本文认为,刑法总则规定的明知与刑法分则规定的明知存在多种差异。首先,认识的内容定位存在差异。总则中的"明知"其认识内容是"自己的行为会发生危害社会的结果",根据结果又可以推导出明知是行为人对自己行为性质、行为可能造成的结果的综合认识;分则的"明知"其认识内容是对特定犯罪构成要素内容的认识,比如,对某一罪名中的特定的行为对象,或者自己的特殊状况,或者他人的行为状况的认识。[2]其次,在理论上的涵盖关系不同。总则中的"明知"是故意犯罪成立的要求,而分则中的"明知"是对某个犯罪构成要素的认识,构成要素不一定包含犯罪结果,那就意味着分则中的明知不一定包括对犯罪结果的认识。最后,文字表现形式存在差异。总则中的明知是"知道会或可能会",分则中的明知是"知道是或可能是"。这种定位差异直接影响诉讼当中的证明内容、证明方式。

二、明知属于犯罪故意论还是责任论内容?

根据现代刑法的责任主义原则,责任主义还涉及许多问题,如处罚原因自由行为是否违反责任主义;犯罪故意中包括明知,那犯罪故意中的明知或者故意犯罪的成立是否要求违法性的意识;尤其是在金融犯罪、知识产权犯罪、非法经营类犯罪、网络犯罪活动中,认定行为人构成犯罪时,是否需要认

---

[1] 张明楷:《刑法学》,法律出版社2011年第4版,第246页。
[2] 皮勇:《论刑法中的"应当知道"——兼论刑法边界的扩张》,《法学评论》2012年第1期。

定行为人对其行为是否具有违法性认识,是否具有危害社会的可能性认识。这些问题涉及的就是,明知属于故意论的内容还是责任论的内容。

(一)故意论与责任论的简短梳理

在古典犯罪论体系中,"违法是客观的、责任是主观的"这一法律格言充分表明了违法与责任的关系。在现代刑法理论中,对于违法与责任的具体内容,虽然各个学者有不同的见解,但是"违法是客观的、责任是主观的"的基本精神,在现代刑法理论的身上保存下来。我国学者通过对德国及日本刑法学界关于主观违法要素理论的态度做了梳理之后,提出有必要借鉴外国刑法理论中的表象犯理论,对刑法分则与刑法总则中的明知进行区别。他们认为,刑法分则中的明知属于主观违法要素,同时规定了主观构成要件要素,而刑法总则中的明知则属于责任要素。考虑到违法要素与责任要素在理论上定位不同,缺失违法要素或责任要素将有不同的解释论意义。如缺失刑法分则中的明知属于行为欠缺违法性,而缺失刑法总则中的明知则是缺乏有责性。[1] 总体而言,明知在刑法体例中的不同位置决定了对其体系解释的差异化,这就意味着刑法中的明知既可能属于故意的内容,也可能属于责任论的内容。

(二)明知的类型

1.作为犯罪故意论的明知

有论者对刑法分则明确包含"明知"的条文进行了分析,认为基本上所有犯罪中的明知,如销售特定伪劣商品罪中的"明知",运输假币罪、持有假币罪、洗钱罪中的"明知",票据诈骗罪中的"明知",传播性病罪中的"明知"等十几罪名罪状中的"明知",其实都为犯罪故意本身所包含。如果没有对犯罪故意认识要素"明知",行为人就不会有对该罪所要求的社会危害性的认识。因此,分则明知的规定实无必要,以删除为宜。[2] 本文认为,第一,刑法分则条文中的罪状如果包含了"明知",明知当然成为犯罪构成要件要素的内容。而一旦成为犯罪构成要件要素的内容,根据"违法是客观的、责

---

[1] 陈兴良:《刑法分则规定之明知:以表现犯为解释进路》,《法学家》2013 年第 3 期。

[2] 温文治、陈洪兵:《刑法分则条文中"明知"的证明责任及其立法评析》,《甘肃政法学院学报》2005 年第 1 期。

任是主观的"这一基本法律格言,作为违法评价内容的客观构成要件要素,当然是犯罪主观的认识内容。因此,刑法分则对罪状条文中即使不写明明知,明知仍然是犯罪故意的内容。第二,刑法分则条文的罪状中,如果未写明明知,对于故意犯罪、过于自信的过失犯罪来说,明知自己的行为所具有的危害社会的现实性和可能性以及派生出来的行为的性质认识,明知当然是犯罪故意的重要内容。在认定行为人是否构成犯罪中,当然需要对明知进行认识。举例而言,在2016年全国影响力较大的"赵春华气枪案"中,赵春华摆设射击摊位进行营利活动所使用的枪支,达到了2010年公安部印发的《公安机关涉案枪支弹药性能鉴定工作规定》发射弹丸的枪口比动能大于等于1.8焦耳/平方厘米的枪支标准,法院判决认定构成非法持有枪支罪。但是,赵春华是否对自己的射击摊位"枪支"属于枪支有认识?在相关的判决中并没有说明,后续的法院判决对判决合理性解释时,提出"从法律的审判依据来看是没有问题的,但是否符合情理,在作出判决时'可能想得没那么多'"。[1]很显然在法院判决之后之所以会引起较大影响,就是因为法院没有将行为人对于枪支是否属于枪支的认识、是否会造成刑法上社会危害性作为明知的内容加以认定,从而作出了不恰当的判定。

在疏忽大意的过失犯罪场合,评价行为人构成具体的过失犯罪,也要对行为人应当认识、应当明知的内容进行一定程度的证明。在规范层面,"应知"或者"应当知道"指的都是明知,因而属于故意的范畴,但"应当知道"容易误解为不知,而认为是疏忽大意的过失。[2]实践中,同样需要加以认定。

2.作为责任论的明知

我国刑事司法实务中,对于犯罪故意的内容与主观违法要素的区分不够透彻。为说明这种区分不够透明,有学者从比较法角度,以《德国刑法典》

[1] "赵春华气枪案",即2016年8月至10月12日间,赵春华在河北区李公祠大街亲水平台附近,摆设射击摊位进行营利活动。2016年10月12日22时左右,公安机关在巡查过程中将赵春华抓获归案,当场查获涉案枪形物9支及相关枪支配件、塑料弹,经天津市公安局物证鉴定中心鉴定,涉案9支枪形物中的6支为能正常发射、以压缩气体为动力的枪支。法院认为,赵春华违反国家对枪支的管理制度,非法持有枪支,情节严重,其行为已构成非法持有枪支罪;辩护人所提赵春华具有坦白情节、系初犯、认罪态度较好的辩护意见,予以酌情采纳;判决赵春华犯非法持有枪支罪,判处有期徒刑3年6个月。参见:何卓谦:《天津大妈摆射击摊获刑一案将于1月26日开庭》,https://society.huanqiu.com/article/9CaKrnJZXWQ,最后访问时间:2021年5月1日。

[2] 陈兴良:《"应当知道"的刑法界说》,《法学》2005年第7期。

第 153 条、第 154 条、第 156 条所谓证言犯,以及第 138 条知情不举犯为例来说明主观违法要素的重要性。如证言犯中以行为人明知其言词与事实情况不相符合为前提,如果行为人误以为其证言与事实情况相符合而陈述,则因缺乏主观违法要素而不构成该罪。在这种情况下,明知其证言虚假就成为证言犯构成要件的主观要素。[1] 虽然从字面上来看证言似乎没有涉及行为人的主观要素,但证言与事实情况是否相符的判断则与行为人的主观难以分离。这种认识论、这种情况,在我国的刑法理论与实务技术处理当中同样重要。比如我国《刑法》第 246 条规定的诽谤罪,如果行为人认为自己所传播的内容并非捏造,而是有一定依据的事实,就说明行为人并不具有主观的违法要素,也就意味着行为人主观上并不具有责任,进而在认定犯罪时就要排除行为人的责任。再如,我国《刑法》第 291 条之一规定的编造、故意传播虚假恐怖信息罪,要求行为人对罪状中"险情、疫情、灾情、警情"属于虚假的而编造的内容具有认识,如果行为人提出自己有合理的基础,相信险情、疫情、灾情、警情并非虚假,就可以认为行为人并不具有主观违法要素,并不需要承担责任。

此外,对于作为责任要素之一的"违法性认识可能性"在理论上的争议也不少。早期人们通常引用古罗马的法律格言"不知法律不免责"说明违法性认识不必要说,但是随着工业社会尤其是信息社会的到来,人们发现在面对庞大的社会规则、法律规则体系时,让人们认识所有的法律,并且在认识所有法律之后再行事,基本上不可能。只有上帝才会全能全知,可惜上帝并不存在,人总是有限理性的人。在不知法律而违法的情况下构成犯罪,并让其承担刑事责任,有些时候属于强人所难。即使在工业社会较早、信息发达的美国,也越来越承认"不知法律不免责"的例外。[2] 现在刑法理论中,人们普遍承认对于违法性认识可能性是否有必要,应当区别自然犯、法定犯而论。对于自然犯而言,不需要具有违法性认识;对于法定犯则需要违法性认识可能性。早期我国的刑法通说理论将社会危害性认识与违法性认识统一起来,认为通常只需要查明行为人对行为的社会危害性具有认识,就足以说明他对行为的违法性有认识,而不需要另外特别地去查明他对行为违法性

---

[1] 陈兴良:《刑法分则规定之明知:以表现犯为解释进路》,《法学家》2013 年第 3 期。
[2] 张明楷:《刑法格言的展开》,北京大学出版社 2013 年第 3 版,第 406～426 页。

是否有认识。但其又承认存在例外的情况。[1] 对于这种情形,另一学者同样认为,应当把社会危害性认识和违法性认识等同起来,而不是把社会危害性的认识看作是违法性认识以外的另外一种认识。不过,其又赞同违法性认识必要说,肯定违法性认识是规则要素之一,在一般情况下,如果没有违法性认识,就不可归责。在理解违法性认识的时候,要把违法性认识和事实性认识区分开来。[2]

综合而言,刑法中的明知在理论上既可能属于故意的要素,也可能属于责任的要素,二者在评价行为人是否构成犯罪上有不同的地位。在刑事司法活动中,认定行为人是否构成犯罪,一般在犯罪故意部分加以认定即可,在特定情况下还需要从责任论的部分认定其是否明知。

三、明知中的"推定明知"带来的概率升级及其解释

根据现代刑法中的责任主义原则,犯罪成立需要从主观与客观两方面加以认定。在犯罪客观要素已经齐备的情况下,犯罪主观要素就成了认定犯罪的重要内容。我国《刑法》总则第 14 条、第 15 条规定了犯罪有故意和过失两种罪过形式。这就要求司法活动在认定行为人构成犯罪时,必须明确其主观方面是出于故意还是过失。但是,结合刑法分则的规定可以知道,刑法对大部分犯罪并没有规定其罪过形式,如何区分这些罪名涉及的罪过形式,区分属于何内容的明知,就需要进一步解释。在一些自然犯的场合,比如故意杀人罪、故意伤害罪,行为人对自己的犯罪行为、犯罪手段方法具有明确的认知,对于可能导致的后果也具有明确的认知。因此,司法者在举证行为人对自己的行为性质、行为对象、行为内容、行为后果的危害认识时,如果犯罪嫌疑人做认罪供述,自然属于明知;在没有认罪供述的时候,只要列举了客观事实,即可以证明其明知。但是在一些法定犯的场合,比如帮助信息网络犯罪活动罪、提供侵入非法控制计算机信息系统程序工具罪、非法经营罪等,在行为人辩解自身对于他人的犯罪行为,对自身的犯罪行为没有认识的时候,对于犯罪故意明知的认定与作为责任论明知的认定,现有的诉讼证明一般运用推定技术。

---

[1]　马克昌主编:《犯罪通论》,武汉大学出版社 2013 年版,第 320～321 页。

[2]　陈兴良:《口授刑法学》,中国人民大学出版社 2010 年版,第 221～222 页。

（一）明知的判断二元主体：自者视角与他者视角

1.明知证明中的推定方法

推定作为一种诉讼证明方法，以基础事实与推定事实之间的常态联系为基础，肯定了基础事实就肯定了推定事实。在目前的司法实践中，推定具有减轻证明责任的优势，在某些情况下能够节约诉讼成本，提高司法效率。在价值论上，推定的广泛使用，也凸显了立法或司法者在事实真伪不明时对于社会正义的分配。而在刑事推定中运用最广的，主要集中在犯罪人主观方面。犯罪人的主观方面，在实体法上属于主观构成要素，在具体内容上属于人的心理活动内容，而人的心理活动除非行为人自身供述，在辩解或否认的情况下就难以证明。因此推定就成了行为人主观心理活动证明的重要方式，也就成为犯罪主观要素的重要证明方式。

2.推定面临着主体性差异

刑法作为裁判规范，以禁止或者命令人实施一定的行为为内容。为了达到禁止或者命令的目的，便只能通过对行为人的主观心理加以禁止或者命令。因此，立法上对行为人主观罪过的规定，也就是针对行为人的主观心理事实、心理活动。既然是针对行为人的主观心理进行推定，就面临着推定者存在主体站位或者主体选择的问题。行为人的自身供述属于行为人对自己心理活动的描述，可以称之为行为人"自者视角"的"自描述"。而推定则是独立于行为人之外的第三者，通过自身的经验法则或者外界的判断标准，对行为人的心理活动进行的描述。因为这种描述独立于行为人之外，也可称之为"他者视角"的"他描述"。

（二）"明知"主体视角差异与认识理性差异的结合

在他者视角他描述的活动中，司法者扮演着重要角色。司法者以独立于行为人之外的力量，以刑法裁判规范作为标尺，评价行为人在犯罪时的主观心理态度。作为裁判性规范，以刑法规范所要求的认识以明知为标准，可以大体区分为"明知"与"不明知"。在细分领域，"明知"又不仅存在有无的问题，还有程度的问题。结合明知的程度，无论是自者视角还是他者视角，都面临着多种可能性。

以自者视角为例，行为人肯定或否定自己"明知"自身的行为是否为社会法律所允许，需要以刑法对有关心理事实的规定来比照犯罪时的自身心理,可称之为"自描述"视角的"自比照"。但是,"自比照"有两种可能性。第一,准确但不客观描述的可能性。在所有的犯罪中,只有行为人自己对自己的心理活动会有准确的描述。但是由于其犯罪或者违法,为了逃避惩罚,其在描述自己的心理活动时,就有避重就轻或者回避问题的倾向。因此,行为人作为自身心理活动的描述者,虽然会有准确的描述,但是经常出现并不客观描述的情况。第二,准确但无法言明的描述。虽然行为人作为自身心理活动的描述者,能够准确地描述自己的心理,但是由于人作为有限理性的动物,在对外界事物进行认识的时候,受制于自身主观的能力,对自己的行为的性质并不能作出准确的评价,或者对外界的事物本身就并不能准确地认识。

他者视角的人员对行为人犯罪时的心理状态描述也存在着比照的过程。换言之,他者要根据刑法的有关心理事实的规定来比照,评判犯罪人在犯罪时的心理状况。这种评价同样存在着主体性与程度差异。

(三)他者视角与他者判断带来的自者视角自者判断概率"升级"

在刑法理论的分类中,根据明知程度的不同,明知可以划分为确切的明知和不确切的明知两种情形。所谓确切的明知,是指对刑法分则中构成要件要素的内容有明确的或者是非常清楚的认识;所谓不确切的明知,是指对刑法分则中的构成要件要素的内容有不确定的或者盖然性的认识。"明知"既可能存在于故意论中,也可能存在于责任论中。那关于确切的明知和不确切的明知,同样也可以存在于故意论中与责任论中。在故意论中,所谓确切的明知,是指对明知的内容有明确的、非常清楚的认识;所谓不确切的明知,是指对明知的内容有不确定的、盖然性的认识,换言之,行为人对于明知的内容不确切地、确实地知道。在责任论方面,所谓故意犯罪中的确切的故意,就是对自己的行为会产生危害社会结果的认识是确定的;不确切的故意就是认识到对自己行为可能会产生危害社会的结果的认识是不确定的,其认为也可能不会产生危害社会的结果。并且存在概率上的区别。在责任论中,也可以做类似的分类理解。

为了方便理解,本文绘制如下简示表(表1)。

表 1 明知的概率等级

他者(司法)对明知的认定			概率等级	自者视角的明知认识	
备注:	他者(司法)视角	刑法用语		自者视角	备注:
推定明知,事实上行为人可能知道也可能不知道。司法怀疑但不能推定其知道时,根据有利于被告,推定其不知道。所以,司法推定明知仅存在于"很可能知道"	肯定知道	明知	确切明知　100%	知道	行为人怀疑时,司法可推定明知。一旦推定,怀疑就转化为"很可能知道",至少转化为"可能知道",这就是概率等级提升
	很可能知道		不确切明知		
	可能知道		50%	怀疑	
	可能不知道	不明知	不确切不知　50%		
	很可能不知道			不知道	
	不可能知道		确切不知　0%		

　　"可能知道""可能不知道"在他者(司法)视角认定中是最为复杂的。"可能知道"意味着他者在现有的证据条件下,难以判断行为人的主观认识状态。因为行为人本身对于犯罪行为的性质、犯罪结果的认识也是处于"怀疑"状态。司法者作为社会利益的保护者,如果将行为人"可能知道"不作为犯罪处理,则难免会宽纵犯罪;如果将行为人"可能不知道"作为犯罪处理,则未免打击过宽,强人所难。为了降低司法机关的证明难度,司法解释从他者视角规定了"应当知道",来推定行为人知道的心理状态。"他者"主要是指司法适用中的检察官、法官,其以职业视角进行认定。有学者赞赏并建议推广推定明知的范围,认为"可能知道"作为明知的一种特殊形态,意味着降低证明标准,因此它具有特定的内涵、对象和适用范围,其理论基础包括刑法的严格责任、传统故意理论的"认识说"和"明知"的层次性内涵。"可能明知"已经在侵害未成年幼女的犯罪中被"两高"的司法解释确认。应当结合实体法中证明责任分配的刑事政策、证据距离、公平、效率等因素,扩大"可能明知"的适用范围。[1]

　　"推定明知"就是在没有能够证明行为人明知的直接证据(如口供),但行为人实施的行为、行为前提、行为后果、行为过程等具体情状,他者视角的人员根据已有的经验,可以推定行为人对客观世界的认识符合了刑法的犯罪认识要求。因此,"推定明知"需要有基础事实

---

[1] 钟朝阳:《刑法中的"可能明知"》,《四川大学学报(哲学社会科学版)》2016年第4期。

的前提、常态判断的高度概然性,还要求没有反证。[1]我国司法解释在帮助司法者确立明知的认定规则中,确立了"可反驳的客观推定"的认定标准[2],这在一定程度上体现出关于"明知"立法技术的不断进步。[3]

因此"推定明知"实际上是一个他者视角的司法证明过程的专用术语,是链接行为人"自者视角"的"怀疑"与"他者视角"的"可能知道""可能不知道""很有可能知道"的重要方法。但是也正是两种主体站位、主体视角的差异,决定了两者之间可能存在的误差现象。如果他视角的判断者,尤其是司法者自身的经验能力与"自者视角"的行为人有明显差异,会导致放纵行为人或者冤枉嫌疑人。不过,仍然有以下几点值得我们在司法中加以注意。

第一,推定明知属于程序法的用语,而一旦推定明知确认,那么就意味着尚处于事实不清的状态,行为人对于违法性认识、行为人对于犯罪故意内容的认识不清楚等内容,已经被司法者确认为清楚。换言之,程序法的证明方式会转变为实体法上的责任。如学者所言,"推定明知"在实体判断中的作用和"知道"是完全相同的,只不过判断的方式和依据有所不同。只要能够作出"推定明知"的判断,其结果即为明知。[4]

第二,推定明知的过程中,由于"自者视角"和"他者视角"的存在,有可能因二者立场差

---

[1]　张云鹏:《刑事推定研究》,《刑事法评论(第 20 卷)》,中国政法大学出版社 2007 年版,第 510~538 页。

[2]　如以下三个司法解释均确立了可反驳的推定。《最高人民检察院关于办理涉互联网金融犯罪案件有关问题座谈会纪要》认为:是否具有非法占有目的,……要重点围绕融资项目真实性、资金去向、归还能力等事实进行综合判断。犯罪嫌疑人存在以下情形之一的,原则上可以认定具有非法占有目的:(1)大部分资金未用于生产经营活动,或名义上投入生产经营但又通过各种方式抽逃转移资金的;(2)资金使用成本过高,生产经营活动的盈利能力不具有支付全部本息的现实可能性的;(3)对资金使用的决策极度不负责任或肆意挥霍造成资金缺口较大的;(4)归还本息主要通过借新还旧来实现的;……再比如,《最高人民检察院、公安部关于公安机关管辖的刑事案件立案追诉标准的规定(三)》规定"制造毒品主观故意中的'明知'……有下列情形之一,结合行为人的供述和其他证据综合审查判断,可以认定其'应当知道',但有证据证明确属被蒙骗的除外:(一)购置了专门用于制造毒品的设备、工具、制毒物品或者配制方案的;……"再如,《办理毒品犯罪案件适用法律若干问题的意见》规定:"二、关于毒品犯罪嫌疑人、被告人主观明知的认定问题:走私、贩卖、运输、非法持有毒品主观故意中的'明知'……具有下列情形之一,并且犯罪嫌疑人、被告人不能作出合理解释的,可以认定其'应当知道',但有证据证明确属被蒙骗的除外:……(二)以伪报、藏匿、伪装等蒙蔽手段逃避海关、边防等检查,在其携带、运输、邮寄的物品中查获毒品的;(三)执法人员检查时,有逃跑、丢弃携带物品或逃避、抗拒检查等行为,在其携带或丢弃的物品中查获毒品的;(四)体内藏匿毒品的;……"

[3]　王新:《我国刑法中"明知"的含义和认定——基于刑事立法和司法解释的分析》,《法制与社会发展》2013 年第 1 期。

[4]　皮勇:《论刑法中的"应当知道"——兼论刑法边界的扩张》,《法学评论》2012 年第 1 期。

异,致使最终结论也存在差异的现象,但这是不可避免的。根据"他者视角"之人是否具有司法上的裁判权,基本上可以区分为有权论"他者视角"、无权论"他者视角"。将作为工作的检察官与作出司法裁判的法官均属于有权论的他者视角。为了防止有权论的他者视角作出不太合理的推定,检察官与法官需有较丰富的社会阅历、生活经验。

第三,推定明知作为司法证明方式的一种必然存在着反面情况。在任何犯罪中的明知进行推定时,都允许"自者视角"的行为人提出合理怀疑。一旦"自者视角"的行为人提出值得怀疑的事实,"他者视角"的检察官、法官需要对值得怀疑的事实作出认定,防止武断的概率升级带来的不合理裁判。

第四,推定明知具有广泛的适用范围,具体应用并不限于现有的司法解释,对于司法解释未规定的,推定明知在认定时仍然可以广泛适用,并要允许可反驳。

举例而言,在2017年具有全国影响力的"王力军收购玉米案"[1]改判无罪过程中,一审法院将"自者视角"的"不知道",提升到了"他者视角"的"肯定知道、很可能知道、可能知道"层级。虽然原一审判决并没有阐述如何认定王力军的明知问题,但是从中级人民法院撤销原审判决改判王力军无罪结果来看,中级人民法院至少考虑了如下几个因素:第一,王力军于收购玉米的行为违反了相关的行政法规,必须有认识,这属于违法性认识的范畴,也属于犯罪故意的认识范畴。第二,王力军对于收购玉米的行为具有社会危害性的认识,这属于对行为性质的认识范畴,也属于犯罪故意的认识范畴。再审改判无罪,至少在以下两个方面否定了王力军的犯罪构成:第一,王力军对于行为的违法性没有认识;第二,王力军对于行为具有社会危害性没有认识。在某种程度上,这也说明了再审法院改变了一审法院"他者视角"的武断推定。

综上所述,刑法中的明知在总则与分则中具有不同的定位。在司法证明的过程中,要注意到明知既可能在犯罪的故意论中存在,也可能在责任论中存在。在行为人对明知有供述时较为容易认定明知,在拒不认供或辩解时,应当广泛运用推定明知的方法。现有司法解释对一些罪名中的明知,如共犯帮助的明知、非法占有目的的明知,运用了推定明知的方法,并且确立了可以反驳的规则,这种适用方法在司法解释没有规定的地方,同样可以广泛应用。

---

[1] 2014年11月至2015年1月期间,王力军未办理粮食收购许可证、未经工商行政管理机关核准登记并颁发营业执照,擅自在巴彦淖尔市临河区白脑包镇附近村组无证照违法收购玉米,将所收购的玉米卖给巴彦淖尔市粮油公司杭锦后旗蛮会分库,销售额218288.6元,获利6000元。案发后,王力军主动到公安机关投案自首,并退缴获利6000元。2016年4月15日,巴彦淖尔市临河区人民法院以非法经营罪判处王力军有期徒刑一年,缓刑两年,并处罚金2万元,其退缴的非法获利人民币6000元由侦查机关上缴国库。一审宣判后,王力军未上诉,检察机关未抗诉,判决发生法律效力。2017年2月17日上午9点,再审宣判,巴彦淖尔市中级人民法院依法撤销原审判决,改判王力军无罪。参见:刘岚、宋建波、张贵,《感谢最高法院给我再次开庭的机会——"内蒙古农民收购玉米案"再审开庭直击》,https://www.chinacourt.org/article/detail/2017/02/id/2543714.shtml,最后访问时间:2021年5月2日。

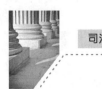
The Systematic Position of Criminal Knowing in Judicial Determination and Different Individual Perspectives

Fan Huazhong

Abstract：On the basis of the principle of responsibility in modern criminal law, knowing clearly is the certain content when we determine the constitution of a crime, and there is no need to make it clear. In criminal law, some articles stipulate the knowing clearly, while some articles don't, but it doesn't mean that there is no need to prove knowledge in judicial proof activities. Cognition and knowing in criminal law theory and practice are similar in cognizance rules. The knowing clearly in criminal law exists in both general and specific provisions. There are some differences in positioning between them. In theory, knowing clearly may belong to the content of the theory of criminal intent or the content of the theory of responsibility, both of which need to be proved in the Judicature. When the offender confesses that he knows clearly, it is easy to recognize in the Judicial judgment, but when the offender refuses to recognize, it is necessary to use the method of presumption of knowledge. The method of presumption of knowledge is similar in the criminal intention theory and criminal responsibility theory. However, we should pay attention to the difference between the self perspective and the other perspective. There is overlap between the two connotations when judge knowing from the self perspective and the other perspective. Once the doubt in the self perspective is confirmed by the presumption in the other perspective, the probability of the doubt in the self perspective of facts and the nature of the behavior is increased. This kind of presumption can be widely used in justice, but the refutation of the presumption should be allowed.

Key words：knowing clearly; presumption; presumption of knowing clearly; perspective; on intention; on responsibility

有效辩护及其实现:在审判中心与检察主导之间[*]

吴啟铮^{**}　吕庆宇^{***}

摘要:以审判为中心的刑事诉讼制度改革对刑事辩护提出了新的要求,不仅要求控辩平衡,而且要求提高辩护质量。针对当前刑事诉讼中存在的"无效辩护"现象,源于域外的"有效辩护"理念为我们解决辩护不足、质量不高且缺乏程序性裁判等问题提供了有益的借鉴。有效辩护是对审判中心主义的有力促进,同时,检察主导的提出也为有效辩护提出了理论和实践上的挑战。应从犯罪嫌疑人、被告人"有权获得辩护"向"有权获得有效辩护"迈进,引入有效辩护理念,充实和保障律师辩护权,建立无效辩护的程序性制裁机制,针对"非认罪认罚案件"和"认罪认罚案件"建立不同的行业辩护标准,发挥律师行业自治作用。在审判中心主义下,寻求其与检察主导之间的平衡,实现对辩护权的有效保障并促进裁判权威。

关键词:有效辩护;无效辩护;律师帮助;审判中心主义;检察主导

　　在当前进行的以审判为中心的刑事诉讼制度改革中,无论是改革者还是学界都将眼光投放在控辩关系、控审关系等方面,而对刑事辩护的有效性及辩护质量与以审判为中心的刑事诉讼制度改革之关系关注不足。然而,辩护是否尽职、辩护的质量高低等,影响着以审判为中心的刑事诉讼制度改革所期待的司法公正的实现。同时,检察主导的口号和理论均在刑事诉讼舞台上呈现,这使传统刑事诉讼中的有效辩护的制度背景产生了变化,也对

---

　*　基金项目:上海市哲学社会科学规划一般课题"公众参与型社区矫正的理论与立法研究"(2017BFX006)。

　**　吴啟铮,法学博士,上海师范大学副教授。

　***　吕庆宇,通辽市中级人民法院法官助理。

有效辩护提出了新的挑战。

源于域外的有效辩护理念,为我们观察审判中心主义的实现状况提供了另一个有益的研究视角,对于促进以审判为中心的刑事诉讼制度改革有研究价值。对有效辩护的研究的意义则不仅在于辩护制度本身,也为如何在审判中心主义和检察主导中间寻求一个平衡点提供了新的思路,使其成为以审判为中心的刑事诉讼制度所必不可少的一部分。

一、审判中心主义对刑事辩护的要求

审判中心主义是以审判为中心的诉讼制度改革的学理基础,以审判为中心的诉讼制度改革是全面推进依法治国的重要内容之一。《关于推进以审判为中心的刑事诉讼制度改革的意见》和《关于全面推进以审判为中心的刑事诉讼制度改革的实施意见》都提出保障辩护权利的内容,两"意见"都将目光对准法庭,要求法官充分听取控辩双方的量刑建议和意见,强化裁判说理,确保依照法律公正审判。"妥善解决刑事辩护的问题才能适应以审判为中心的刑事诉讼模式的要求,解决方案包括刑事辩护在数量和质量两个方面的要求。"[1]《关于开展刑事案件律师辩护全覆盖试点工作的办法》(2017)中提出的值班律师制度是对审判阶段刑事辩护全覆盖的试点,2018年修订的《刑事诉讼法》正式建立了值班律师制度。如果说这二者均是对刑事辩护在数量上的增加的话,那么有效辩护理念的引入就应当被视为刑事辩护在质量上的提升。审判中心主义对刑事辩护提出了更高的要求,而有效辩护的实施则有助于审判中心主义的实现。

(一)审判中心主义要求控辩平衡

以审判为中心的诉讼制度要求庭审在定罪量刑中起决定性的作用,法官在法庭上客观中立,由控辩双方就案件事实及证据进行交锋,控诉方与辩护方享有同等的法律地位,贯彻证据裁判原则,在双方就事实及证据阐述意见之后由法官对案件进行最终裁决。但是,司法实践中所面临的问题往往是控辩双方实质上的不平等,在公诉案件中,侦查和公诉机关可以利用强大

---

[1]　王敏远等:《重构诉讼体制——以审判为中心的诉讼制度改革》,中国政法大学出版社2016年版,第125页。

的国家资源进行证据收集,对被追诉人采取强制措施;但辩方能够运用的资源往往是有限的,难以与强大的国家机关相抗衡,更谈不上实质上的平等对抗。

审判中心主义必然内在地要求诉讼的重心在审判,审判的重心在一审,庭审对认定事实具有决定性的作用,要让法官在法庭上形成心证,控辩双方就能够平等对抗,尤其是辩方能够在举证、质证、辩论等一系列过程中充分阐述意见。只有在充分听取双方意见的基础上,法官才能在法庭之上形成自己对于整个案件的看法。与其相对应的是侦查中心主义。在这种模式下侦查机关占据主导,而检察机关审查起诉和法院庭审仅仅是对侦查结论的形式审查和确认,由此带来的后果就是控辩双方的不平衡。侦查中心主义在刑事诉讼构造上属于"流水作业式"的诉讼模式,在侦查、起诉和审判这三个独立而不隶属的诉讼阶段就如同工厂的三道工序,公安、检察院和法院在这三个环节上分别进行流水作业式的操作,前后接力、互相补充地进行诉讼活动。[1] 在侦查中心主义的影响下,庭审过程容易流于形式,律师在法庭上发表的辩护意见往往无足轻重,从而使刑事辩护变得近乎"无效"。而审判中心主义则要求控辩双方都能够"有效地"参与到案件审理过程中,辩护律师在法庭上起到重要的作用。

让判决的理由来源于法庭,其途径在于控辩双方在相对平衡的基础上进行对抗,法官在综合听取意见之后作出公正的裁决。也只有控辩双方都能充分阐释,裁决者才能充分听取。就此来讲,控辩平衡是审判中心主义的必然要求,在司法实践中,就需要增强辩护的质效。

(二)审判中心主义要求提高辩护质量

1. 当前刑事辩护中存在的"无效辩护"现象

"有效辩护"和"有辩护"并不是同一概念,并不是所有的辩护都可以称为有效辩护。与有效辩护对应的是无效辩护,目前司法实践中依然存在着大量无效辩护的现象。在无效辩护中,辩护人的辩护行为往往不会给案件中的被追诉人带来任何有利的成果,辩护存在的意义也仅仅在于受到了指派或是委托,不得已而履行辩护职责。无效辩护中,辩护人既不会在审前仔

---

[1] 陈瑞华:《从"流水作业"走向"以裁判为中心"——对中国刑事司法改革的一种思考》,《法学》2000 年第 3 期。

细研究案卷及证据,往往也不会见当事人或者是在会见当事人时马虎应付,这样就无法在正式开庭前形成自己的辩护思路。在法庭上辩护人也大多是照本宣科,随便找一篇辩护词无关痛痒地读一遍,不会结合具体案件事实做有力的说服工作。在无效辩护中,辩护人通常都不能够与被追诉人形成辩护合力,提出有力的反驳公诉方的意见或是说服法官的理由。

念斌案是一个足以反映无效辩护问题的典型案例。[1] 在福建高院作出终审裁判之前的庭审中也有辩护人进行了辩护,但显而易见的是并没有对案件起到任何作用。在最后的终审阶段,多达数十人的律师团队做了极其细致的工作,不放过任何疑点,通过丰富的专业知识和出色的辩护行为迎来了无罪判决。因此,念斌案的重大意义在于凸显了有效辩护的重要性,实现了从二审被判死刑到再审改判无罪的重大变更。由此可见,辩护的质量对于案件具有举足轻重的作用,是否能够形成有效辩护,影响了念斌案的最终结果。

在实践中,"表演性辩护"的现象也时有发生。表演性辩护即辩护人尤其是辩护律师在辩护时不以说服裁判者接受其主张为目的的辩护。[2] 表演性辩护也是无效辩护现象的表现形式。在法庭之上,有些律师为了尽快结束案件而不进行实质意义上的辩护,既不提出被追诉人是否有罪抑或罪轻罪重的意见,也不向法庭提出是否有可以减轻或是免除处罚的量刑意见,甚至在开庭之前就教唆被追诉人在法庭上不要反驳控诉方提出的意见,以换取认罪态度良好的从轻处罚。还有些律师会在法庭上发言并提出自己的意见,造成法庭上唇枪舌剑的假象。这类辩护律师在辩护时抓住的不是案件事实或法律规定,更多是与被追诉人定罪量刑无关的部分。还有些辩护律师利用先进自媒体时代的便利,企图用舆论干预司法公正,制造出其为被追诉人殚精竭虑辩护的假象。

2.通过有效辩护提高辩护质量的必要性

审判中心主义要求法官的心证来源于法庭,这就要求辩护方能够提出

---

[1] 念斌前后被福州中院、福建高院四次判处死刑,时间跨度达到了八年。念斌经历了十次开庭审判、四次被判死刑、三次被撤销判决,最后被福建高院终审判决无罪。具体案情参见福建省高级人民法院(2014)闽刑终字第10号刑事附带民事判决书;诉讼经过另见《福建高院终审判决"念斌投毒案"上诉人被宣告无罪》,《法制日报》2014年8月23日。

[2] 李奋飞:《论"表演性辩护"——中国律师法庭辩护功能的异化及其矫正》,《政法论坛》2015年第3期。

有力的、足以说服裁判者的意见,辩护人有理有据的质证和辩论是说服裁判者的关键工作。在庭审过程中,辩护方本就天然地处于防御的地位,如果辩护人的质证行为马虎敷衍,就不能够拿出强有力的意见反驳公诉方对于指控事实的主张。审判中心主义一个关键的部分是法官的裁判理由来源于法庭,在法官形成裁判理由的过程中辩护方的意见显得尤为重要。辩护质量的提高意味着辩护方能够在法庭上提出有针对性的质证意见或有力的辩护意见,法官就有可能采纳辩护方的意见,从而作出有利于被告人的判决。但假如辩护人的辩护流于形式,照本宣科,就不能对法官心证形成的过程产生积极的作用。无效辩护只会置被告人于不利地位,使"被告人有权获得辩护"的实质效果无法实现。辩护方要积极充分地做好准备工作,只有这样才能作出有利于被告人的辩护行为。而要实现这一效果,就必须建立一套有效辩护的保障机制,敦促辩护人认真履行辩护职责,从而形成相对平衡的控辩关系;对于构成无效辩护而使被告人的利益受到严重损害的,也需要建立程序机制予以回应。因此,在审判中心主义的背景下,通过有效辩护机制来提高辩护质量就显得十分必要。

(三)有效辩护是对审判中心主义的有力促进

尽管我国已经进行过很多次的刑事诉讼改革,但是在刑事诉讼改造上,还是没有彻底摒弃"流水作业式"的基本构造。这种模式在一定程度上固然有利于案件得到更快的处理,达到追诉犯罪的目的,但是其缺陷也是显而易见的。当前,从"流水作业式"的"侦查中心主义"到当前所进行的"审判中心主义"导向的刑事司法改革,使我国的刑事诉讼结构正在发生历史性的转变。审判中心主义需要稳固且平衡的控辩关系,由于受原来侦查中心主义的影响,辩护一方过于弱势,控辩关系比较失衡,有效的质证难以形成,辩论也难以真正影响裁判的结果。实际上,不仅理论界近年来对有效辩护有所呼吁,司法界亦有人提出,"强化有效辩护"是"实现庭审中心主义"的重要组成部分。[1] 显然,强化有效辩护,使辩护能够有效地成为支撑审判中心的一个重要支柱,这对于加强审判权威是有利的。

因此,有效辩护的实现,有助于匡正失衡的控辩关系,增强辩护方的抗

---

[1] 沈德咏主编:《严格司法与诉讼制度改革:推进以审判为中心的刑事诉讼制度改革策论》,法律出版社 2017 年版,第 303 页。

辩能力,增强刑事辩护的效果,这完全有助于促进当前刑事诉讼结构的历史性转变,是对审判中心主义的刑事司法改革目标的有力促进。

二、检察主导对有效辩护的挑战

(一)检察主导的提出及其适用情形

随着认罪认罚从宽制度的普遍适用,检察机关对刑事诉讼的程序性引领愈发明显,主导地位不断强化。最高人民检察院检察长张军多次强调,"全面落实认罪认罚从宽制度,切实发挥检察机关的主导作用"。[1] 检察主导主要体现为检察机关在侦查监督、质证等环节所起到的主导作用,进而使侦查和起诉环节更加贯通。每个诉讼环节都有其各自的功能,侦查、检察、审判机关也各司其职、互相配合、互相监督。公安机关的主要职能在于侦查,其在刑事案件中的主要职责是调查取证、抓获犯罪嫌疑人,并不具备与犯罪嫌疑人进行协商的法律基础;同时,法院作为审判机关,居中裁判的地位也不允许其参与到量刑谈判中去。而检察机关具备连接侦查与审判的职能和地位,能够促使被追诉人更好地理解政策,同时也能够将"庭审实质化"所需要的证据材料等提前备齐,从而提高审判效率。

(二)检察主导对有效辩护的影响

1.迫使辩护重心提前到审前程序的辩护模式转型

检察主导的具体体现之一在于具结书的签署,而具结书的核心在于量刑协商。量刑协商作为发挥检察主导作用的一个重要环节,"协商什么"和"如何协商"的主动权都是牢牢把握在检察机关手中的,被追诉人在程序中始终处于被动地位。作为量刑协商的另一方,被动地位已经是天然的防守方,如果不在审前环节更好发挥作用,那么依照法律规定,除了"可能影响公正审判"的法定情形和"量刑建议明显不当"之外,法院在判决时"一般应当采纳人民检察院指控的罪名和量刑建议",被追诉人可能面临如何起诉即如

---

[1]　张伯晋、戴佳、史兆琨等:《共同凝聚中国社会治理的"法治智慧"——检察机关承担主导责任、推动认罪认罚从宽制度全面深入落实纪实》,《检察日报》2019年7月12日第1版。

何判决的处境。因此,检察主导势必迫使刑事辩护的重心提前到审前程序,对我国的刑事辩护来说,这相当于侧重于庭审辩护的传统刑事辩护模式的一次重大转型。

2.倒逼刑事辩护覆盖率的提高

认罪认罚协商过程是在检察机关的主导下进行,对是否与犯罪嫌疑人进行认罪认罚协商,决定权在检察机关。[1] 在案件办理过程中,检方拥有程序决定权和量刑建议权,具备与犯罪嫌疑人进行协商的先决条件,但这很容易强化指控方的优势,从而造成犯罪嫌疑人被迫认罪和接受量刑意见。作为通常不具备专业法律知识的一方,犯罪嫌疑人在压力下有可能违背内心的真实意愿而被迫接受检方的"协商成果"。在这种可能性存在的前提下,引入能够与指控方有效协商与博弈的专业辩护律师就十分重要。而在当前,仅能承担若干法律帮助功能的值班律师,由于其服务范围的限制,显然难以实现真正的审前有效辩护。因此,需要倒逼刑事辩护覆盖率,尤其是审前辩护的覆盖率的提高,才能避免检察主导对有效辩护的削弱。

3.对审前阶段的律师执业权利保障提出新的要求

在检察主导的背景下,检察机关在审前阶段强化了其优势地位,其对有效辩护的影响就不仅在于辩护的"面"与"量"上,更在于审前辩护的"质"上。然而,没有对审前阶段律师执业权利的有效保障,检察机关在程序上的主导就容易变成诉讼结果的定型,审前的有效辩护也就难以实现。因此,司法机关对律师的执业权利就更应当强调审前的保障,而且应当强调对审前程序的有效实质参与,保障律师能够对检察机关对审查起诉的处理结果施加有效影响,这相当于检察主导反而对审前阶段的律师执业权利保障提出了新的要求。

三、有效辩护的内涵与要素

(一)有效辩护的含义

有效辩护是指律师接受委托或是被指定为辩护人后,尽职尽责地行使各项诉权,及时精准提出有利于委托人的辩护意见,与有权作出裁决的专门

---

[1] 《在认罪认罚从宽制度中发挥主导作用》,《检察日报》2019 年 5 月 20 日第 1 版。

机关进行富有意义的协商、抗辩、说服等活动。有效辩护理念发源于美国，其司法判例溯源于联邦宪法第六修正案的"获得律师帮助权"。美国联邦宪法第六修正案规定了被告有权"取得律师帮助为其辩护"。[1] 尽管在这一条中明确了获得律师辩护的权利，但一直没有对有效辩护的概念作出明确定义。实际上，联邦最高法院很早就已经认定"律师帮助权是获得有效律师帮助的权利"。律师帮助权内容的每个部分都对应"有效"帮助权的某一特定方面。[2] 为了促使被告人获得有效的律师帮助，部分联邦和州法院提出"无效辩护"的概念。直到1984年，联邦最高法院在"斯特里克兰诉华盛顿案"(Strickland v. Washington)的判决中界定了"无效的律师帮助"的宪法标准。[3] 依据美国最高法院的判词，判别是否产生了无效辩护的法律后果是律师行为，即对抗式诉讼的基本功能是否得到保障，不公正结果与诉讼过程是否具有因果关系。

然而，在20世纪60年代，只有当一个律师的表现使审判或有罪答辩成为"滑稽戏和闹剧"时，大多数的法院才以律师给予"无效的帮助"为理由而撤销定罪。但后来联邦法院改而采纳了要求"合理称职"的代理标准。在"斯特里克兰诉华盛顿案"中，法院裁定刑事案件中的被告人有权获得符合"广泛的职业准则下的合理性"的指定代理。[4] "斯特里克兰诉华盛顿案"的判例创立了"斯特里克兰法则"，根据该法则，实际无效辩护的主张包括两个部分：一是被告人必须证明律师的代理有缺陷，二是被告人必须证明律师的缺陷代理对辩护造成了不利影响。法院认为，若辩护律师的"代理低于合理性的客观标准"或者以"通行的行业标准"衡量其代理是不合理的，那么该律师便没有满足宪法的要求。但在判断律师代理称职与否时，律师帮助是否合理的调查必须综合考虑案件的总体情况。

该判例所确立的双重责任分派受到美国学者的批评——其对被告并不

---

[1] 樊崇义、夏红：《正当程序文献资料选编》，中国人民公安大学出版社2004年版，第461页。

[2] [美]詹姆斯·J.汤姆科维兹：《美国宪法上的律师帮助权》，李伟译，中国政法大学出版社2016年版，第156页。

[3] [美]德雷斯勒等：《美国刑事诉讼法精解》（第一卷），吴宏耀译，北京大学出版社2009年版，第627页。

[4] [美]弗洛伊德·菲尼、岳礼玲选编：《美国刑事诉讼法：经典文选与判例》，中国法制出版社2006年版，第238页。

公平,有学者认为"判断律师是否尽职的标准必须是他或她是否忠实地、热心地为其当事人辩护,而不是他或她的行为是否产生法院认为公正的结果"[1]。在斯特里克兰案之后,判例完善了对不利影响的要求。在 1993 年的弗雷特维尔案(Lockhart v. Frewell)中,法院指出律师的辩护行为是否对最终诉讼结果产生实质性影响,而不是仅仅有这种可能性。只有当称职代理所产生的不同结果是"更可靠的"或者律师的缺陷导致诉讼程序根本不公平时,才会构成不利影响。[2]

我们不能将"有效"的"效"理解为通俗意义上的"效果",不能因为律师的行为没有让当事人满意或者没有对法官裁判产生实际效力就认为其辩护是无效的。即使律师在庭前会见当事人、充分阅卷,在法庭上进行有力的辩护,难免还会因为其他因素导致法官没有采纳辩护人的辩护意见。仅以法官没有采纳意见或者当事人不满意就认定律师的辩护行为是无效辩护是不妥当的。因此,我们当然不能仅以结果论,而应该将考察的重心放在辩护律师的态度和过程上。

有效辩护作为一种法律理念,是为了使律师在辩护过程中忠实于契约义务,完成其与委托人签订的委托合同;同时,也是为了程序正义,为不懂得或者不精通法律的被告人提供法律上的帮助,达致与控诉方平等对抗的局面。有效辩护的概念能够促使律师积极履行职责,进行会见、阅卷、调查等活动,在庭审之前与当事人充分沟通,在法庭上充分阐释自己的观点,尽力说服法官接受己方的有利于当事人的观点,从而达到有利于被告人的诉讼效果。从这一点上,有效辩护能够保证辩护人更好地参与到辩护中,其辩护越充分有力,法官越有可能认真仔细倾听辩护观点,同时也更有可能促进控辩平衡。在审判中,兼听则明、偏听则暗,只有在控辩双方都发表意见时,法官才能够充分听取双方意见,作出公正的裁决。这样才更能够彰显庭审的地位,促进审判中心主义的实现。

(二)有效辩护的构成要素

到目前为止,有效辩护并没有一个确定的概念,也没有明确的组成结

---

[1] [美]弗洛伊德·菲尼、岳礼玲选编:《美国刑事诉讼法:经典文选与判例》,中国法制出版社 2006 年版,第 248 页。

[2] [美]詹姆斯·J. 汤姆科维兹:《美国宪法上的律师帮助权》,李伟译,中国政法大学出版社 2016 年版,第 165 页。

构,学界对于此概念也有不同的的看法。有效辩护应当由以下三个部分构成:适格的辩护主体、充分的诉前准备和有力的辩护行为。

1.适格的辩护主体

截止到现阶段,我国刑事诉讼法中规定的可以担任辩护人的人有律师;人民团体或者犯罪嫌疑人、被告人所在单位推荐的人;犯罪嫌疑人、被告人的监护人、亲友。以上分类中,除律师是拥有丰富的法律知识以及出庭经验的人外,其他两类在大多数情况下都不是专业的法律工作者。我国刑事诉讼法规定其可以担任辩护人可能出于多种原因的考虑,但从有效辩护的角度看,让不拥有专业法律知识和丰富庭审经验的人担任辩护人显然是不符合有效辩护理念的。即使是律师,也不是每一个律师都能够完成有效辩护这种行为,有些律师虽然拥有律师职业资格证,但是其平时从事的业务也许与刑事诉讼无关,而是证券股票或是其他专业性较强的领域。适格的主体是有效辩护的前提条件,反之,将本来不具备专业知识的辩护人的辩护直接认定为无效辩护,似乎在常理上也难以成立。因此,至少在刑事诉讼领域,应当设置一定的准入门槛。这与有效辩护应当是相辅相成的关系。

辩护人在进行辩护之前还应注意是否与被追诉人或是委托方存在利益冲突,存在利益纠葛的辩护人显然不能够尽职尽责完成辩护行为,这就会存在主体不适格的问题。在1978年的郝罗威案(Holloway v. Arkansas)判决中,美国一法院指出,如果代理共同被告人的律师及时提出了审前动议,以可能存在利益冲突为由要求另外指定律师,而仍然要被迫代理共同被告人,除非初审法院已经确定不存在利益冲突,否则定罪都要自动撤销。[1] 因为此时的辩护主体由于利益冲突而不适格,就不能视为有效辩护。

2.充分的诉前准备

辩护人在接受当事人委托或者指定后,应当积极主动会见被追诉人、阅卷、对被诉人有利的证据进行调查取证等,受到委托或指定的辩护人还应当在庭前根据已有材料形成自己的辩护思路,与被追诉人协商辩护意见,向法院申请召开庭前会议,确定要申请出庭作证的证人、鉴定人和专家辅助人名单并及时提出申请等。在诉前准备中与被追诉人交换意见还能够在庭审中形成辩护合力,避免出现被告人和辩护人意见不一甚至意见相反的情况。

---

[1] [美]德雷斯勒等:《美国刑事诉讼法精解》(第一卷),吴宏耀译,北京大学出版社2009年版,第638页。

诉前准备工作可以说是整个辩护过程的重点工作,是为不打无准备之仗。辩护人只有在庭前进行了充分完备的准备工作,才有可能在庭审过程中充分发表意见,让法官有理由采信辩护意见。诉前的准备工作也是辩护人进行防御行为的重要步骤,在阅卷和了解案件后才能有针对性地根据案件事实形成辩护思路。如果辩护人在开庭前没有进行完备的准备工作,那其辩护行为就不能称为有效辩护。

3.有力的辩护行为

在庭审过程中,辩护人应当把握好每一次发言机会,向被告人或证人、鉴定人提出有针对性的问题,在质证中要根据证据规则和与待证事实的关系提出观点,发表辩护词时也要做到有理有据。有力的辩护行为要求辩护人在法庭上充分发挥自己的辩护作用,运用自己所拥有的法律知识和庭审技巧,说服法官接受自己意见,最大限度地为被告人谋求合法利益。辩护人发表的观点要在法理及情理上站得住脚,有足够的证据来支持自己的意见或者是有有力的证据来反驳控诉方的意见。在发言时应言之有据,根据案件事实,提出符合案件情况的辩护意见,不做"表演性辩护"。

(三)有效辩护与无效辩护的关系

在法律语境下考虑,有效辩护与无效辩护却不是完全对立的两个范畴。一个案件中辩护行为的有效与否,常常还会受到多种因素的影响,不能简简单单将没有产生实质性效果的辩护都当作是无效辩护来处理。在司法实践中,刑事被追诉人出现不利结果的原因有许多,需要根据每个案件具体的不同的原因来甄别是否在案件办理过程中出现了无效辩护。假如被追诉人受到不利于自己的处罚是由于辩护律师没有尽职尽责履行义务,那可以将这种辩护行为纳入无效辩护的范畴。有些情况是辩护律师完成了在审前会见当事人、仔细阅卷、形成辩护思路等一系列工作,在法庭上也有理有据地为被告人进行辩护,但是最后被告人还是受到了严厉的惩罚,也就是说被告人受到处罚与辩护律师的辩护行为并没有因果关系,我们也不能够仅仅因为出现不利于被告人的结果就认为辩护律师的行为是无效辩护。

司法实践中由于辩护人之外原因造成不利结果的因素有很多,例如实践中的司法腐败行为、领导违法干预案件的行为、法官的自利性行为、舆论干预司法的行为等。除此之外,某些法律适用本身就存在较大的弹性,每个人对法律和证据都会有不同的理解,法官自身的自由裁量权在某些案件处

理中也会有较多的发挥。所以不能简单地将有效辩护与无效辩护归入一个问题的两个对立面,更不能将没有达到预期效果的辩护当作无效辩护来处理。

(四)无效辩护的可能后果

无效辩护是指律师的辩护行为存在严重缺陷以至于给犯罪嫌疑人、被告人带来明显不利的后果,则对该行为作出无效的认定并给予相应的救济。[1] 尽管"斯特里克兰法则"所确立的"代理缺陷"和"不利影响"的双重责任分派标准可供参考,但这种不利影响似乎不能仅仅从实体上去理解,还应当从程序上去理解。因此,当被告人主张其辩护律师没有提供称职的帮助时,法院应当关注是否因辩护过程中的行为没有起到作用而影响到最终后果。因此,相对于实体结果的无法完全把握且因素较多,辩护工作对基本的程序公正的影响如何,是我们在判定是否会对被告人造成不利影响时所容易考虑的。

在我国,无效辩护通常被作为律师违约或是违反职业伦理的行为,委托人可以根据委托或指定向主管部门投诉,律师协会经过调查后根据调查结果作出相应的处理。除此之外,根据程序性制裁理论,一审法院没有制止无效辩护行为就属于程序上的不作为,也就可以看作其对被告人没有获得有效辩护应负有责任,上级法院在认定一审法院的责任时依据的就是这样一种无过错责任。在审理过程中辩护人的辩护行为有过错或重大瑕疵,最终导致被告人获得不利的判决,就可以推定一审法院违反法定程序,从而导致程序性制裁的结果。

四、两种有效辩护的类型

(一)不认罪认罚案件中的有效辩护:以审判权威为支点

不认罪认罚案件是指犯罪嫌疑人、被告人对指控方所指控的事实或量刑建议有异议,不认同指控方的指控。具体来说,有可能是对犯罪事实有异

---

[1]　杨建广、李懿艺:《审判中心视域下有效辩护的构成与适用——兼论念斌案对被告人获得有效辩护的启示》,《政法学刊》2017年第1期。

议,认为自己的行为不构成犯罪;也可能是对犯罪事实没有异议,但对指控方所认定的罪名有异议;或是对定罪部分都没有异议,只是对量刑部分有异议等情况。总之,在不认罪认罚案件中,定罪量刑问题是辩护行为所围绕的焦点。对于定罪辩护,"辩称无罪始终是被告人的一项权利,在法秩序下进行的和平对抗,是以被告人不认罪作为前奏的"。[1] 对于量刑辩护,被告人认为自己的行为没有达到公诉方所提出的处罚门槛,认为量刑建议过高,因而量刑辩护也是重要的辩护内容。在不认罪认罚案件中,辩护人在审前就应当尽到自己的职责,会见当事人、收集证据、阅卷等行为都是行使辩护权的重要行为。只有充分行使这些权利,辩护人才能在法庭上更好发挥作用,为保护被告人权利作出最大努力。另外,审前程序中辩护人通过履行职责,还可能使犯罪嫌疑人获得不被起诉的决定。

在不认罪认罚案件中,有效辩护理念更为强调被告方辩护权的充分保障和充分行使,即辩护的"充分性",且辩护的重心在审判阶段,辩护方式较为激烈。[2] 对不认罪认罚的案件,最关键的部分还是在于庭审阶段。司法实践中,加强庭前会议、严格排除非法证据、强化证人和鉴定人出庭作证、建立警察出庭作证制度等,都有助于建立审判权威,使法庭成为控辩程式的调节者且在控辩双方的争点中具有决定性的作用。这些改革措施同时有助于促进辩护权的充分行使,符合不认罪认罚案件中的"有效辩护"的特点。

(二)认罪认罚案件中的有效辩护:突出检律的协商与合作

认罪认罚从宽制度是近年来刑事诉讼制度改革的重点之一,被正式写入 2018 年《刑事诉讼法》,从而成为一项重要的制度。基于认罪认罚案件的特点,此类诉讼程序呈现出一种"合作型""协商性"的特点,其"对抗性"大为减弱。因此,认罪认罚案件的辩护空间缩小,更加关注律师参与案件进程的实质,即辩护的"实质性效果",主要是保障犯罪嫌疑人、被告人认罪认罚的自愿性、真实性、明智性和合法性,辩护的重心前移至审前阶段,辩护方式较为温和。[3]

2018 年修订的《刑事诉讼法》增设了值班律师制度,这为认罪认罚案件

---

[1] 张建伟:《认罪认罚从宽处理:中国式辩诉交易?》,《探索与争鸣》2017 年第 1 期。

[2] 熊秋红:《"两种刑事诉讼程序"中的有效辩护》,《法律适用》2018 年第 3 期。

[3] 熊秋红:《"两种刑事诉讼程序"中的有效辩护》,《法律适用》2018 年第 3 期。

中的被追诉人获得有效的律师辩护提供了一条便利的制度通道,值班律师可以就法律咨询、程序选择等提供帮助。综合新《刑事诉讼法》第36条、第173条和第174条的规定,在认罪认罚案件的处理上,辩护人可以就涉嫌的犯罪事实、罪名及适用的法律规定,从宽处罚的建议,案件审理适用的程序等向检察机关提出意见;犯罪嫌疑人签署认罪认罚具结书也要在辩护人或值班律师在场时进行。可见,在认罪认罚案件中,辩护律师的主要工作提前到了审前阶段,就与其当事人的沟通而言,主要是提供程序选择建议,为其自愿且明智地选择认罪认罚处理程序提供法律帮助;就与控方的协商而言,主要是就事实、罪名和量刑建议问题向控方提出意见,帮助其当事人维护合法权益。

在认罪认罚案件中,由于程序的简化,控诉机关为了追求效率,被追诉人的权利是有可能被牺牲或受到侵犯的,而检察机关在程序主导的过程中应当注重检察权在行使过程中保持谦抑性,不能过分主导程序的进行,更加注重与律师的协商与合作。这是由于缺乏程序的对抗性,不具备法律知识的被追诉人实际上更依赖于辩护律师的专业法律意见。在没有律师提供法律咨询的情况下,被追诉人很可能迫于压力、追求尽快结案或者出于各种各样的原因而违背其内心意愿作出有罪供述。因此,值班律师制度的着眼点正是在于认罪认罚的特殊性,无此则不足以充分保障认罪认罚的自愿性、合法性,就难以在认罪认罚案件中构成"有效辩护"。在认罪认罚案件中,辩护律师应当在审前就充分履行职责,有效参与协商,绝对不能只是充当签署具结书的见证人,否则,就会变成"无效的法律帮助"。在庭审过程中,如果辩护律师发现其当事人的认罪认罚存在自愿性或合法性问题,也应当及时向法庭提出,促进认罪认罚的庭审也能起到实质作用,使认罪认罚案件的处理也能实现审判中心主义。

五、从"获得辩护"到"获得有效辩护":实现有效辩护的路径

(一)有效辩护理念的引入

惩治犯罪与保障人权是刑事诉讼的一体两面。如果被告人获得的辩护流于形式,对刑事案件的处理是没有影响力的,那么就无法说被告人已经获得了实质性的辩护。因此,被告人有权获得辩护,必然要求被告人获得的辩

护是有效辩护,否则"被告人有权获得辩护"这一宪法要求就会显得没有意义。在当前以审判为中心的刑事诉讼制度改革中,需要转变的一个重要观念就是:被告人有权获得有效辩护。因此,引入有效辩护理念是十分必要的。

对于司法机关而言,有效辩护的引入看起来会给办案带来些许"阻力",但从长远来看,控辩平衡的局面则会使司法机关受益更多。例如,有效辩护会使司法机关在办案时加强对自身的审查,对程序合法性的重视将使司法更有公信力,有效辩护对审判中心主义的促进也会使审判更加具有权威,从长远来看,这对于提高司法效率、提高结案率、避免酿成错案后引发的再审等重复性工作都有重要作用。

对于社会而言,有效辩护的实施会使被追诉人更认同裁判结果,因为这个结果是在公平对抗和据理力争之后得出的,同时也会降低再犯的可能性。对公众来说,有效辩护可以消除他们由于畏惧对司法产生的偏见,有利于社会整体公平正义的实现。

(二)有效辩护的实现

1.审判机关和检察机关均有保障有效辩护的职责

(1)系辩护权的宪法要求使然

我国宪法规定被告人有权获得辩护。被追诉人在面对检察机关指控时,辩护人有权从实体上和程序上提出无罪或是罪轻的意见。作为一项基本权利,辩护权的有效行使对于实现刑事法律惩罚犯罪、保障人权有重要的作用,在面对强大的公权力时,需要为控辩双方提供一个尽可能平等对抗的机制,通过控诉与辩护两种职能的对抗,使案件无限趋近于事实,进而使司法机关正确认定事实,公正适用法律,实现惩治犯罪和保障人权的统一。

(2)有效辩护的实现需要加强法检的互相制约

检察机关的职能之一是代表国家行使公诉权,同时,其也是法定的法律监督机关,监督公安机关和法院依法行使权力。为更好贯彻审判中心主义,需要大力推进庭审实质化,由控辩双方在法庭上就案件事实及证据进行交锋,在双方就事实及证据阐述意见之后由法官进行裁判。在这个过程中,公诉方所举证的每一项证据都需要被审查,被告人认罪认罚的自愿性亦是审查的重点,这种审查也是审判机关对公诉机关权力制约的一

种表现形式。辩护人的辩护意见也在这一审查过程中得到了被认真审视的机会。

2.优化检察机关主导作用的发挥

(1)优化检察机关的监督职能

宪法和法律赋予检察机关法律监督职能,在新的背景下,监督职能的行使应当与以审判为中心的刑事诉讼制度相融合,因而需要优化其监督职能,重点落在监督其他公权力主体是否保障当事人和辩护人行使诉讼权利上。以审判为中心本质上是以庭审为核心、以证据为核心,这就要求检察机关主动引导刑事诉讼进程,构建新型的侦诉、诉审和诉辩关系,优化其审前主导作用,不断健全以证据为核心的刑事指控体系。具体而言,在侦查环节要监督公安机关规范行使侦查权,保障被追诉人聘请辩护律师的权利;在审判环节,监督法院公正刑事审判权,保障被告人的辩护权得到充分履行,确保定罪量刑的证据形成于法庭。

(2)检察主导的过程须秉持客观立场

检察主导的过程并非检察官个人的单向度的活动,而是一个互动过程,量刑建议的提出是综合多方面考虑的结果,同时也是检察官在工作中所面临的挑战,除了自身能力水平外,很重要的一个方面是能否保持客观、公正、审慎的立场。在认罪认罚案件中,检察机关不只是审查起诉,更是案件的启动者、监督者,对于案件的走向有着决定性的影响,要不偏不倚地进行审查,全面关注对犯罪嫌疑人有利、不利的所有事实、证据和情节,认真听取辩护人或值班律师的意见,防止有所偏废、随意取舍。

(3)确保辩护律师参与并有效影响检察决定的形成

要促成实现刑事案件辩护全覆盖的目标,确保律师在认罪认罚从宽程序中发挥应有的作用,依法行使辩护的权利。一般来看,不拥有专业法律知识的被追诉人难以在审前程序中平等且有效地与检察机关进行协商,检察机关应当以谦逊的姿态,确保辩护律师参与并有效影响自身对案件处理决定的形成。此外,应当逐渐实现全程法律援助的落地,以促进所有案件刑事辩护的有效性。

3.律师辩护权的充实与保障

现阶段司法实践中存在着一种错误观念:律师介入会使案件处理难度加大,影响办案。其实尊重律师是法治进步的重要表现,律师应当是法治事业的重要参与者和推动者。辩护律师的权利应当得到充实和保障,才有可能真正实现有效辩护,而公安、司法机关在实践中也应当切实保障律师行使权利,而不是变相阻挠和横加干预。否则,有效辩护就会存在着"客观不能"的情形。

首先,逐渐确立侦查讯问时的律师在场权,将其制度化。法律规定犯罪嫌疑人可以在第一次接受讯问之日起委托辩护人,但侦查阶段的辩护效果并不容乐观。由于侦查程序的相对封闭性,此阶段侵犯犯罪嫌疑人权利的情况多有发生,刑讯逼供、诱供骗供等现象屡禁不止。在此阶段引入讯问时的律师在场权,能有效降低上述违法行为的发生概率。2018年修正的《刑事诉讼法》所确立的值班律师制度为律师在场权提供了制度契机,完全可以更进一步,全面确立侦查讯问时的律师在场制度,对于没有委托辩护人的,由看守所的值班律师履行在场职责。

其次,加强辩护方的质证权。质证在司法证明的过程中居于核心地位,没有完整有效的质证,就没有有效辩护。其中,证人出庭作证制度居于质证制度的核心位置,对于实现直接言辞原则至关重要。如果关键证人不出庭,证人的出庭率低,具有专业知识和诉讼技巧的辩护律师也根本无从通过询问、诘问的方式来检验证人证言的真实性等问题,从而严重影响有效辩护的实现。立法应当限制法官对证人出庭必要性的裁量权,大力压缩其随意性,以证人出庭作证为原则,以不出庭为例外。

再次,赋予律师完整的刑事豁免权。将律师法庭上的言论豁免向前延伸至侦查阶段。法律规定了律师在法庭上的言论可以获得豁免,但与庭审相比,侦查阶段中的执业风险更为突出。这种巨大的风险负担使辩护律师往往不敢大胆地进行有效辩护,尤其阻挡了有效的调查取证。律师在各个诉讼阶段的言论均应有刑事豁免权,其合法履职的行为应受法律保障。关于故意制造伪证责任的追究,立法对控辩双方应当一视同仁,不能有歧视性的条款,且应当有严格的证明责任和合理的程序设置。

最后,完善和保障律师的调查取证权。根据证据裁判规则,认定事实必须以证据为依据,而获取证据必须依靠调查取证。长期以来,我国刑事诉讼中的调查取证严重依赖"官方调查"模式,律师调查取证举步维艰,甚至多数律师畏惧调查取证,那就很难全面地做到有效辩护。在侦查阶段,立法应当明确律师的调查取证权,只要不妨碍侦查,不妨害证据,没有理由禁止。在审判阶段,应当为辩护律师的调查取证权提供"刚性"的保障,对于律师申请

法院调查取证的,应以批准申请为原则,以拒绝申请为例外。[1]

4.程序性裁判机制的建立

在刑事诉讼过程中,如果办案时有违反诉讼程序的情况,就可能会触发程序性制裁措施,典型的如二审法院对上诉案件的发回重审。程序性制裁机制的建立,必须与无效辩护的识别机制紧密联系。我国法律对违反法定程序的一审案件规定了发回重审的机制,然而,无效辩护并不等同于一审法院违反法定程序,无效辩护的主因是辩护存在严重的缺陷,这与一审法院的程序违法行为是不同的。在无效辩护理论中,如果律师的无效辩护存在,但一审法院并无明显程序违法,二审法院仍可以将案件发回重审。同时,办案机关的作为或不作为在客观上导致对律师行使辩护权构成阻碍,致使律师的辩护存在严重缺陷,也可能造成无效辩护,因而无效辩护也可能是由于办案机关造成的。因此,我国法律对违反法定程序的发回重审机制实际上无法完全涵盖无效辩护行为。

为促进有效辩护的实现,应尝试引入对无效辩护的程序性制裁机制,即对无效辩护的发回重审机制。如果没有程序性制裁机制,那么有效辩护会落空,犯罪嫌疑人、被告人获得有效辩护的权利就无法实现。

5.律师行业自治机制作用的发挥

律师协会在行业治理、业务规范及律师培训等方面发挥着一定的作用,律师协会也建有惩戒机制。但是,当前律师协会所发挥的作用不够充分和有效,对有效辩护的引导不足及对显而易见的故意无效辩护行为的忽视,也是律师行业自治作用发挥不足的原因之一。可以将有效辩护的相关内容引入律师行业自治机制中。

律师协会应当在充分调研后制定相应有关有效辩护的行业准则,使之成为刑事辩护的行业标准。在制定标准时,可以考虑采纳最低标准,将低于最低标准的辩护行为划入无效辩护的范围,再处以相应的惩戒。刑事案件有效辩护的最低标准是为了使刑事辩护更加专业化,将不符合标准的行为剔除出去,确保刑辩律师能够为当事人提供专业、负责的法律服务。除此之外,律师行业也可以举办培训班和研讨会,推广有效辩护的方案,方便行业之内的相互借鉴。

---

[1] 魏晓娜:《审判中心视角下的有效辩护问题》,《当代法学》2017年第3期。

六、结语

在推进以审判为中心的刑事诉讼制度改革的进程中，促进辩护行为实质化非常重要，检察机关主导的趋势下更要发挥辩护权的实质作用，着力保障犯罪嫌疑人、被告人的合法权益。源于域外的有效辩护理念，对于促进控辩平衡，提高辩护质量，促进司法公正都具有较大的作用。被告人有权获得辩护是目前世界各国基本通行的宪法权利，而要想真正地实现这一权利，就要促使从"获得辩护"到"获得有效辩护"的方向转变。只有犯罪嫌疑人、被告人获得了有效辩护、控辩更加平衡，检察机关在审前的主导性权力能够进一步得到制约，审判中心才能够更加突出，司法裁判才会更有权威。因此，要强化辩护律师在审前程序的作用，建立起无效辩护的程序性裁判机制，发挥律师行业自治的作用，以保障犯罪嫌疑人、被告人辩护权的有效行使，促进审判中心主义的改革目标的实现。

Effective Assistance and Its Realization：Between Judgement Centralism and Procuratorial Dominance

Wu Qizheng，Lü Qingyu

Abstract：Trial-centered reform of criminal procedural system presents new requirement to the criminal defense that demands not only the equilibrium between prosecution and defense，but the improvement of defense quality. To the phenomenon that "ineffective assistance" is existent throughout current criminal procedure，the extraterritorial theory of "effective assistance" provides advantageous guidance for us to solve these problems：poor defense，lack of procedural adjudication and so on. Effective assistance is a vigorous advance of judgement centralism. Moreover，the proposal of procuratorial dominance also poses theoretical and practical challenges for effective defense. It means that：the suspect or accused shall have the right to an effective defense instead of a defense；the theory of effective defense shall be introduced to improve and to ensure lawyers' right to defense；procedural sanction mechanism of ineffective de-

fense shall be established; different criteria of defense shall be established to distinguish the case in which the suspect, or the accused, acknowledges his or her guilty and punish involuntarily from the one voluntarily; and lawyer profession shall play its part in autonomy. Based on judgement centralism, we may seek a balance between effective assistance and prosecutorial dominance to realize effective guarantee of right to defense and promote trial authority as well.

Key words: effective assistance; ineffective assistance; assistance of counsel; judgement centralism; procuratorial dominance

制度分析

"特殊保护"理念下的未成年人认罪认罚从宽制度探析[*]

马　雷[**]

摘要：2018 年《刑事诉讼法》增设了认罪认罚从宽制度，在立法上表现出"繁简分流"的诉讼制度改革方向。然而，我国未成年人刑事司法实行的是"教育、感化、挽救"的方针以及坚持"教育为主、惩罚为辅"的原则。可以说认罪认罚从宽制度与未成年人刑事政策均体现出刑事司法轻缓化的发展趋势。特殊保护理念下的未成年人认罪认罚从宽制度的核心在于如何保障涉罪未成年人量刑协商的权利。该项制度无论是在司法理念层面，还是在程序设计或者实体处置上都要与涉罪未成年人的主体特殊性相适应。未成年人认罪认罚从宽制度可以在实体方面从宽，但在程序方面不能弱化其教育矫治的功能。本文通过运用"特殊保护"的理论框架，从时间、对象、程度、法益、位阶五个维度来剖析未成年人认罪认罚从宽制度在实践中所存在的问题，并提出具体的完善路径。

关键词：特殊保护；未成年人认罪认罚；量刑协商；强制辩护

---

[*]　湖南省未成年人检察理论研究基地 2020 年度一般研究项目"罪错未成年人刑罚替代措施研究"（20WJJDYB04）。

[**]　马雷，法学博士，江苏警官学院法律系讲师。

一、未成年人认罪认罚从宽的内涵厘定

"认罪认罚从宽制度旨在推动刑事司法领域自上而下的体系化变革,建立宽严相济、繁简分流的刑事司法制度。未成年人刑事案件适用认罪认罚从宽制度,有其内在要求与外在需求。"[1]未成年人认罪认罚从宽制度既顺应了新时代未成年人刑事政策,也与我国"特殊保护"的未成年人刑事司法理念相一致。作为未成年人刑事诉讼制度中的一部分,首先需要对其概念意涵及其目的作出明确界定。

(一)认罪、认罚的释义

未成年犯罪嫌疑人、被告人自愿如实供述其罪行,承认检察机关所指控的犯罪事实,就可视为"认罪",不要求其对自己行为的法律性质和意义有明确的认识。对于"认罪"的具体含义是指在未成年人刑事案件中,未成年犯罪嫌疑人对自己的罪行依然要进行如实供述,对指控的犯罪事实没有异议,就能够认定未成年人认罪,但这里的"犯罪事实"指的是可以影响定罪量刑的主要事实。由于未成年人诉讼行为能力的欠缺,适用认罪认罚从宽制度时需要有法定代理人和辩护人在场,涉罪未成年人本人与法定代理人、辩护人认罪态度不一致的情节也会时有发生。认罪与否是以涉罪未成年人所表达的真实意愿为标准,其法定代理人、辩护人仅有提出异议的权利。"认罪"方面主要是由未成年人与法定代理人一起共同完成,以未成年人的真实意愿为主,法定代理人对签署认罪认罚从宽具结书有提出异议的权利。当未成年人的法定代理人、辩护人对认罪认罚表示异议拒绝签署具结书时,也并不会影响认罪认罚制度的最终适用。

"认罚"是指未成年犯罪嫌疑人、被告人及其法定代理人表示接受处罚,其中包括侦查转处、起诉、不起诉、刑罚的种类、刑期以及刑罚执行方式。"认罪"是"认罚"的前提条件,只有自愿如实供述了犯罪行为才会接受其行为所带来的刑罚后果,具体表现为"同意量刑建议"。对附条件不起诉制度的考验期限有异议的,不适用未成年人认罪认罚从宽的相关规定。但有学

---

[1] 王艺超、涂龙科:《未成年人犯罪适用认罪认罚从宽制度研究》,《青少年犯罪问题》2017年第6期。

者认为,对于未成年犯罪嫌疑人及其法定代理人或者辩护人同意作出附条件不起诉,对考验条件或者考验期存在异议的,认定为不同意检察机关作出的附条件不起诉决定。[1] 通过目的解释,法律规定考察期是要求未成年犯罪嫌疑人在一定期限内遵守相关规定、履行一定义务。从期限层面看,出于对未成年犯罪嫌疑人的保护,考验期限规定在 6 个月以上 1 年以下,那么考验期限的裁量幅度仅有 6 个月,也就意味着从宽的幅度也只有 6 个月。对考验期限的异议并不能对选择适用附条件不起诉制度产生实质性的影响。从法律性质层面看,考验期限既不属于主刑、附加刑,也不属于刑罚的执行方式,并没有纳入量刑协商的法定范围。因此,对考验期限的异议并不能否定检察院作出的附条件不起诉决定。

(二)从宽的意涵

"从宽"主要包含实体从宽和程序从简两个层面。"实体从宽"对认罪认罚的未成年犯罪嫌疑人、被告人依法在法定刑的量刑幅度内从轻或减轻处罚,具体包括在量刑幅度内减少刑期、尽可能地适用未成年人刑罚替代性措施以及选择轻缓化的刑罚执行方式。"程序从简"是程序的简便、迅捷,以求达到未成年人合法权利保护的目的;司法机关在未成年人刑事案件办理过程中,侦查阶段做到可以不逮捕就不逮捕,审查起诉阶段加强对羁押必要性的审查,对已经批捕的未成年人,经审查没有继续羁押必要的,应及时提出释放建议或者变更强制措施。对于外地的涉罪未成年人可以在观护基地内接受教育、矫治。坚持"少捕慎诉"的审查起诉原则即符合不起诉条件的就不起诉,对于法院可能适用缓刑、免予刑事处罚的案件,适用相对不起诉制度;符合附条件不起诉的,优先适用附条件不起诉制度。审判阶段在程序选择方面尽可能地适用简易程序;量刑从宽方面符合适用非监禁刑条件的优先适用非监禁刑,在自由刑的法定刑幅度内从轻、减轻,原则上只在同一刑罚种类的范围内进行从宽处理。由于未成年人群体已经作为量刑从宽的法定情节予以规定,那么未成年人在认罪认罚从宽制度时,不仅需要对从宽幅度加以界定,而且也要对该项制度的目的有所明晰。

---

[1] 史卫忠、王佳:《未成年人刑事案件适用认罪认罚从宽制度的思考》,《人民检察》2017 年第 22 期。

(三)未成年人认罪认罚从宽的目的

"在未成年人刑事司法程序中,应审慎适用认罪认罚从宽制度,毕竟作为认罪认罚激励机制的'量刑从宽'与'程序从简'并非未成年人刑事司法的旨归所在。"[1]未成年人认罪认罚从宽制度,认罪、认罚是目的,从宽是手段。在未成年人刑事案件的处理过程中适用认罪认罚从宽制度,发挥该项制度在量刑方面的激励作用,是为了涉罪未成年人能够真诚悔罪,正视自身行为给被害人带来的痛苦,对社会造成的重大危害。如果涉罪未成年人将量刑上的从宽视作目的,那么该项制度在未成年人刑事司法中的教育、矫治效果也将大打折扣,甚至可能会造成冤假错案的风险。在未成年人刑事案件办理中,应当贯彻双向保护、平等保护、全程保护等特殊保护理念。[2]《刑事诉讼法》第 233 条规定中也将未成年人刑事案件排除在速裁程序的适用范围之外,主要考虑到速裁程序审理方式的简化,省略了法庭调查、法庭辩论的必备环节,未成年人审判中的审前教育也同样被省去。如果适用速裁程序,不利于对涉罪未成年人合法权利的保护,所以将未成年人刑事案件排除在适用范围之外。毋庸讳言,未成年人认罪认罚从宽制度并不是一味强调提高诉讼效率,而是以最有利于未成年人,教育、感化、挽救涉罪未成年人为最终目的,这也是未成年人认罪认罚从宽在制度设计方面与认罪认罚从宽的本质区别。

二、特殊保护理念的内容阐释

"特殊保护"作为国际少年司法的基本理念,在未成年人刑事司法中突出程序设计、实体处分与涉罪未成年人的主体特点相适应。[3] 未成年人刑

---

[1]　毛泽金:《基于诉讼行为能力分析视角下的未成年人认罪认罚研究》,《预防青少年犯罪研究》2019 年第 5 期。

[2]　《最高人民检察院关于加强新时代未成年人检察工作的意见》第 3 条第 3 款规定,"坚持遵循未成年人司法内在规律。以未成年人利益最大化理念为指引,实行办案、监督、预防、教育并重,惩戒和帮教相结合,保护、教育、管束有机统一,持续推进未成年人双向、综合、全面司法保护。"

[3]　狄小华:《"优先保护"理念下的我国少年刑事司法模式选择》,《南京大学学报(哲学·人文科学·社会科学)》2009 年第 5 期。

事诉讼作为《刑事诉讼法》中的特别程序之一,其中规定了指定辩护、合适成年人到场、附条件不起诉、社会调查、不公开审理、犯罪记录封存等制度,体现出立法对涉罪未成年人的特殊保护。未成年人刑事诉讼程序中体现出"教育、感化、挽救"的未成年人刑事政策,"特殊保护"的司法理念集中表现在以下五个维度。

(一)时间之维:贯穿刑事诉讼各阶段的全程保护

司法机关对未成年犯罪嫌疑人、被告人权利的保护贯穿于刑事诉讼的全过程。未成年人刑事案件的办案人员既了解未成年人身心发展特点,又熟悉相关法律法规,进而全程保护未成年人的诉讼权利。[1] 涉罪未成年人在侦查阶段被第一次讯问或者采取强制措施时,有权委托律师对其进行辩护。在审查起诉阶段,与检控方进行量刑协商的过程中,由于涉罪未成年人自身诉讼能力的欠缺,也需要有法定代理人和辩护人的全程参与,以弥补未成年犯罪嫌疑人、被告人在认罪能力和限度上的不足。在法庭审理阶段,还需要律师就其犯罪行为给被害人以及社会所造成的不利后果展开教育,对法官所作出的裁决向涉罪未成年人及时沟通、提供帮助。涉罪未成年人在刑事诉讼的各个阶段都能够得到相应的法律保护,特殊保护的范围覆盖了刑事诉讼全过程即"始于立案、终于执行"。简而言之,根据未成年人认罪认罚所处诉讼阶段的不同,从宽的幅度也有所不同,认罪的阶段越早从宽的幅度也就越大,而律师的介入有利于实现对涉罪未成年人合法权益的特殊保护。与此同时,合适成年人到场制度也适用于未成年人认罪认罚从宽制度,未成年人签订认罪认罚具结书需要有其法定代理人在场,以弥补未成年人在诉讼行为能力方面的不足。

(二)对象之维:涉罪未成年人与未成年被害人的平等保护

目前,仍存在"打击了未成年犯罪人就是或者才是保护被害人"的观念,将保护涉罪未成年人和被害人两者对立起来。[2] 这既不利于保护涉罪未成年人合法权利,又不利于化解社会矛盾、恢复社会关系,被害人的权益也

---

[1] 《刑事诉讼法》第 266 条第 2 款规定:"人民法院、人民检察院和公安机关办理未成年人刑事案件,应当保障未成年人行使其诉讼权利,保障未成年人得到法律援助,并由熟悉未成年人身心特点的审判人员、检察人员、侦查人员承办。"

[2] 张寒玉、王英:《未成年人检察问题研究》,中国检察出版社 2017 年版,第 30 页。

没有得到充分保护。1996年《刑事诉讼法》明确了被害人的诉讼主体地位。2012年《刑事诉讼法》修改时,在第2条中增加了"尊重和保障人权",在法律上明确了刑事诉讼法"惩罚犯罪和保障人权"的双重目的。其中,"保障人权"就是要求既保护犯罪嫌疑人、被告人的合法权利,也要兼顾对被害人权利的保护。况且,在被害人中大多数是未成年人,对未成年被害人的权利更需要给予同等保护。近些年,最高人民检察院对未成年被害人的平等保护也十分重视,相继出台了性侵未成年人案件的"一站式"办案机制、未成年被害人关爱救助工作的全覆盖等重要举措。为了在未成年人认罪认罚从宽制度中,更好地维护双方权利的均衡,应该将与被害人达成和解作为认罪认罚从宽制度适用条件之一,如给予被害人经济赔偿、主动认罪悔罪获得被害人谅解、社会调查报告等,以实际行动来弥补犯罪行为对被害人造成的伤害。如果是被害人家属不接受经济赔偿,不愿意达成和解的情形,就不应该适用未成年人认罪认罚从宽制度。

(三)程度之维:宽容但不纵容的适度保护

未成年人适用认罪认罚从宽制度可以在两个方面有效落实适度保护的司法理念:一方面尽可能地降低羁押率、简化诉讼程序,对涉罪未成年人适度从宽处理,另一方面可以避免刑事诉讼程序对被害人造成的"二次伤害",帮助其获得一定的经济赔偿。适度从宽强调的是从宽的"度",对涉罪未成年人排除惩罚一味地进行保护,适用程序的过度简易、轻缓,不仅有可能损害法律的权威,而且也不利于对其进行教育矫治。未成年犯罪嫌疑人、被告人主动认罪认罚,使其在诉讼程序上从简和量刑幅度上从宽,也就是对未成年人的一种特殊保护。所谓"宽容不纵容,严管又要厚爱",适度保护不同于母爱般的宽容,也不同于父爱般的严厉,更像是老师对学生的那种关爱。出于对未成年人恢复正常生活、回归社会、融入社会的目标,有原则、按步骤地对涉罪未成年人进行观护。适度保护也要求量刑程序的精准化、规范化,量刑从宽应当建立在案件事实清楚、证据确实、充分的基础之上,有明确的量刑从宽幅度,防止"法外从宽"的现象发生。无论是选择何种诉讼程序,还是适用最终的宣告刑罚,都应当坚持程序正义以及罪行法定、罪责刑相适应的原则。

(四)法益之维:个人法益与社会法益的双向保护

社会是个人的集合,但是社会整体利益的维护与个人利益的追求之间往往存在着矛盾与冲突。未成年人是社会发展的动力之源,假以时日也必将成为社会的中坚力量。未成年人刑事司法肩负着保护未成年人合法权益与维护社会集体法益的双重目的。[1] 涉罪未成年人适用认罪认罚从宽制度时,既要注重维护社会秩序的安全、稳定,也要注重保护涉罪未成年人合法权益,努力做到个人法益和社会法益的有机统一。未成年人刑事司法相关法律、法规,需要体现出对未成年人个人法益和社会集体法益的保护双向需求。[2] 其中,"满足少年犯的不同需要"与"满足社会的需要"就是要求在未成年人刑事司法中兼顾个人的合法权益与社会的集体利益。维护社会法益既是司法机关的职责与使命,也是依法处置涉罪未成年人的正当性来源。未成年人犯罪行为其实就是对和谐稳定社会秩序的侵害,处置涉罪未成年人时需要平衡其个人法益与社会法益之间的关系,通过未成年人对自身行为承担相应法律责任的方式,作为个人权利与社会秩序双向保护的实现路径。

(五)位阶之维:教育矫治先于刑事处罚的优先保护

优先保护视惩罚为保护的必要手段且是最后手段,以教育、矫治涉罪未成年人为目的,追求未成年人合法权益的最大化。[3] 我国《未成年人保护法》第4条第1款规定,保护未成年人应当坚持最有利于未成年人的原则,给予未成年人特殊、优先保护。未成年人刑事司法不能仅关注未成年人的犯罪行为,还需要对其之前的成长经历以及未来的人生发展进行全面的评估与考量。未成年人认罪认罚从宽制度的实体量刑与程序选择,既要立足

---

[1]《联合国少年司法最低限度标准规则》第1.4条规定:"少年司法应视为是在对所有少年实行社会正义的全面范围内的各国发展进程的一个组成部分,同时还应视为有助于保护青少年和维护社会的安宁秩序。"

[2]《联合国少年司法最低限度标准规则》第2.3条规定:"应努力在每个国家司法管辖权范围内制订一套专门适用于少年犯的法律规则和规定,并建立授权实施少年司法的机构和机关,其目的是:(A)满足少年犯的不同需要,同时保护他们的基本权利;(B)满足社会的需要;(C)彻底和公平地执行上述规则。"

[3] 狄小华:《中国特色少年司法制度研究》,北京大学出版社2017年版,第123页。

于未成年人所实施的犯罪行为之上，同时更要考虑帮助他们回归人生正确的成长轨道以及重新融入社会的需要。随着"少年宜教不宜罚"的观念逐渐被社会公众所接受，认罪认罚从宽制度在未成年人刑事司法中也得到了广泛应用。对于涉罪未成年人在程序上进行分流，尽可能在审前阶段终止诉讼，在实体上量刑从宽，未成年人刑罚替代措施可以优先适用。只有在未成年人刑罚替代措施不能够达到教育矫治的效果时，才可以考虑选择适用刑罚。引导涉罪未成年人回归社会、立足社会远比依赖刑罚手段教育、矫治的效果要好。

三、未成年人认罪认罚从宽制度的现实困境

从"特殊保护"理念的视角下看未成年人认罪认罚从宽制度，可以从适度保护、双向保护、全程保护、平等保护、优先保护五个维度展开，从而能够从中发现该制度目前在司法实践中所存在的问题。

（一）量刑从宽因素的重复评价

在量刑方面，未成年人较之成年人的基准刑有了较大幅度的优惠，参照刑事责任年龄的划分标准，根据未成年人所处不同的年龄阶段给予不同幅度的从宽。[1]不满十六周岁的未成年犯罪嫌疑人、被告人最多可以减少60％的刑期。《人民法院量刑指导意见》规定如此之大的量刑从宽幅度，无形中就赋予了司法机关一定的刑罚裁量权，在实践中也容易导致一些量刑从宽因素叠加计算的情形发生。未成年犯罪嫌疑人、被告人的自首、坦白、立功、经济赔偿、赔礼道歉、被害人谅解都被作为量刑从轻、减轻的因素，但这些因素在适用认罪认罚从宽制度中不能够再次作为从宽因素进行评价，否则会造成严重的罪刑失衡。其中，自首由两部分的构成要件组成：一是主动投案，二是如实供述犯罪事实；与"认罪"的含义基本相同，自首这个量刑情节在认罪认罚从宽的案件中就不应该再次被作为量刑从宽因素。例如未

---

[1] 最高人民法院关于《人民法院量刑指导意见》"常用量刑情节的适用"中规定：对于未成年人犯罪，应当综合考虑未成年人对犯罪的认识能力，实施犯罪行为的动机和目的，犯罪时的年龄、是否初犯、悔罪表现、个人成长经历和一贯表现等情况，予以从宽处罚。（1）已满十四周岁不满十六周岁的未成年人犯罪，可以减少基准刑的 30％～60％；（2）已满十六周岁不满十八周岁的未成年人犯罪，可以减少基准刑的 10％～50％。

成年人涉嫌电信诈骗的案件,由于涉案数额较大,法定刑是三年以下有期徒刑,未成年犯罪嫌疑人认罪认罚,经过量刑折抵后只剩下了几个月的刑罚。这最终的量刑从宽结果既违背罪刑法定的基本原则,也不利于对未成年犯罪嫌疑人的教育、矫治。[1] 未成年人认罪认罚从宽制度,量刑从宽的幅度是关键。然而,量刑从宽因素的评价问题可能会影响到该项制度在司法实践中能否发挥其应有的作用。

(二)辩护律师覆盖的范围不全

未成年人适用认罪认罚从宽制度需要在其法定代理人和律师的帮助下完成,未成年人认罪认罚制度设计的初衷不是盲目追求诉讼效率的提高,而应该是给真诚悔罪的未成年犯罪嫌疑人、被告人从宽处理的机会。即使控、辩双方最终达成量刑协议,签订认罪认罚具结书,辩护律师仍然具有一定的辩护空间。"犯罪嫌疑人、被告人有权获得辩护"既是刑事诉讼法的基本原则之一,也是对犯罪嫌疑人、被告人合法权利的重要保障。未成年人在刑事诉讼中有权获得律师辩护,但未成年犯罪嫌疑人在审前阶段的律师辩护权难以得到保障,侦查阶段、审查起诉阶段获得法律援助的案件数量远远低于审判阶段。[2] 刑事诉讼法赋予值班律师的辩护职权十分有限,由于未成年人诉讼行为能力的欠缺,需要在辩护律师的帮助下,对于控方所指控的罪名和量刑建议方面进行协商,在庭审中为未成年被告人发表辩护意见。目前,值班律师多数为执业时间不久的年轻律师,在与检察机关量刑协商过程中往往处于被动地位,充当的是控方"传话筒"的角色,很难真正做到控辩协商的实质化。但是,值班律师在未成年人认罪认罚从宽中所进行的"有限辩护",为律师全程参与刑事诉讼提供了制度保障,也为律师辩护的全覆盖奠定了一定的实践基础。

(三)未成年被害人权利的保障不周

与被害方达成和解、取得被害方谅解、赔偿被害方损失作为量刑从宽因素予以综合考量,可以说既是对未成年人认罪认罚从宽制度中被害人权利

---

[1] 作者于 2021 年 3 月 6 日通过电话访谈的方式,对江苏省江阴市人民检察院未成年人认罪认罚从宽制度适用状况的调研时所了解的案例。

[2] 叶青:《未成年人刑事诉讼法学》,北京大学出版社 2019 年版,第 105 页。

的保护,也是将赔礼道歉取得被害人谅解作为未成年人认罪认罚的条件之一。[1]但是,赔偿损失能否作为认罪认罚的条件就需要根据具体的案件事实加以区别对待。未成年人认罪认罚从宽的案件,如果犯罪嫌疑人和被害人之间达成赔偿协议,赔偿的主体是涉罪未成年人的父母以及其他监护人,而并不是涉罪未成年人。如果其父母或者其他监护人不具备赔偿的经济能力时,即使涉罪未成年人主动认罪认罚,也无法满足赔偿损失这一条件。因此,经济损失需要在有经济赔偿实力的前提下,并且赔偿的数额在其所能承受的范围之内,再讨论是否可以作为未成年人认罪认罚的条件。[2]虽然涉罪未成年人主动认罪、悔罪并表示愿意赔偿被害人的损失,但由于被害人的经济赔偿数额明显超出其监护人的经济赔偿能力,此种情形应当认定为符合认罪认罚从宽制度的适用条件。倘若涉罪未成年人的监护人已经在家庭所能承受的范围内,最大限度地给予被害人经济赔偿,并且涉罪未成年人的认罪态度较好,也应该考虑适度从宽处理。毋庸置疑,经济赔偿是表明犯罪嫌疑人、被告人及其家属认罪悔罪态度,征求被害人谅解的最为直观的表现。但需要注意的是,在司法实践中,经济赔偿不能成为一些经济条件不好的家庭适用未成年人认罪认罚从宽制度的桎梏,需要从立法目的和现有法律等方面正确理解与适用该项制度。

正如狄小华教授所言,未成年人犯罪往往呈现出"先被害、后害人"[3]的特点。未成年被害人的权利如果不能够得到充分、全面的保护,极有可能诱发他们以后实施违法、犯罪的行为。因此,未成年被害人权利的保护需要在法律中得到足够的重视与保障,被害人及其诉讼代理人所提出的异议并不能够影响到涉罪未成年人能否适用认罪认罚从宽制度。司法机关在未成

---

[1]《关于适用认罪认罚从宽制度的指导意见》第16条规定:"办理认罪认罚案件,应当听取被害人及其诉讼代理人的意见,并将犯罪嫌疑人、被告人是否与被害方达成和解协议、调解协议或赔偿被害方损失,取得被害方谅解,作为从宽处罚的重要考量因素。人民检察院、公安机关听取意见情况应当记录在案并随案移送。"

[2] 最高人民法院《关于审理未成年人刑事案件具体应用法律若干问题的解释》第19条规定:"由未成年被告人本人承担赔偿责任,不足部分由监护人予以赔偿,但单位担任监护人的除外;其赔偿情况可以作为量刑情节加以考虑。犯罪嫌疑人、被告人自愿认罪并且愿意积极赔偿损失,但由于被害方赔偿请求明显不合理,未能达成调解或者和解协议的,一般不影响对犯罪嫌疑人、被告人从宽处理。"

[3] 狄小华:《构建儿童权利防护网——兼论虐童的多元治理》,《青少年犯罪问题》2013年第2期。

年人认罪认罚案件中既需要熟悉未成年人的身心发展规律,又要尽可能地避免未成年被害人的合法权利未能够得到全面保护。

四、未成年人认罪认罚从宽制度的完善路径

"少年司法改革应以儿童最大利益原则为目标,实现各类公私机构在各类少年司法程序中对各类儿童利益范畴的全覆盖,以协作型司法作为儿童最大利益的最佳保障框架。"[1]面对未成年人认罪认罚从宽制度在实践中所存在的问题,可以运用"特殊保护"的理论分析框架,提出有针对性的解决方案,以便该项制度在司法实践中充分发挥积极作用并且日趋完善。

(一)建立未成年人的强制辩护律师制度

在认罪认罚从宽制度中,充分体现出对涉罪未成年人的全程保护,保障未成年人适用认罪认罚从宽制度的自愿性、合理性,有必要引入强制辩护制度,让辩护律师有效地参与到与控方的量刑协商程序之中,进而实现辩护律师可以参与未成年人认罪认罚从宽制度的全过程。所谓未成年人强制辩护制度是指未成年犯罪嫌疑人、被告人不愿意接受律师辩护,国家也应当为没有辩护人的未成年人指定辩护律师。[2]辩护人主要为犯罪嫌疑人、被告人提供实体性辩护、程序性辩护以及相关法律帮助。辩护人要注重与未成年人的沟通与交流,让其知道自身行为所造成的不利影响与严重后果。在刑事责任的承担方式上,辩护律师既要"朝前看",也要"往后看",未成年人以后的人生道路漫长,犯罪除了自身因素之外也受到了其他因素的影响,所以需要综合考量,积极寻求量刑从宽因素,最大限度地保障未成年犯罪嫌疑人、被告人的权益。不可否认的是,未成年人刑事辩护律师在经济回报上无法与从事民商事法律服务的律师相提并论,就辩护律师个人而言可以说是良心工程。未成年人刑事辩护不仅要求律师具备过硬的法律业务素质,还需要有致力于教育、感化、挽救未成年人的一颗爱心。在值班律师制度建立之前,设有专门法律援助机构,凡是符合法律援助条件的未成年犯罪嫌疑

[1] 吴启铮:《少年司法中的协作型儿童利益保护机制——以儿童最大利益原则为基础》,《法治论坛》2019 年第 2 期。

[2] 李艳霞、孙延杰:《未成年认罪认罚案件量刑协商中的三个法律问题》,《鲁东大学学报(哲学社会科学版)》2020 年第 1 期。

人、被告人都可以申请律师辩护。在未成年人认罪认罚从宽制度中,法律援助机构要多选取一些熟知未成年人心理、办案经验丰富的律师,确保辩护律师能够覆盖未成年人刑事诉讼的全过程。司法机关查明未成年犯罪嫌疑人或被告人符合申请法援律师条件但未申请的情形,应当依法及时通知法律援助机构指派律师为其辩护。辩护律师与涉罪未成年人的沟通过程,突破未成年人的心理防线,使其自愿认罪认罚显得尤为重要。司法实践中,最好是由同一值班律师全程为该案件提供法律帮助,这不仅可以增加未成年被追诉人的安全感,同时也能增强值班律师工作的责任感,有效规避不同值班律师给出的不同建议的现象发生。辩护律师履行辩护职责的过程,不仅是对涉罪未成年人合法权利的辩护,也是在对其进行教育、矫治。通过强制辩护律师制度的建立,能够在未成年人认罪认罚从宽制度中更好地体现出特殊保护的价值理念。

(二)精确量刑协商程序的从宽幅度

量刑协商程序既是认罪认罚从宽制度的核心程序,也成为未成年人认罪认罚从宽制度最为关键的诉讼阶段。而量刑从宽幅度的精确能够帮助未成年人认罪认罚从宽制度在司法实践中真正发挥其应有作用,达到教育、感化、挽救的目的,进而体现出适度保护的司法理念。可以从以下两个方面对"从宽幅度"[1]加以精确:

1.量刑从宽因素标准化

决定未成年人认罪认罚的量刑从宽幅度的因素大致可以分成:时间因素、实然因素、应然因素。其一,时间因素可以根据刑事诉讼所经历的先后顺序,将其分为:侦查阶段、起诉阶段、审判阶段。未成年人认罪认罚的诉讼阶段越早,量刑从宽的幅度也就越大。司法实践中,遵循的是"321"的原则,即侦查阶段认罪认罚,量刑上大致减少基准刑的 30%;审查起诉阶段认罪认罚,量刑上大致减少基准刑的 20%;审判阶段认罪认罚,量刑上大致减少基准刑的 10%。其二,实然因素是以未成年人犯罪行为所造成的社会危害为标准,主要包括:自首、坦白、认罪认罚、经济赔偿、赔礼道歉、被害人谅解

---

[1] 《关于适用认罪认罚从宽制度的指导意见》第 9 条规定:"办理认罪认罚案件,应当区别认罪认罚的不同诉讼阶段,对查明案件事实的价值和意义是否确有悔罪表现,以及罪行严重程度等,综合考量确定从宽的限度和幅度。对犯罪嫌疑人、被告人具有自首、坦白情节,同时认罪认罚的,应当在法定刑幅度内给予相对更大的从宽幅度。"

等因素。实然因素大致可以分为两种类型:悔罪型实然因素和谅解型实然因素。悔罪型实然因素是指自愿如实供述主要犯罪事实,例如自首、坦白、立功、认罪认罚等。谅解型实然因素是指获得被害人及其近亲属谅解,例如经济赔偿、赔礼道歉、具结悔过等。实然因素的评价方面,悔罪型实然因素、谅解型实然因素可以叠加评价,但是悔罪型实然因素或者谅解型实然因素内部的具体因素不得重复评价,比如说自首、坦白、认罪认罚因素均在一个案件中有所体现时,整体作为一个悔罪型实然因素进行评价。其三,应然因素是以未成年人的人身危险性为标准,具体包括个人成长经历、平时表现、家庭情况等因素,通常是以社会调查报告的形式呈现。通过社会调查发现,如果未成年人犯罪前的日常生活、在校表现都很优异,那么就可以作为应然因素加以考量。检察机关在司法适用中,应当坚持以时间因素和实然因素为主,应然因素以辅的原则作出量刑建议。量刑从宽因素的标准化,有利于司法机关在适用未成年人认罪认罚从宽制度办理案件的过程中明确从宽的限度,最终作出精准的量刑裁定。

2.量刑协商程序规范化

认罪认罚与自首、坦白不作重复评价。因此,未成年人认罪认罚从宽制度中控、辩双方的量刑协商程序大致可以分为:明确基准刑、计算法定刑、确定宣告刑三大步骤。首先,需要明确基准刑。未成年犯罪嫌疑人对被指控的罪名予以承认,确立其罪名。在该罪名的法定刑幅度内,找到与之对应的基准刑。其次,计算法定刑。法定刑的计算又分为初步计算与精准计算:其一,初步计算是根据时间因素,按照未成年人认罪认罚时所处的诉讼阶段进行计算;其二,精准计算可以参考未成年犯罪嫌疑人、被告人犯罪行为的社会危害性、犯罪后的悔罪态度、是否与被害人达成和解等情况综合判断。最后,确定宣告刑。宣告刑的最终确定之前,还需要对未成年犯罪嫌疑人、被告人进行社会调查,从而判断其人身危险性。量刑从宽幅度的精准要求量刑的起点和幅度都要遵循法律规定,从宽是在法定刑的基础上给予适度从宽处理。量刑从宽的幅度要予以严格控制,如果宣告刑过低不仅起不到震慑作用,可能滋生涉罪未成年人为适用认罪认罚从宽制度"认假罪"的乱象,也容易造成审判结果对未成年被告人的不公。诚如德国刑事法学家李斯特所言"罪刑法定是刑事政策不可逾越的藩篱",政策的权衡与考量不应该逾越刑事法治的基本原则,进而动摇刑罚正当性的根基。对未成年的特殊保护也不能违背刑事诉讼法的初始目标,通过精确量刑因素、规范量刑协商程序来实现对涉罪未成年人的适度保护与优先保护。

(三)加强未成年被害人权利的保护力度

在未成年人认罪认罚从宽制度中,应当体现出对涉罪未成年人以及未成年被害人的平等保护,特别是在量刑协商的过程中应当给予未成年被害人的权利与涉罪未成年人同样的保护。"两高三部"共同制定并实施的《关于适用认罪认罚从宽制度的指导意见》中将被害人谅解、赔偿经济损失作为从宽考量因素,有利于对未成年被害人权利的保护,也可以缓解双方的紧张关系。但是,被害人合法权利的保护力度还远远不够。认罪认罚从宽制度追求的是刑事诉讼的效率价值,而未成年人认罪认罚程序更多体现的是特殊保护的司法理念。因此,在未成年人认罪认罚从宽制度中,应当突出未成年被害人的诉讼主体地位。"对于因未成年人有悔过、赔偿意愿,但因经济困难立法赔偿到位而未达成和解的,应当适用认罪认罚从宽制度予以从宽处理。"[1]司法机关也应该征求未成年被害人对于适用认罪认罚从宽制度的意见,对于具备经济赔偿能力但未给予被害人经济赔偿的,未成年被害人有权对量刑协商提出异议,此时涉罪未成年人就不能再适用认罪认罚从宽制度。未成年被害人既然具有法律上的诉讼主体地位,其合法的权益也就应当在未成年人认罪认罚从宽制度得到平等保护。司法机关在适用该项制度时要对未成年被害人的合法权利给予高度重视,对未成年被害人合法权益的保护应当加大力度,既要有对处分结果的实体性保护,也包括贯穿司法过程的程序性保护。

余　论

未成年人认罪认罚制度要想在未成年人刑事司法实践中发挥更好的效用,需要与社会调查制度、刑事和解制度以及附条件不起诉制度相互衔接、相互配合。社会调查制度主要通过对涉罪未成年人身边的家人、邻居、朋友、老师的走访调查,了解其品行状况,社会调查报告所记载的内容可以作为未成年人认罪认罚从宽制度中量刑从宽的因素之一。刑事和解制度是当

事人之间的平等协商,而未成年人认罪认罚从宽制度也强调控、辩双方的平等协商,两种制度同属于协商式司法模式。涉罪未成年人与未成年被害人双方之间所达成的和解,也作为未成年人认罪认罚从宽制度的量刑从宽因素。附条件不起诉制度是专门为未成年人增设的一项法律制度,对于涉嫌可能判处一年有期徒刑以下刑罚的未成年人,检察机关可以作不起诉从宽处理。未成年人认罪认罚从宽制度是"特殊保护"未成年人刑事司法理念的具体体现,对涉罪未成年人在实体处置方面从宽,程序方面简化,但其教育功能不能弱化。公正与效率一直以来是刑事诉讼所追求的价值目标,而效率又是公正的第二属性,认罪认罚从宽作为刑事诉讼中一项制度,与其说是为了提升诉讼效率,不如说还是为了实现个案公正。未成年人认罪认罚从宽制度也同样具有追求个案公正的价值取向,但其更侧重于对涉罪未成年人的教育、感化与挽救。

Analysis on the Leniency System for Juvenile Admitting Guilt and Accepting Punishment under the Concept of "Special Protection"

Ma Lei

Abstract: In 2018, the Criminal Procedure Law added a leniency system for admitting guilt and accepting punishment, showing the reform direction of the litigation system of "separation of complicated and simple" in legislation. However, the criminal justice system for juvenile in our country implements the policy of "education, probation, and salvation" and the principle of "education first, punishment second". It can be said that the leniency system for admitting guilt and accepting punishment and the criminal policy for juvenile both reflect the development trend of criminal justice slowing. The core of the leniency system for juvenile admitting guilt and accepting punishment under the concept of special protection lies in how to protect the rights of juvenile involved in criminal sentencing and negotiation. This system must be adapted to the subject specificity of the juvenile involved in the judiciary, in terms of program design or physical disposal. The leniency system for juvenile admitting guilt and accepting punishment can be lenient in substance, but it cannot weaken its function of education and correction in terms of procedures. By using the theoretical framework of "special protection", it analyzes the problems in practice of the leniency system for juvenile admitting guilt and accepting punishment from the five dimensions of time, object, degree, legal interest, and rank, and proposes specific ways to improve it.

Key words：special protection；juvenile pleads guilty to punishment；sentencing negotiation；compulsory defense

论电子督促程序的实践困境与解决*

张　亮**

摘要：近些年来，为缓解急剧增长的司法压力，部分地方法院积极推进电子督促程序试点工作，深入地推进人工智能、大数据、互联网与督促程序相融合，从而实现案件分类处理的基础上进一步提高司法效率。与此同时，积极地应对电子督促程序建构与运行中凸显的程序性问题，推动电子化程序的科学构建、平衡各方当事人权利义务配置、为电子督促程序发展打下良好社会基础。"电子化"将作为推动督促程序实现自身价值的关键契机，真正实现督促程序立法之初衷，更好地让民事司法工作与社会实际发展相适应。

关键词：电子督促程序；路径设计；诉讼效率

引　言

随着信息电子技术的发展，大数据、区块链、人工智能等技术发展逐步成熟，并被创新运用于司法"智慧司法"建设之中，成为法学理论与司法实践界探讨的前言与热点领域[1]，党的十九大中明确提出要求深化司法体制及

* 基金项目：河北省高等学校人文社会科学研究青年基金项目"人工智能视域下督促程序之变革问题研究"（SQ2021151）。

** 张亮，华东政法大学博士后，河北经贸大学法学院讲师。

〔1〕 季卫东：《人工智能时代的司法权之变》，《东方法学》2018年第1期。左卫民：《关于法律人工智能在中国运用前景的若干思考》，《清华法学》2018年第2期。左卫民：《热与冷：中国法律人工智能的再思考》，《环球法律评论》2019年第2期。周尚君、伍茜：《人工智能司法决策的可能与限度》，《华东政法大学学报》2019年第1期。王禄生：《司法大数据与人工智能技术应用的风险及伦理规制》，《法商研究》2019年第2期。

其综合配套措施的改革,将互联网技术融入司法、促进司法现代化是其重要要义。为响应时代号召,上海、北京、河北等地区积极推出的人工智能审判辅助技术,以"科技为中心"的智慧法院、智慧检务建设工作稳步推进,这些前所未闻的新概念相继走入司法系统,并且发挥着极为重要的辅助作用。

在此背景下,传统督促程序在我国已经运行二十年有余,它是市场经济条件下公正、效率观念在民事诉讼中的具体体现[1],但是在司法实践中督促程序的适用现状并未达到立法者设立制度之初衷,与此相应的是近些年来我国民事诉讼案件的数量出现激增之态势,"案多人少"的矛盾状况愈发明显,司法现状迫切呼唤多元化民事纠纷解决机制的出现。放眼域外国家,电子化督促程序改革由试点到现在已经发展成熟,1982 年德国开始电子督促程序的试点工作,在得到良好社会效果后开始全国推广,继而欧洲大多数国家也开始对德国电子督促程序予以借鉴,该程序的设立为实现案件的繁简分流,实现司法资源的优化配置起到极为重要的作用。面对域外成熟的立法经验,结合我国的现有的试点成果,电子督促程序的改革成为我国智能化解决纠纷应当努力的重要方向,本文立足于督促程序存在正当性的基础上,分析电子改革背景下督促程序面临的问题,并提出行之有效的解决措施,从而为我国电子督促程序的建构提供一定参考。

一、电子督促程序的正当性

督促程序是指债权人要求债务人给付金钱、有价证券,人民法院根据债权人请求发布支付令,督促债务人履行债务的程序。[2]随着电子信息技术逐步被广泛运用于司法实践之中,电子督促程序是督促程序在人工智能时代下的具体表现,将传统督促程序中申请人提交申请、证据材料、司法审查、支付令的制作与送达等流程融入互联网技术,实现在线申请、审查、受理、发出支付令、送达、异议、支付,信息技术的融入无疑能够最大程度上激活传统督促程序的活力,在实现司法资源的合理配置的同时拓宽多元化纠纷解决渠道,推动司法体制综合配套措施改革,从而达到司法为民的本质要求。

---

[1] 杨秀清:《督促程序中的支付令法律效力探析》,《河北法学》1996 年第 4 期。

[2] 〔日〕新堂幸司:《新民事诉讼法》,林剑锋译,北京法律出版社 2008 年版,第 690页。

（一）电子督促程序相对传统督促程序的优势

电子督促程序是从传统督促程序衍生而来，它并不是简单使用信息技术从形式上对制度进行变革，更为重要的是当事人与法院之间的司法交往关系，理清电子改革后的督促程序所具备的优势，对我们更好地认识电子督促程序存在的价值具有重要意义。

首先，电子督促程序最为突出的优势在于智能高效化。电子督促程序设置的原点就是效率[1]，相较于传统的督促程序，互联网技术运用能够实现督促案件在线申请审查、形成支付令、送达乃至执行等环节，通过电子化程序处理不仅能够实现程序进行的高效率，而且能够通过智能化计算来判定债权人主张的债权是否到期、违约金的数额、利息等，由此可见，电子督促程序实现了高质量基础上的高效率，并且由于法院与当事人未产生直接接触，仅依据电子申请及证据事实主张认定申请成立与否，在一定程度上弱化了证据的实质审查，进一步使得程序效率得以提高。总体来看，电子督促程序大量削减人为因素，更加依赖于信息化与科学技术，为法院审理程序的智能高效建设迈出了坚实一步。其次，电子督促程序能够进一步减轻司法负担。实现案件的繁简分流是督促程序设立的重要目的，尚不探讨督促程序在我国是否能够达到此目的，但是传统的督促程序至少需要几个月才能终结。相比之下，电子化使得督促程序趋于流水式作业，许多环节的工作并不需要专业法官去处理，同时在文书撰写上主要使用格式化文本，由当事人填写主要信息，支付令可以通过计算机自动形成、发出，全国首例电子督促程序的申请人称：电子督促程序至少节省 75％ 的成本[2]，实现了用较少的工作人员完成较多的无争议案件的处理，这些无疑在很大程度上减轻了法院的负担，实现了司法与信息化相得益彰的目标。最后，电子督促程序能够最终实现案件的分类处理，促进民事纠纷解决渠道的多元化。传统督促程序与简易程序、小额诉讼程序类似，希望通过法定的程序方式解决无争议的金钱或者有价证券的案件，相比前两者来讲，督促程序应当属于解决纠纷效率最高的一种程序，但是在司法实践中的实施效果上明显不如前两个制度使

---

[1] 张晨玮：《电子督促程序的困境与出路探析——以互联网小额贷款纠纷为样本》，《东南司法评论》2019 年第 1 期。

[2] 张鹏、西法：《杭州西湖区法院全国首次使用电子督促程序解决借贷纠纷，从审查到发出支付令只需 4 个多小时》，《青年时报》2015 年 6 月 4 日 A30 版。

用率高。在结合我国试点工作中,将电子化督促程序集中定位于互联网交易、借贷等有关的案件,这类案件具有数量极多、关系简易、证据保存完整的特点,过高的维权成本不利于矛盾的解决,进而逐步衍化为网络经济发展的一大障碍。综上,电子督促程序可以互联网有关的案件类型为破口,在此基础上实现案件的繁简分流处理。

(二)督促程序电子化的必要性

传统的督促程序在制度设计上并没能满足社会需求,当事人也期待一个低成本高效率的纠纷解决机制,法院不能无视司法现状的需求,电子督促程序的产生与推广是顺应时代的必然结果。

其一,法院案件审理压力增大,司法资源紧张。督促程序的制度价值在于分流当事人之间无实质争议的案件[1],疏减不必要诉讼以及合理配置司法资源,以维持一个国家或者地区司法制度的稳妥运转[2]。面对我国司法现状,民事案件的数量在近些年来出现激增之势,各级法院受理案件数量由1978年61万件增加到最高2016年1076.4万件[3],增长了近十七倍,相对应的法官从1978年6万到今天21万多,仅增长两倍多,加之法院员额制改革使得审判力量趋于精简化,“案多人少”的压力愈发突出,尤其对于小额短期网贷,如京东白条、支付宝花呗、网络交易等这些债权债务关系清楚明确的案件不合理地占用着司法资源,与此同时法院执行压力也在与日俱增,而解决这一状况的根本方法就是从源头上实现案件的繁简分流,而电子督促程序能够以最低的成本获得最高的效益价值正符合这一要求,使得互联网技术的功利价值能够满足司法实用主义的需要。[4]

其二,传统督促程序在我国民事纠纷解决上的适用已经可以达到忽略不计的程度。导致这一现象出现的原因是该程序长期闲置,有待革新。本应当充分发挥案件分流作用的督促程序在实践中并未达到立法者设立之初

---

[1] 邱联恭教授曾明确指出“所谓诉争性、对立性主要是指实体法上权利义务关系存在与否之争执,所谓解决纠纷,主要即解决此实体法上权利义务关系存在与否之争执”。参见邱联恭:《口述民事诉讼法讲义(一)》,许士宦整理,2015年笔记版,第70页。

[2] 沈冠伶:《督促程序之变革——基于平衡兼顾保护债权人与债务人利益之观点》,《月旦民商法杂志》2015年第9期。

[3] 参见2017年《最高人民法院工作报告》。

[4] 王福华:《电子诉讼制度构建的法律基础》,《法学研究》2016年第6期。

的目的,《中国法律年鉴》记载了 2001 年至 2008 年督促程序的适用情况,统计结果显示出成逐年降低之势,从 2001 年的 4.6％降至 2008 年的 1.1％,2008 年之后督促适用率可以达到忽略不计,导致这一现象的原因是多方面的,如申请人与被申请人之间权利义务的失衡、程序保障力度较低、法院排斥程序适用等,程序从申请到执行都面临较多问题,但是不可否认督促程序在域外一些国家,在实现案件繁简分流上凸显出良好的司法效果,电子化的督促程序对于简易无纠纷的金钱或者有价证券案件更加突出高效率的优势是其他程序所不能比拟的。在人工智能时代的背景下,对于督促程序原有的一些弊端可以通过互联网等电子化改革加以解决,因此,抓住时代机遇,在激发传统督促程序活力的同时,期待能够充分发挥督促程序应有的制度价值,以达到立法者寄予的期望。

(三)督促程序电子化的可行性

伴随着试点工作的深入推进,电子督促程序的适用工作逐步开展并且取得良好的社会效果,从政策、现状、实践多维度论证电子督促程序在我国的发展具有坚实的基础支撑和制度适用空间。

其一,立法政策积极呼吁。2016 年最高院颁发的《进一步推进案件繁简分流优化司法资源配置的若干意见》第四条提出鼓励当事人使用电子支付令;后在《进一步深化多元化纠纷解决机制改革的意见》中表达了鼓励积极推动建立电子督促程序、探索多元化在线纠纷解决方式平台建立等指导方针;2019 年 2 月发布的《人民法院第五个五年改革纲要(2019—2023)》把"坚持强化科技驱动"作为司法改革的定位的重中之重[1]。由此可见,对于电子督促程序具备实施必要性的同时,也具备一定技术条件和政策上的倡导。伴随试点工作的深入开展,使电子督促程序在保留督促程序原有优势的基础上与人工智能相结合,定能有利于实现督促程序自身存在的价值。

其二,使用虚拟货币为大众所接受,互联网交易数量激增。近些年来,支付宝、微信等电子支付已经成为人们网络交易乃至日常交易的通常支付方式,在电子支付下个人身份信息的核实有利于确定当事人个人信息的准确性、申请人能够以低成本方式证明债权债务关系存在、电子支付令生效后

---

[1] 参见《最高人民法院关于深化人民法院司法体制综合配套改革的意见——人民法院第五个五年改革纲要(2019—2023)》(法发〔2019〕8 号)。

在线执行等成为可能。与此同时,虚拟交易平台也在逐步迈向多边化,尽可能地展现出强大的包容力,通过整合社交、借贷、金融等多个方面从而吸引更多的交易用户,从而逐步地形成规模效应。但随着受用主体覆盖面增大、各种交易活动的复杂化和不确定性使得矛盾频发,根据《广东省互联网行业纠纷报告》显示,在2013年至2017年广东省涉及网络交易纠纷的数量出现逐步上升趋势,分别为298件、405件、622件、1910件和3770件,2016年和2017年的增幅高达207.07%和97.38%,纠纷标的总额在五年间由700多万元增长至2亿多元。[1] 作为我国电子商务的发源地,杭州地区的支付宝、蚂蚁金服等互联网金融企业400余家,互联网公司上千家,支付宝用户已达到1.9亿多,涉网络借贷业务纠纷呈井喷式增长,杭州法院受理的电子商务案件从2013年的600件提高至2016年的1万多件。[2] 而电子督促程序对于互联网交易案件处理具有很大的优势,能够实现纠纷处理的高效率化,同样也正因此使得电子督促程序在未来具有极大的适用空间。

其三,电子督促引入我国司法实践,取得良好社会效果。2015年5月25日,杭州市西湖区法院率先开启适用电子督促程序,阿里小贷公司通过邮箱的方式提交朱某花呗借贷欠款的申请以及有关证据,在经过法院审查后,法院以短信和电子邮箱通知方式送达支付令,整个流程共计耗时四个多小时,极具效率性。在之后的互联网商务纠纷试点试验中,西湖法院在系统建立后的一个月内,收到申请人电子申请共计124件,审结123件。随后的2016年广西桂林象山区法院开始适用电子支付令;2017年合肥市蜀山区法院开启安徽省电子督促程序的先例;2018年厦门湖里区法院也紧随改革尝试;还有浙江法院电子商务网上法庭;丽水市云和县人民法院、无锡市新吴区人民法院等也逐步地推动电子支付令的试行工作,电子支付令的适用使法院在很大程度上减轻了审判压力,在一定程度上实现了案件的繁简分流,使得"备受冷落"的督促程序重新走回大众视野。从试点区域上来看,试点区域属于经济相对发达的区域,且互联网企业较为密集,这与新时代的电子督促程序主要用以解决网络交易案件相匹配,随着试点工作的深入推进,制

---

[1] 郝晶晶:《互联网法院的程序法困境及出路》,《西北政法大学学报》2021年第1期。

[2] 于志刚:《互联网法院的历史意义和时代价值》,《人民法院报》2017年第2版。

度建设与技术革新之间相互促进,成为对推动电子督促程序被广泛适用的有效动力。

二、电子督促程序现实困境

通过科技手段来实现司法创新,变成了一个超越法系、超越政治体制、超越诉讼文化的世界共同潮流[1],域外国家已推行的"电子化+督促程序"模式,将传统的督促程序推向无纸电子化时代,通过近十几年的实践与运用,其电子化督促程序已经展现出强大的示范效应。而与其相比较而言,我国的督促程序在起初建立到进一步实施,都没有达到立法者起初设立时所寄期的目标,而导致目标落空的原因也是多方面存在。但是任何能够使案件分流解决的程序都是弥足珍贵的,司法现状呼吁督促程序的重新觉醒。抓住时代机遇,积极推进督促程序走向电子化以解决诉讼案件压力是当前行之有效的路径之一,但是不可否认电子督促程序作为新生事物存在诸多现实困境有待解决,只有正视问题存在,才能为更好发展电子督促奠定制度基础。

(一)程序性问题

将信息技术与程序进行融合是一个渐进式的过程,传统程序将面临现实与伦理的考量,对于电子督促程序究竟能够在多大程度上实现其最高效益,不仅受制于制度的建设,更受制于人工智能、信息化程度等技术水平的制约,但是显而易见对于电子督促程序的智能化开发仍然处于弱智能化时代,在技术瓶颈的问题上漫长而又充满阻力,如何利用现有程序性技术实现构建一套具有可实施性的运行制度是我们需要面对的问题。

其一,电子督促程序在管辖问题上,依据《民事诉讼法》第214条规定,电子督促程序应当由债务人所在地的基层人民法院管辖,按照传统的管辖模式会使得电子督促程序面临诸多问题:第一,从我国国情出发,我国地域发展差异较大,要求每个基层法院都要建立起与电子督促程序有关人员和

---

[1] Jackson, B. A, et al. Fostering Innovation in the US Court System: Identifying High-Priority Technology and Other Needs for Improving Court Operations and Outcomes. Santa Monica, CA: RAND Corporation, 2016; Sourdin, T. Judge v Robot? Artificial Intelligence and Judicial Decision-Making, *UNSW Law Journal*, 1114-1133(2018).

技术配置明显不符合现实的要求,并且会导致人力、物力资源极大浪费。如果一定要求遵守传统规则很明显有可能导致的问题是,债务人所在地的人民法院无法满足电子督促程序适用条件而导致债权人申请不能。第二,对于民事诉讼的案件管辖上,一般原则上采取"原告就被告"的立法目的主要是为了防止原告滥用诉权,通过增加原告诉讼成本,对于涉案金额不大的纠纷主动放弃法院救济。但是在网络交易迅速发展的背景下,在矛盾频发的状态下,这种诉讼原则无疑加重了当事人权利救济的成本,这不仅会导致公权力救济的不平等,社会矛盾的累积更会加重公民对司法公信力的不信任。

其二,电子送达支付令仍然可能面临着是否能够安全及时送达的问题。我国法律明确规定,对于当事人权利有实质利害关系的判决书、裁定书、和解书一律不能使用电子方式送达,虽然没有明确指明支付令是否可以电子送达,但是按照其性质来讲,生效的支付令与生效的裁判文书具有相同的强制执行力,很明显对于没有权利保障的电子送达很可能使得被申请人合法权益受到损害,而且确认支付令送达的期间对于起算被申请人的异议期间具有重要意义,如何能够保证电子支付令安全高效的送达,完善电子送达的制度化建设和权利保障,是有待解决的一项重要问题。

(二)当事人权利义务配置问题

传统的督促程序之所以长期陷入程序休眠,很大一部分原因是因为当事人之间权利义务的配置上出现失衡,不能保障当事人的司法诉求有效公平的实现。在电子化督促程序改革中以传统督促程序存在的问题为基础,做到取其精华、去其糟粕。具体来讲主要存在以下几方面的问题:

其一,从申请人角度。首先,电子督促程序在申请上应当采取在线申请的方式,但是电子督促程序面对的是一个庞大的社会群体,每个人的经济条件、知识水平、新事物接受程度等存在较大差异,我国仍有一大部分人对新生事物的接受能力存在障碍,法律制度的建立应当兼顾绝大多数公民的合法权益,电子督促程序的改革与适用不是一蹴而就的,应当给社会一个接纳的过程,所以在程序的选择上立法应当予以明示。其次,在申请提出后法院进行审查,"写明了请求所根据的事实、证据"是纠纷得以适用该程序的第一步,而"审查债权人提供的事实、证据"是法院是否发出支付令的主要判定标准,但是我国民事诉讼法在督促程序上对申请人审查是应当采取实质审查还是形式审查并无统一标准,从制度设立目的上来讲,对案件实质化的审查明显使得督促程序有违立法初衷,但是受客观真实理念的影响,在实践中对当事人申请审查成立仍然存有较高标准。最后,以支付令方式提前通知债务人其债权债务关系已经进入公权力受理阶段,促使被申请人在异议期间可以积极实施转移或者隐匿、毁坏财物的行为,使得生效支付令无法得以实现,所以加强督促程序与财产保全衔接显得十分有必要。

其二,被申请人权利义务分配上也存在一些弊端,影响着督促程序功能的发挥。首先,在异议权滥用问题上,根据我国《民事诉讼法》第 217 条规定,债务人收到支付令后可以向人民法院提交书面异议,经法院审查异议成立,则支付令失效,督促程序终结,进而转入诉讼程序。对异议事由并无法律规定,也无须提供证据证明,导致了恶意债务人可以通过很低乃至没有成本的方式使程序夭折,并且可以利用程序转化期间隐匿财产,从而使债权人主张落空、法院人力物力被极大浪费,更加加剧公众对督促程序的不信任。其次,对于生效的支付令不能通过第三人撤销之诉、再审程序予以救济,法律规定已经生效的错误支付令只能由院长提交审判委员会讨论撤销,但是对于院长如何去发现支付令错误、支付令错误的类型等都未明确规定,救济方式显现出简略的同时,救济途径狭窄问题也很明显。

(三)督促程序对他方经济效益较低

电子督促程序的功能的实现,在很大程度上能够减少当事人的救济成本,这是当事人愿意采用督促程序的重要动力,但是对于法院和代理律师而言,督促程序会极大地削减自身利益,电子督促程序更是使得法院、诉讼代理人的经济效益被进一步压缩,以至于电子督促程序在适用上存在他方阻力。

其一,在普通诉讼中一般会委托专业律师协助自己参与诉讼,在诉讼中律师通过使用自己的专业技能剥离与案件事实无关要素,从而提高诉讼效率,并且获得一定的经济报酬。基于效率考量,在督促程序中辩论原则并未得以贯彻,双方当事人不需要面对面质证辩论即可实现纠纷的解决,诉讼代理人发挥知识技能空间被削减,所能够获得的报酬自然减少,所以在实践中并不缺乏部分诉讼代理人为了获取更大的利益而阻碍当事人选择适用督促程序。

其二,从法院的角度来讲,在生活中很多人不知道督促程序可以作为一种权利救济途径,而以诉讼手段解决矛盾是能得到法院救济的主要方式。由此看出,法院对于督促程序的引导适用并不推崇,其原因的出现是多方面的。首先,量化绩效考核对法官在工作具有无形的指引力,与其审理案件的年终结案率、息诉率、和解率、简易程序使用率等等有着直接的联系,而且"调解率""撤诉率"越来越成为绩效考核的主要指标,调解制度在实践中过度适用,甚至已经达到可以贬损诉讼制度价值的程度,而督促程序一直排除在量化绩效考量指标之外,导致了督促程序的适用不仅不会提高法官自身考评结果,反而会使得本能够调解的案件数量减少。其次,加上督促程序具有脆弱性的特点,部分案件因被申请人的异议又重新进入诉讼程序,使得法院在之前进行的工作前功尽弃,反而加大了法院审理工作的压力,即使适用督促程序顺利结案,但是受理费仅为普通督促程序案件受理费的三分之一,以往法院的财政收入与法官个人收入相关联,即使现有中央政法补助专款在很大程度上解决这个问题,但督促程序的长期闲置已经使得法院对该制度较为陌生,不可避免的行为惯性使其短时间内难以成为法院的自觉行为选择。[1] 综上,由于督促程序对法院、诉讼代理人的经济效益远不及诉讼程序,所以在督促程序未普及的基础上更是使其雪上加霜。

三、我国电子督促程序的完善建议

程序的制度设计是程序生命之所在。在立足于我国现实国情的基础上借鉴吸收域外相关立法典例,以电子形态为支撑,合理划分在当事人之间的权利与义务、完善电子程序的具体制度建构,在原有督促程序设计的基础上对其进行变革,同时通过对他方主体的行为进行引导与约束,为电子督促程序的成长与发展提供良好的社会环境,使得当事人选择适用督促程序的积极性得以提高从而实现制度存在之价值。

(一)完善电子化督促的程序构建

电子督促程序的适用是一个配套的整体流程,但是在电子技术改革和法院制度建设上却是一个个阶段性过程,每个传统程序环节的变革都应当

---

[1] 张海燕:《督促程序的休眠与激活》,《清华法学》2018 年第 4 期。

贯彻正当程序原则,兼顾各方当事人之间的利益,为合理设计电子督促程序制度奠定基础。

1.电子督促程序的案件管辖

首先,我国电子督促程序宜实行集中管辖,由最高人民法院确定某类基层人民法院专门负责[1]。具体来讲,由最高级人民法院因地制宜,从全国各中级人民法院辖区内的基层人民法院中挑选部分基层法院负责电子督促程序的实施工作。[2]《德国民事诉讼法》第 689 条第三款规定德国各联邦州均指定了对本州境内督促程序行使统一管辖权的初级法院负责督促程序、欧盟将督促程序的案件管辖定位于柏林舒勒堡初级法院、日本规定由指定裁判所的书记官负责电子督促的处理。结合以上域外立法经验和我国目前现实国情,异地执行已经不能成为现有执行难的突出障碍[3],对电子督促案件实施集中管辖是值得探索的选择。其次,应当以基层人民法院负责电子督促程序管辖为原则,突破固定的"原告就被告"的诉讼模式。对于没有争议的简易给付纠纷不论标的额大小,均可通过督促程序得以迅速解决,突出程序的效率价值。同时,电子督促程序目前更加寄期望于互联网交易纠纷,2019 年颁布的《五五改革纲要》明确提出要求构建互联网交易案件管辖的新规则,互联网技术支撑下的交易形态具有多边性,即一个卖方服务于多个买方,所以在纠纷发生时要求卖方到买方所在地申请电子督促是明显不合理且不公平的。如果要求债权人到债务人所在地基层人民法院以电子方式申请支付令,这与纸质化处理相比只是单方使得法院处理案件效率有所提高,这无疑使得这个程序在效率价值上大大打了折扣。综上,我国对于电子督促程序应当改变"原告就被告"的原则,由原告所在地基层人民法院管辖更为适宜。

2.电子督促程序的案件受理

受理程序电子化是使督促程序能够实现便民和提高效率的关键环节,首先,申请文本的格式化。制定统一的格式文本,由申请人按照格式进行填写。格式文本中法官主要负责审查两方面内容,一是当事人信息,二是案件申请人的申请理由、事实证据。对于互联网案件的纠纷在当事

[1] 王福华:《电子法院:由内部到外部的构建》,《当代法学》2016 年第 5 期。

[2] 庞晓:《电子督促程序的管辖规则》,《中国矿业大学学报》2021 年第 2 期。

[3] 周翠:《再论督促程序电子化改革的重点》,《当代法学》2016 年第 6 期。

人身份信息核实上，可以委托第三方数据平台如支付宝、微信等进行核实。此次新冠肺炎疫情期间，第三方平台以电子信息认证、查询等功能对全国人民的疫情防御工作作出突出贡献，所以与第三方平台合作共同构建电子化督促程序具有可实施性。其次，在审核申请人所主张事实理由与证据部分，网络交易纠纷一般在交易平台上都能存留交易痕迹，当事人在证据搜集上更为便利且成本较低，对于非网络交易的电子督促程序当事人可以通过电子照片、电子文档等方式提交。最后，在通过审查后可以通过在线电子缴费，实施一案一收费的缴费二维码，收费界面注明缴费、退费的电子票据回执，有效省去了法院开具纸质票据的各项成本。综上，电子督促程序实现申请、受理、审核、缴费、生成支付令的全程网上智能化进行具备可能性。

　　3.保障支付令的安全有效送达

　　对于支付令电子送达上主要有两个突出的问题有待解决，一个是安全性，一个是效率性。首先，利用互联网方式传送支付令有着极高的效率，但是同时也带来了信息被篡改、病毒感染、丢失等问题[1]。2004年8月28日我国颁布了《电子签名法》，将电子签名引入电子督促程序，在有利于保障当事人真实意思表示的同时防范伪造篡改等恶意行为。在进入系统后进行个人身份验证，可以通过密码或者人脸识别技术对当事人进行核实，查看案件有关进程和实施程序行为。其次，仅有15天的异议期，电子督促可能面临无法送达、难以确定债务人查收日期、电子异议延迟的情形。对这些问题的解决都呼唤一个统一电子送达平台的出现，在平台内集合司法大数据，推动法院与支付宝、云计算、大数据、银行等第三方合作，若根据申请人提供信息无法送达，可以依据第三方提供数据进行活跃度检测，筛选出有效联系方式予以送达。同时现阶段我国电子送达方式同样可以运用于送达电子支付令，通过书记员电话提示后发送电子支付令信息，在当事人点开短信后通过强制"霸屏"的方式引起接收人的重视，从而防止信息被漏读、误读和拒收，通过自动反馈确认受送达人已知悉。[2]对于送达延迟问题，出现的概率相对较小，一般归责为技术瑕疵或者法院工作人员失误，对于非因被申请人原

　　[1]　湖里法院网，http//www.Hlcourt.Gov.cn/xwzx/fyxw/201808/20180806_99542.htlm，最后访问时间：2019年1月13日。

　　[2]　张雯、颜君：《"互联网＋"背景下电子送达制度的重构——立足互联网法院电子送达的最新实践》，《法律适用》2019年第23期。

因而导致的延迟应当重新安排送达,送达后重新起算异议期,以保护被申请人的合法权益。

(二)平衡各方权利义务

我们应当始终要坚持技术只是工具,正义才是根本的理念[1],当事人是否主动适用电子督促程序很大程度上取决于对于具体制度中权利义务的划分是否合理,电子督促程序最突出的优势在于效率,但是不可否认高效率的制度运行以牺牲当事人权利为代价,在效率的基础上合理分配申请人与被申请人之间的权利的享有与义务的承担是督促程序能否激活的关键。

1.申请人权利义务配置

其一,对债权人申请进行有限实质化审查。电子督促程序的改革基础应当建立在处理的事项满足形式性审查的基础上为实质性审查奠定基础。[2] 我国与奥地利同样采取一次异议模式,但是我国"严进宽出"的程序模式与奥地利"宽进宽出"的程序模式是导致程序运行效果出现差异的主要原因。[3] 对申请人的申请审查区分为两个层次:首先是程序性要求,如相关的个人信息、住址、联系方式等,在符合规定的条件下,一般不会存在申请不能的问题。其次是实体要件判断问题,督促程序的债权必须要求合法、到期、确定、单向,是否满足上述要件是法官行使自由心证的过程,在这一部分的审查可能出现即使申请人提供证据、说明事实理由后仍被驳回的问题。基于督促程序构造理念,完全的实质化审查明显不符合督促程序追求效率的标准,会导致督促程序与诉讼程序的杂糅混同。因此,法官在申请审查上应当仅要求做到有限的形式审查,即只要依据申请书及有关证据能够推测出债权债务关系到期且存在即可,除非出现明显不当,否则不应当驳回当事人的申请,至其他怀疑性条件可以由被申请人作为异议内容自行提出。在电子技术支撑下,对于当事人提供的事实理由、证据进行分项提交,一方面使得法官在审查时能够提高效率,另一方面通过对提供债务合法到期的

---

[1] 王福华:《电子诉讼制度构建的法律基础》,《法学研究》2016 年第 6 期。

[2] 刘超、张润:《督促程序电子化改革的规则阐释、实践发展与完善路径》,《重庆大学学报》2020 年第 5 期。

[3] 张长青、陈树森:《督促程序的司法困境及对策路径研究》,《中国行为法学会成立 20 周年纪念大会暨 2008 年学术年会论文集》,第 198 页。

条件进行分类证据提交,只要形成能够证明债权债务合法到期的链条,达到支付令申请标准,即可发出支付令。这种设计在一定程度上能够减轻法院彻底一惯性审查的倾向,经过有限的实质审查实现效率与制度过滤作用之间的平衡。

其二,赋予申请人程序选择权与财产保全权利。首先,在社会条件并未成熟的基础上,应当在保留传统的方式的基础上逐步推行电子程序,由申请人根据自己的实际情况加以选择适用,但是企业和代理律师这类群体有着较强的知识能力,法律默认其使用电子类程序不应当存在障碍,可以强制适用电子督促程序。其次,在财产保全制度缺失背景下支付令送达客观上起到了提醒债务人转移财产的作用。[1] 债权人向法院申请支付令的目的在于使用其实现自身债权,而诉前财产保全所欲规制之情形在督促程序中同样存在,两者完全可以并存。[2] 申请人可以通过提供担保的方式申请法院进行财产保全,若是属于申请支付令前申请保全,基于督促程序的高效率特征,申请人应当在五日内提出支付令申请,否则保全失效,通过财产保全与督促程序相衔接,能够很大程度上解决支付令执行难的问题,保全措施的采取也能使得债务人迫于压力而减少"滥用异议"的可能性。[3] 与此同时,电子化督促程序使得在线执行变得具有必要性和可执行性,对于互联网交易或者网贷的小额案件当事人可以在异议期满后申请在线强制执行,对有关财产进行直接查封扣押或者划拨等措施,使得电子化督促程序将一定范围内的纠纷实现在线直接解决。但是倘若支付令生效后,案件涉及标的较大或者出现债务人没有履行债务并且没有财产可供执行的情况,案件应当依据申请人的申请,转入法院线下执行程序,但是申请人应当被赋予申请采取保全财产的权利。

2.被申请人权利义务配置

其一,开拓错误支付令的救济渠道。依据我国立法规定,对于生效支付令不能通过第三人撤销之诉、再审程序救济,所以部分学者认为督促令

---

[1] 许尚豪、欧元捷:《论督促程序的争讼性》,《人民司法》2014年第5期。该文认为财产保全制度于督促程序中的缺失,也是债权人不愿选择督促程序的一个重要原因。

[2] 高星阁:《利益平衡视角下我国督促程序之保障机制研究》,《西南政法大学学报》2016年第6期。

[3] 周翠:《电子督促程序:价值取向与制度设计》,《华东政法大学学报》2011年第2期。

只有执行力而不具备既判力,究其督促程序的法理基础主要源自德国的缺席判决制度,缺席判决送达后如果被告仍不说明拒绝履行债务的合理理由,则缺席判决生效,生效的缺席判决与支付令都具有既判力。[1] 所以肯定督促程序具有既判力具有一定合理性。督促程序作为一种替代审判程序的制度设计,其价值取向不应脱离债权人与债务人权利保障的平衡兼顾[2],2015 年,台湾地区明确肯定支付令的既判力,允许在特定情形下提出再审救济,这一立法具有一定借鉴意义。2019 年 4 月 22 日最高人民检察院第十三届检察委员会第十七次会议决定,将广州乙置业公司等骗取支付令执行虚假诉讼监督案作为第十四批指导性案例发布。这是对于错误支付令救济方式的一次创新,通过检察院以检察建议书的方式对生效的支付令提出撤销意见,这既符合检察机关法律监督的职能要求,同时也为电子送达程序救济渠道的拓宽提供了新的思路。综上,赋予电子督促程序多渠道救济途径是对被申请人合法权益保障的重要举措。

其二,对被申请人滥用异议权加以规制。电子督促程序的推进应以诉讼诚信为诉讼环境、以社会诚信为社会环境,如果产生大量诉讼失信行为,电子督促程序将失去基本的制度运行环境。[3] 在我国司法实践中,对支付令异议审查相对比较宽松,因此在一定程度上导致了督促程序的架空。对于被申请人滥用异议权的行为明显违反了诚实信用原则,应当从立法加以规制。从域外制度来看,德国的处罚措施具有很好的借鉴意义,通过费用的承担作为惩罚措施去遏制被申请人滥诉的行为,即如果因为被申请人的异议使得案件进入诉讼程序,经法院审理后被申请人败诉则需要承担申请人因转入诉讼程序而支出的律师费及案件的诉讼费用。在此基础上如果因申请人恶意申请支付令导致了被申请人合法权益受到损害,应当允许被申请人提出侵权之诉,以维护自己合法权益。同时在人工智能技术支撑下,对于异议权利和滥用异议权所导致的后果可以通过设立强制阅读模式使被申请人知悉,引入诚信保证书签署从而强化电子程序的正式化,对于欺诈法院以实现不法目的的行为引入民事惩戒机制,视情况予以警告、罚款、拘留等强

---

[1] 沈德咏:《最高人民法院〈民事诉讼法司法解释〉理解与适用(下)》,人民法院出版社 2015 年版,第 796～797 页。

[2] 丁启明:《台湾地区民事诉讼督促程序改革述评》,《台湾研究集刊》2017 年第 3 期。

[3] 吴懿:《从三个面向展开电子督促程序体系构建》,《人民法院报》2021 年 1 月 29 日第 2 版。

制措施,建立失信诉讼参与人名单,对情节严重的,可以引入刑事实体法加以规制。

(三)削减电子督促程序适用阻力

制度的良好运行不仅限于制度的自身设计,与当事人程序选择密切相关的影响因素还有社会环境。法院作为民事案件纠纷解决的国家机关,对于督促程序是否持有积极态度对当事人选择具有很大程度的影响,其次对于督促程序自身而言是否需要律师介入也是值得商榷的问题。

1.电子督促程序不提倡代理

小额纠纷诉讼制度与电子督促程序都是具有高效率性的程序,对于简易的案件使用简易方式解决。在小额诉讼中明确提倡不建议诉讼律师参与诉讼,因为对于复杂的案件律师的介入会使案件能够准确地集中争议法律事实,有利于诉讼效率的提高,但是对于简易的案件而言,律师介入程序后为了追求诉讼结果有利于被代理人,反而使得没有争议的事实变得更加复杂化、尖锐化,从而降低程序的效率价值。督促程序本身针对的就是没有争议的财产类案件,而且电子督促程序所需要运用的专业法律知识要求不高,不需要专业代理即可实现程序利益。因此,对电子督促程序而言只需要当事人凭借生活经验主张自己债权,对于疑难的问题可以通过法院引导信息予以解决,随着技术的进步、制度的健全,电子督促程序能够为一般公民知晓并在实践中得以运用,在节省诉讼成本的同时提高纠纷解决效力,电子督促程序在未来一定能够迎来自己发展的蓬勃时期。

2.积极推动法院适用电子督促程序

督促程序在适用上一方面需要当事人的主动选择,另一方面与法官是否主动适用有着密切关系,法官可以在当事人程序选择时提出电子督促程序的适用建议,也可以对诉讼转督促的案件由法院主动适用。为了加强法官主动适用的积极性,可以将督促程序纳入法官绩效考核,虽然该措施具有功利性的倾向,但是在实践中不失为有效推动力。根本上来讲,司法的重要目标之一就是能够实现司法为民,对于可以适用督促程序解决的案件,法官应当积极予以引导。比如,可以通过大众喜闻乐见的技术手段对电子督促程序予以宣传,如制作宣传片或者幻灯片等方式,在各地法院官网上对电子督促程序操作流程进行详细介绍,对于适用中出现的问题予以说明。对于电子督促的出现相对于传统督促而言，一大优势在于如果当事人认为电子督促程序符合自身需求，适用电子方式申请支付令可以避免法官与当事人之间直接接触，减少法院对督促程序适用的职权干扰，由当事人根据自身利益考量选择究竟何种程序，只有通过当事人积极的尝试，督促程序才能真正进入大众视野。

结　语

电子督促程序本身不是一个全新程序，而是由督促程序衍生而来，实践证明督促程序在我国运行效果并不理想，所以在思考如何建构一个体系完备的电子程序时，不仅要总结试点工作中存在的问题，同时也要对传统督促程序进行利弊分析，汲取有益之处、克服程序不足，实现高效率与当事人权利保障之间的平衡。未来在人工智能技术的支持下，电子督促程序在技术上的疑难会逐步被克服，实现"人工智能"＋督促程序无障碍全流程的操作，实践和理论的结合也为其制度化的建设提供保障，在自身逐步优化的基础上，逐步得到社会一般公民的支持与认可，实现立法者设立制度的最终目的。

On the Practice Dilemma of Electronic Hastening Debt Recovery Procedure and Its Solution

Zhang Liang

Abstract：In recent years, in order to ease the rapid increase of judicial pressure, some local courts actively promote the pilot work of electronic hastening debt recovery procedure, deeply promote the integration of artificial intelligence, big data, Internet and hastening debt recovery procedure, so as to further improve the judicial efficiency on the basis of case classification. At the same time, they actively deal with the prominent procedural problems in the construction and operation of electronic hastening debt recovery procedure, promote the scientific construction of electronic hastening debt recovery procedure, balance the rights and obligations of all parties, and build a good social foundation for the development of electronic hastening debt recovery procedure. "Electronic" will be

a key opportunity to promote the realization of its own value of the hastening debt recovery procedure，truly realize the original legislative intent，and better a-dapt the civil judicial work to the actual social development.

Key words：electronic hastening debt recovery procedure；path design；liti-gation efficiency

网络黑灰产犯罪司法认定中的争议与回应

——以具体案例为中心的展开[*]

陈　玲[**]

摘要: 源头治理理念要求加大对网络黑灰产惩治力度,深挖上下游关联犯罪,尽早斩断犯罪链条。但源头治理不等于完全依赖刑法治理,刑法作为二次法和保障法的属性在网络黑灰产犯罪司法认定中依然要得到坚守。行为的社会危害性或"恶意"是动用刑罚的必要条件但不是充分条件,因此在网络黑灰产犯罪司法认定的罪与非罪、此罪与彼罪的区分上,要避免主观归罪倾向和罪名的口袋化趋势。在计算机信息系统类犯罪的司法适用上,要严格区分对保护措施的技术规避和对系统功能的技术破坏、对尚未进入系统的数据的干扰和已经进入系统的数据的干扰,以及掌握专门侵入、非法控制计算机信息系统的程序和"破坏计算机信息系统罪"中的破坏性程序的本质区别;在"帮助信息网络犯罪活动罪"的司法适用上,要将被帮助人所实施的行为限定在"具有犯罪行为类型意义的行为上",在帮助人"单向明知"的情况下,帮助人只构成"帮助信息网络犯罪活动罪",在帮助人和被帮助人具有"双向意思"联络的情况下,帮助人还构成下游犯罪的共同犯罪,应择一重罪处罚。

关键词: 网络黑灰产;恶意行为;破坏计算机信息系统罪;帮助信息网络犯罪活动罪

　　[*] 本文系上海市社科规划一般课题"'冒名顶替'的刑法规制与'身份盗窃'行为的入罪化"(2020BFX009)和上海社会科学院课题"网络犯罪的概念界定及其类型化分析"的阶段性研究成果。

　　[**] 陈玲,法学博士,上海社会科学院法学研究所助理研究员,上海市黄浦区人民检察院第六检察部副主任(挂职)。

引　言

随着计算机信息技术的迅猛发展和互联网及其终端设备的不断普及，网络犯罪呈高发频发、分工细化和协同作案趋势，其背后的黑灰产业链也迅速滋生蔓延、显山露水，成为网络安全的巨大威胁。网络黑灰产并不是一个严谨的法律术语，有的学者认为，黑色产业指的是利用网络实施犯罪，而灰色产业则是指为网络犯罪提供技术支持和帮助[1]；有的学者则认为，"黑灰"具有罪与非罪交界的行为性质，"网络黑灰产"则是互联网技术和网络违法犯罪相结合的相关产业[2]；也有的学者指出，黑产通常是指触犯法律的网络违法犯罪行为，灰产则游走在法律边缘，对其定性需要视具体情况而定，黑产与灰产之间的界限并非泾渭分明，而是相互依附、交织[3]。正是这种罪与非罪、此罪与彼罪的交织使得网络黑灰产司法认定中存在一定的争议，有必要通过对具体司法案例的审视和分析，明晰相关犯罪的适用界限，以期走出网络黑灰产犯罪治理的理解误区、消除网络黑灰产刑法定性的争议。

一、网络黑灰产犯罪"源头治理"
中的"恶意论"主观归罪争议及回应

网络黑灰产刑法规制得到实务界和学术界的广泛关注，其部分原因在于"源头治理"理念的兴起。所谓源头治理，就是指不但要治标更要治本，不但要打击犯罪链条的中游和下游行为，也要充分关注犯罪链条的上游行为。

---

[1]　罗猛、邓超:《从精确计量到等约计量:犯罪对象海量化下数额认定的困境与因应》,《预防青少年犯罪研究》2016 年第 2 期。

[2]　刘宪权:《网络黑灰产上游犯罪的刑法规制》,《国家检察官学院学报》2021 年第 1 期。

[3]　喻海松:《网络犯罪黑灰产业链的样态与规制》,《国家检察官学院学报》2021 年第 1 期。

而具体到刑法中来,则涉及刑法介入和干预的度的问题。需要说明的是,本文主要讨论司法认定中的问题,刑事立法上的相关争议不做讨论。而在网络黑灰产犯罪司法认定中的罪与非罪问题上,一个显著的冲突就是如何对"恶意"行为加以定性。

(一)"邹某恶意注册网络账号案"

案情:被告人邹某在网络上购买注册机和 VPS 服务器,利用"今日永州"App 的程序漏洞,在其客服端注册二十多万个账号,造成此服务器瘫痪、后台数据错乱、无法正常推广和运行的恶劣后果,同时被告人在淘宝等网站上出卖这些账号获利五千余元。检察院指控被告人非法破坏"今日永州"服务器信息系统,构成"破坏计算机信息系统罪"。法院经审理后认定,被告人违反国家规定,对计算机信息系统进行了修改和干扰,导致"今日永州"App 不能正常运行和推广,造成了后果严重,构成"破坏计算机信息系统罪"。[1]

争议:有学者指出,在该案判决书中,指控机关和审判机关没有指明被告人实施的行为是如何干扰了计算机的信息系统,而是基于"恶意—(注册大量账号行为)—App 系统瘫痪"这一逻辑和事实链条对被告人行为加以定性,换而言之,法院对"犯意—结果"之间的客观行为及其因果流程本身这一刑法核心问题没有展开论述和说理论证,而是基于被告人主观上具有批量注册账号牟利的目的,客观上造成了服务器不能正常运行推广的结果,从"恶意+恶果"推导出"坏人应受惩罚",具有主观归罪之嫌。[2]

回应:"破坏计算机信息系统罪"规定在我国《刑法》第 286 条中,是现行刑法 1997 年颁布时就存在的一个罪名,《刑法修正案(九)》对其修改时,仅增设了本罪的单位犯罪,没有对其犯罪构成要件作出任何调整。其第一款所规定的实行行为具体表现为"删除、修改、增加或干扰计算机信息系统功能"。如果行为人利用注册机和 VPS 服务器的批量注册行为只是以快速的自动化批量注册技术取代低速的手动逐一注册方式,没有破坏计算机信息系统功能本身,那么单纯因为短时间内大量账号注册导致服务器崩溃,是服

---

[1] 参见邹广才"破坏计算机信息系统罪"案,湖南省永州市冷水滩区人民法院(2018)湘 1103 刑初 564 号刑事判决书。

[2] 冀洋:《网络黑产犯罪"源头治理"政策的司法误区》,《政法论坛》2020 年第 6 期。

务器自身容量的问题,不符合第一款所规定的犯罪构成要件。此外,刑法第286条第二款还规定了"破坏计算机信息系统罪"的第二类实行行为,即"删除、修改或增加计算机信息系统中存储、处理或者传输的数据"的行为。行为人利用注册机和VPS服务器进行批量注册的行为,是对计算机信息系统中储存、处理的数据进行增加的操作,但个人批量注册多个账号的行为本身并不违反国家规定,因此也不符合该罪的犯罪构成。当然,故意批量注册以此作为手段进行Dos攻击,则是属于《网络安全法》第27条的违法行为[1],但此处还涉及主观故意的问题,如果行为人并没有预见到其批量注册行为会干扰他人网络正常功能的结果或过于自信自己的批量注册属于网络服务器可以承受的范围,则其主观过错为过失,仍然不构成本罪。

　　延伸讨论:关于恶意注册网络账号黑灰产的定性,也有学者主张,行为人利用变造、伪造的或者盗用他人的护照、驾驶证、居民身份证或社会保障卡等用于证明身份的法律证件进行虚假注册的,可以适用刑法第280条第3款规定的"伪造、变造、买卖身份证件罪"和第280条之一规定的"使用虚假身份证件、盗用身份证件罪"来处理[2]。诚然,在极少数情况下,恶意注册网络账号过程中会出现对实体身份证件的使用,但大部分情况下,网络账号注册本身不需要身份证件的使用,一般都是通过关联手机号的形式来满足对于实名制账号的要求,即便需要填写身份证件上的信息来予以注册,其所使用和盗用的也只是身份信息,而不是身份证件。身份证件和身份信息在一般概念和法益层面上都具有本质的区别。身份证件,不管是实体身份证件还是电子身份证件,其上除了附着身份信息利益之外,还拥有国家机关证件和印章的权威性和真实性的法益,因此不能将身份证件和身份证件信息画等号。

　　也有学者提出,对恶意注册网络账号黑灰产的被告人以"非法经营罪"

---

[1]　任何个人和组织不得从事非法侵入他人网络、干扰他人网络正常功能、窃取网络数据等危害网络安全的活动;不得提供专门用于从事侵入网络、干扰网络正常功能及防护措施、窃取网络数据等危害网络安全活动的程序、工具;明知他人从事危害网络安全的活动的,不得为其提供技术支持、广告推广、支付结算等帮助。

[2]　陈兴良:《互联网账号恶意注册黑色产业的刑法思考》,《清华法学》2019年第6期。

来处罚[1]，因为被告人恶意注册的行为违反了全国人大常委会《关于加强网络信息保护的决定》和《网络安全法》关于实名制的规定，并且被告人提供互联网账号的行为违反了全国人大常委会制定的《关于维护互联网安全的决定》以及国务院制定的《互联网信息服务管理办法》等关于互联网服务的国家规定，应当以"非法经营罪"予以惩处。[2] 对此，有不同观点认为，"非法经营罪"的成立以存在法律予以特殊保护的专营专卖、特许经营等"合法"经营或经营许可为前提，如果不存在此种合法经营特殊保护或许可，也就没有刑法上对应的"非法经营"，而大量注册网络账号并加以销售的行为本身就是违法行为，不存在合法经营的特殊保护或许可的问题，因此，恶意注册账号并销售的行为能否被评价为"非法经营罪"就大有疑问[3]。更有学者深入驳斥了恶意注册账号行为构成"非法经营罪"的支持理由，指出"非法经营罪"的违反国家规定必须要违反国家法律的禁止性规定，但《关于加强网络信息保护的决定》第 6 条对网络注册实名制的规定是对网络服务提供者的要求，不能将其理解为公民没有提供真实身份信息就是违反国家规定的违法行为，同样《国家安全法》也没有将个人网络注册没有提供真实身份信息规定为违法行为，因此恶意注册网络账号行为本身没有违反国家规定。[4]

　　笔者认为，不论恶意注册网络账号行为本身有没有违反关于网络实名

---

　　[1] 网络黑灰产司法认定中关于非法经营者的适用争议还表现在正向炒信刷单案中，法院认为行为人组织炒信刷单的行为构成"非法经营罪"［浙江省杭州市余杭区人民法院(2016)浙 0110 刑初 726 号刑事判决书］。有学者支持该案判决，认为"在互联网领域，'非法经营罪'应当适度扩张，为网络空间设立行为法则"(参见高艳东：《信息时代"非法经营罪"的重生——组织刷单案评析》，《中国法律评论》2018 年第 2 期)；也有学者提出反对，认为反向刷单炒信的行为不构成"破坏生产经营罪"，建立网络平台为正向刷单炒信提供信息交换帮助的行为也不构成"非法经营罪"(参见叶良芳：《刷单炒信行为的规范及其治理路径》，《法学》2018 年第 3 期)。笔者认为，构成"非法经营罪"的行为的核心并不在于行为本身是不合法的，不合法的经营行为很多，比如缺斤短两、不公平竞争等等，都是不合法的经营行为，但要上升到"非法经营罪"，必须要侵犯国家关于经营资质的管理制度，不涉及这一法益的侵害的不合法经营行为，并不构成本罪。

　　[2] 转引自周光权：《刑法软性解释的限制与增设妨害业务罪》，《清华法学》2019 年第 4 期。

　　[3] 周光权：《刑法软性解释的限制与增设妨害业务罪》，《清华法学》2019 年第 4 期。

　　[4] 陈兴良：《互联网账号恶意注册黑色产业的刑法思考》，《清华法学》2019 年第 6 期。

制的国家规定,都不能援引有关网络实名制的国家规定来将其定性为非法经营行为,因为"非法经营罪"中的"国家规定"是国家为维护市场经济秩序而制定的有关合法经营资质或经营许可的规定,而不是有关于任何问题和任何事项的国家规定。例如,行为人在高速公路上卖水果,这一行为是经营行为,也违反了《道路交通安全法》这一国家规定,但这一行为显然不会构成"非法经营罪",因为《道路交通安全法》并不是维护市场秩序的合法经营资质或许可的国家规定。此外,恶意注册并向他人提供网络账号的黑灰产行为是否构成"非法经营罪"还涉及其行为是否属于提供互联网信息服务行为、有无扰乱互联网信息服务市场秩序的问题。根据国务院《互联网信息服务管理办法》第4条的规定,从事互联网信息服务必须取得许可或履行备案手续。[1] 如果恶意注册账号并向他人提供的行为可以评价为互联网信息服务行为,则其违反了国家规定,扰乱了互联网信息服务市场秩序,有成立"非法经营罪"的空间和可能。根据《互联网信息服务管理办法》第3条的规定,互联网信息服务是指通过互联网提供信息或网页制作等服务活动。[2]因为账号不是信息亦非网页制作,因此提供账号的行为不是提供信息的服务活动,恶意注册并出售网络账号的行为不属于违反国家规定、扰乱互联网信息服务市场秩序的行为,不构成"非法经营罪"。

(二)"董某、谢某恶意刷单案"

案情:被告人董某指示谢某,多次以同一账号大量购买其竞争对手淘宝商铺内的商品,导致淘宝公司认定该店铺从事虚假交易并作出商品搜索降权的处罚,从而使得消费者无法通过网站搜索功能搜索到该店铺商品,造成店铺损失达十几万元人民币。一审和二审法院均认为,董某和谢某主观上具有报复竞争对手和从中获利的目的,客观上实施了以其他方法(损害竞争对手商业信誉)破坏竞争对手生产经营的行为,导致竞争对手遭受严重经济

---

[1] 2000年《互联网信息服务管理办法》(中华人民共和国国务院令第292号)第4条规定:国家对经营性互联网信息服务实行许可制度;对非经营性互联网信息服务实行备案制度。未取得许可或者未履行备案手续的,不得从事互联网信息服务。

[2] 2000年《互联网信息服务管理办法》(中华人民共和国国务院令第292号)第3条规定:经营性互联网信息服务,是指通过互联网向上网用户有偿提供信息或网页制作等服务活动。非经营性互联网信息服务,是指通过互联网向上网用户无偿提供具有公开性、共享性信息的服务活动。

损失，其行为与损失间存在因果关系，构成"破坏生产经营罪"。[1]

争议：本案的争议焦点在于如何理解破坏生产经营的行为，亦即行为人恶意大量购买商品导致商铺被搜索降权处罚的行为是否属于以其他方法破坏生产经营的行为？有学者持肯定态度，认为"破坏生产经营罪"中的"其他方法"的对象并不限于工农业生产资料，只要侵犯了生产经营者基于生产经营的利益，都是以"其他方法"破坏生产经营的行为。[2] 在现代信息社会，为了满足保护法益的需要，对破坏生产经营者"破坏"一词的解释不能将其限定为对生产资料的物理破坏，而应将其理解为是妨碍业务的犯罪，只要影响了他人的业务开展，并由此导致整体财产损失即可。[3] 也有学者对此提出反驳，"破坏生产经营罪"的"其他方法"应当是与毁坏机器设备、残害耕畜相类似的行为，否则就违背了"同类解释原则"，并且"破坏生产经营罪"与"故意毁坏财物罪"之间存在法条竞合关系。[4]

回应：根据我国刑法第 276 条的规定，以其他方法破坏生产经营的行为必须是与毁坏机器设备、残害耕畜具有相当性的行为，但是是否一定要求是对生产资料的物理破坏，是否与故意毁坏财物罪存在法条竞合关系？笔者对此存有疑问。即便是故意毁坏财物罪，通说亦接受既包括对财物的物理损坏，也包括对财物的非物理性损坏，即剥夺了财物占有人或所有人对财物价值的利用机会。因此，其他方法并不一定是对生产资料的物理破坏，比如颠倒生产程序，明知道工厂要制造 3cm 的产品以履行合同约定，故意把生产机器调为 4 cm，从而导致生产出来的产品全部是废品，也是破坏生产经营行为。前述对"破坏生产经营罪"与"故意毁坏财物罪"之间的关系持法条竞合论的学者也认为，"破坏生产经营罪"的"其他方法"主要表现为破坏电源、水源，制造停电、停水事故，破坏种子、秧苗，毁坏庄稼、果树，制造质量事故或者责任事故等[5]。从这些列举中就可以看到，破坏生产经营与故意毁

---

[1] 参见被告人董某、谢某"破坏生产经营罪"案，南京市雨花台区人民法院(2015)雨刑二初字第 29 号刑事判决书。

[2] 陈洪兵：《双层社会背景下的刑法解释》，《法学论坛》2019 年第 2 期。

[3] 李世阳：《互联网时代"破坏生产经营罪"的新解释——以南京"反向炒信案"为素材》，《华东政法大学学报》2018 年第 1 期。

[4] 周光权：《刑法软性解释的限制与增设妨害业务罪》，《清华法学》2019 年第 4 期；陈兴良：《互联网账号恶意注册黑色产业的刑法思考》，《清华法学》2019 年第 6 期。

[5] 周光权：《刑法各论》，中国人民大学出版社 2016 年第 3 版，第 148 页。

坏公私财物不一定都是法条竞合关系,当使用破坏水源、电源,制造停电、停水事故时,也有可能只是造成工厂不能生产和施工,但未必会对现存的生产资料产生毁坏,其财产损失的来源可能为没有对原材料进行加工生产销售而损失的预期利益。而故意毁坏财物罪则是对财物所有人或使用人已经持有的财物的毁损或使用价值的灭失。因此,"破坏生产经营罪"的行为重点在于破坏其生产经营,并且造成了被害人的财产损失,且该财产损失不限于对其生产资料的物理损坏。但在本案中,董某和谢某的行为是通过恶意刷单,让淘宝公司对被害人店铺搜索降权处理,使得消费者不能像之前那样通过搜索功能接触被害人店铺的商品,从而使得被害人店铺丧失了交易机会。董某和谢某的行为本质上是间接减少被害人交易机会的行为,而破坏生产经营是以一种阻碍被害人或让被害人不能主动开展正常生产经营活动的行为,所以董某和谢某不构成"破坏生产经营罪"。

(三)恶意软件案

案情:被告人张某委托被告人黄某编写刷量软件,该软件通过自动点击网页来增加网页的点击量,从而影响搜索引擎根据网页点击量进行排名而显示的排序结果。两被告人将该软件出售获利逾万元。法院认定该软件干扰了搜索引擎的计算机信息系统功能,使其不能正常运行,构成"破坏计算机信息系统罪"。[1]

争议:有学者指出,干扰是指用除删除、修改和增加之外的其他手段和方法,破坏计算机信息系统功能,导致计算机信息系统不能正常运行,因此只有针对计算机信息系统本身进行干扰,使其功能不能正常运行,才能构成"破坏计算机信息系统罪",换而言之,这种干扰以侵入计算机信息系统为前提[2]。也有学者进一步补充,破坏计算机信息系统中的"干扰"的对象是计算机系统内部造成计算机信息系统错误运行或不按照原定设计运行的数据,而本案中的刷量软件改变的数据不是服务器内的数据,其干扰的是最终运算结果,但服务器运行系统本身不受任何干扰,因此本案不符合"破坏计算机信息系统罪"的犯罪构成。[3]

---

[1]　参见张某某与黄某"破坏计算机信息系统罪",南京市秦淮区人民法院(2014)秦刑初字第 97 号刑事判决书。

[2]　陈兴良:《网络犯罪的类型及其司法认定》,《法治研究》2021 年第 3 期。

[3]　冀洋:《网络黑产犯罪"源头治理"政策的司法误区》,《政法论坛》2020 年第 6 期。

回应：本案的争议焦点在于"破坏计算机信息系统罪"中的干扰计算机信息系统功能这一行为方式中的"干扰"应如何理解？尤其是在最高人民法院和最高人民检察院作出"干扰环境质量监测系统的采样，致使监测数据严重失真的行为，属于破坏计算机信息系统"[1]的规定后，如何理解行为人的行为对数据的"干扰"？司法实务中出现了一大批此种干扰数据、篡改数据从而影响计算机系统最终计算结果的案件[2]，尤其是环境领域，法院也大多以"破坏计算机信息系统罪"定罪处罚，同时在论证干扰数据行为的社会危害性时，也往往会从破坏市场竞争秩序、侵害公众知情权、影响环境治理评估、损害政府公信力和误导环境决策等方面进行阐释。笔者认为，既然"破坏计算机信息系统罪"的客体是计算机信息系统安全[3]，那么在定罪方面应当论证的行为的社会危害性只能是行为对计算机信息系统安全的危害，如果行为只具有与计算机信息系统安全无关的其他类型的社会危害性，则应该在其他相应的犯罪条文中去寻找惩罚的依据，而不应以计算机信息系统类犯罪来惩处。而具体到"破坏计算机信息系统罪"的"干扰"的理解上，我们再一次遇到了一般意义上的"干扰"一词与"破坏计算机信息系统罪"中刑法意义上的"干扰"一词的含义和范围的差异问题。一般意义上的"干扰"既包括对计算机信息系统功能的干扰，又包括对计算机运算最终呈现结果的干扰，而后者既包括对计算机信息系统功能进行干扰导致的结果失真又包括不干扰计算机信息系统功能而造成的结果失真，因此不能以结果失真来倒推计算机信息系统功能一定受到了干扰。刷量软件"干扰"搜索引擎会抓取的"点击量"、环境监测数据干扰案件中"干扰"进入监测系统的样本数据，都是尚未进入计算机信息系统的数据，而一旦该数据进入计算机后并没有被删除、修改或干扰，因此不涉及对计算机信息系统的破坏。在认定行为是否构成"破坏计算机信息系统罪"时，要注意避免把一切影响数据的行为纳入本罪的规制范围内，因此，对前述两高司法解释的理解也必须符合本罪的客体要求，只有通过破坏计算机信息系统的方式实施的"干扰采

---

[1] 最高人民法院、最高人民检察院：《关于办理环境污染刑事案件适用法律若干问题的解释》（法释〔2016〕29 号）第 10 条第 1 款。

[2] 例如，陕西省西安市中级人民法院（2016）陕 01 刑初字第 132 号刑事判决书（本案入选最高人民法院第 20 批指导性案例，成为第 104 号指导性案例）；江苏省盐城市大丰区人民法院（2019）苏 0982 刑初 46 号刑事判决书，等等。

[3] 喻海松：《网络犯罪十二讲》，法律出版社 2018 年版，第 48 页。

样，导致数据严重失真"的行为，才构成"破坏计算机信息系统罪"，这就要求对采样的干扰和对监测数据的失真结果来自数据进入监测系统后的修改、删除或改变数据计算、运行规则，否则不应认定为"破坏计算机信息系统罪"。

二、网络技术支持类黑灰产犯罪司法认定中的共同犯罪有关争议及其回应

（一）"汤某某提供恶意注册账号软件案"[1]

案情：被告人汤某某改写、开发和维护"畅游注册机.exe"软件，并在网上出售获利。法院经审理认定，该软件对畅游注册平台的正常操作流程和运行方式能造成干扰，属于破坏性程序，被告人汤某某出售该软件的行为，构成"提供侵入、非法控制计算机信息系统的程序、工具罪"。[2]

争议：对于该案的判决，学界亦有不同看法。有学者指出，"提供侵入、非法控制计算机信息系统的程序、工具罪"并不规制提供破坏计算机信息系统的程序这样的帮助行为，刑法第285条第三款所规定之罪是刑法第285条第二款所规定之罪的帮助行为，因此它要求"程序、工具"不仅仅用于对计算机信息系统的侵入，还同时用于对计算机信息系统数据的非法获取或对计算机信息系统的非法控制，因此不宜将"提供侵入、非法控制计算机信息系统的程序、工具罪"看作是"破坏计算机信息系统罪"的帮助行为正犯化，并且刑法第286条第3款已经明确将故意制作、传播计算机病毒等破坏性程序从而影响计算机系统正常运行的行为规定为"破坏计算机信息系统罪"的实行行为之一，所以提供破坏性程序的行为不应当以"提供侵入、非法控制计算机信息系统的程序、工具罪"追究刑事责任，而应当以"破坏计算机信

---

[1]　该案亦被称为"首例恶意注册账号入刑案"，但仔细分析其案情可知，该案针对的并不是恶意注册行为，而是相关注册软件对相关注册平台的正常操作流程和正常运行方式的干扰行为，法院针对的也是行为人提供此种注册软件的行为予以刑事评价，因此本文舍弃"首例恶意注册账号入刑案"的名称，而使用"提供恶意注册账号软件案"的提法。

[2]　参见汤某某、张某光、张某某"提供侵入、非法控制计算机信息系统程序、工具罪"案，浙江省兰溪市人民法院（2018）浙0781刑初300号刑事判决书。

息系统罪"来定罪处罚。[1]

回应：最高人民法院和最高人民检察院于 2011 年联合颁布的司法解释（法释〔2011〕19 号）[2]第 2 条和第 5 条进一步解释和明确了"提供侵入、非法控制计算机信息系统的程序、工具罪"中的"专门用于侵入、非法控制计算机信息系统的程序、工具"和"破坏计算机信息系统罪"中的"计算机病毒等破坏性程序"的含义和范围[3]。根据该解释，"破坏计算机信息系统罪"中的"破坏性程序"是有其特定含义的，与我们普通文义中的"破坏性程序"理解有所不同，后者可以包含"专门用于侵入、非法控制计算机信息系统的程序、工具"和"计算机病毒等破坏性程序"。本案法官在此处正是采用了普通文义中的"破坏性程序"来描述和涵盖"专门用于侵入、非法控制计算机信息系统的程序、工具"，由此导致了对本案行为定性的质疑。"专门用于侵入、非法控制计算机信息系统的程序、工具"和"计算机病毒等破坏性程序"虽然都具有破坏性，但它们两者之间具有本质区别。前者并不破坏计算机信息系统本身的功能、数据或应用程序的保存和运行，其可能具有的破坏性在于避开或突破计算机信息系统的安全保护系统，侵入计算机信息系统并非法获取计算机信息系统中的数据或非法控制该计算机信息系统；而"计算机病毒等破坏性程序"的破坏性则体现在对计算机信息系统功能、数据或应用程序本身的破坏。后者的社会危害性要大于前者，这从第 285 条规定的法定刑低于第 286 条规定的法定刑中亦可发现。因此，"提供侵入、非法控制计算机信息系统的程序、工具罪"不应被理解为"破坏计算机信息系统罪"的帮助行为正犯化。在本案中，如果被告人的注册机软件在进行批量注册的过

---

[1] 刘宪权：《网络黑灰产上游犯罪的刑法规制》，《国家检察官学院学报》2021 年第 1 期。

[2] 最高人民法院、最高人民检察院：《关于办理危害计算机信息系统安全刑事案件应用法律若干问题的解释》（法释〔2011〕19 号）。

[3] "专门用于侵入、非法控制计算机信息系统的程序、工具"是指"具有避开或突破计算机信息系统安全保护系统，未经授权或者超越授权获取计算机信息系统数据的功能的""具有避开或者突破计算机信息系统安全保护措施，未经授权或者超越授权对计算机信息系统实施控制的功能的"以及"其他专门设计用于侵入、非法控制计算机信息系统、非法获取计算机信息系统数据的程序、工具"；"计算机病毒等破坏性程序"是指"能够通过网络、存储介质、文件等媒介，将自身的部分、全部或者变种进行复制、传播，并破坏计算机系统功能、数据或者应用程序的""能够在预先设定条件下自动触发，并破坏计算机系统功能、数据或应用程序的""其他专门设计用于破坏计算机系统功能、数据或应用程序的程序"。

程中只是避开或突破了注册平台采取的反自动化批量注册或反虚假注册的安全保护系统或措施,而没有破坏注册平台本身的功能、数据和运行,则不构成"破坏计算机信息系统罪"。被告人是否构成"提供侵入、非法控制计算机信息系统程序、工具罪",还要看该软件是否具有未经授权或者超越授权获取计算机信息系统数据或对计算机信息系统实施控制的功能。如果该软件没有获取计算机信息系统数据的功能或对计算机信息系统实施控制的功能,则行为人不构成"提供侵入、非法控制计算机信息系统程序、工具罪"。这一判断标准也适用于商品或车票等的抢购软件,如果这些软件只是实现了操作的自动化和快速化,没有获取计算机系统内数据或控制计算机系统的功能,则不构成"提供侵入、非法控制计算机信息系统程序、工具罪"。与之形成对比的是打码撞库软件,因为打码撞库软件通过避开或突破计算机信息系统安全保护措施,获取了计算机信息系统内包含账号、密码、星级、邮箱地址、注册时间和认证情况等数据信息,因此使用打码撞库软件获取上述数据信息的行为人构成"非法获取计算机信息系统数据罪",而提供该打码撞库软件的行为人则构成"提供侵入计算机信息系统的程序罪"。

(二)"帮助'重金求子'网络诈骗案"

案情:1.被告人邓某某帮助张某提供录制彩铃功能的软件,在维护软件的过程中,获悉该彩铃系统被用于"重金求子"诈骗活动,仍帮助张某等人安装维护彩铃软件至2016年8月,法院认为,被告人邓某某明知他人利用信息网络实施诈骗犯罪,仍为其犯罪活动提供软件维护等技术支持,构成"帮助信息网络犯罪活动罪"[1]。

2.被告人王某某将语音平台租赁给郑某和汤某使用,在得知该二人利用其平台实施"重金求子"电信网络诈骗犯罪后,仍然向他们提供语音平台租赁服务,直至2016年10月案发。法院经审理认定,被告人的行为符合两高一部于2016年联合颁布的司法意见(法发〔2016〕32号)[2]第4条第三款所规定的"明知他人实施电信网络诈骗犯罪,提供互联网接入、服务器托管、

---

[1] 邓茂良帮助信息网络犯罪案,江西省余干县人民法院(2017)赣1127刑初283号刑事判决书。

[2] 最高人民法院、最高人民检察院和公安部:《关于办理电信网络诈骗等刑事案件适用法律若干问题的意见》(法发〔2016〕32号)。

网络存储、通讯传输等技术支持"的情形,应当以"诈骗罪"的共同犯罪论处。[1]

争议:上述两个案件中的行为人都是明知他人实施电信网络诈骗活动而继续为其提供技术支持,但其中一个案件以"帮助信息网络犯罪活动罪"定罪处罚,另一个案件以"诈骗罪"的共同犯罪定罪处罚。这两个案件不同判的原因在于对提供技术支持的行为人与"下游犯罪"的行为人之间的关系的理解不同,即二者之间是否构成共同犯罪? 如果构成共同犯罪,对于提供技术支持的行为人是以"帮助信息网络犯罪活动罪"定罪处罚还是以下游犯罪来定罪处罚? 这一问题的核心在于如何理解"帮助信息网络犯罪活动罪"的性质。目前,学界对此争议颇多,主要存在"量刑规则说"和"正犯化说"这两大对立观点。持"帮助犯的量刑规则说"的学者认为,信息网络犯罪活动的帮助行为并没有被提升为正犯行为,仍然只是信息网络犯罪活动的共同犯罪的帮助行为,但此时刑法总则的帮助犯的量刑规定不再适用,而适用刑法第 287 条之二所规定的独立的法定刑。[2] 持"正犯化说"的学者则认为,"帮助信息网络犯罪活动罪"是为他人实施信息网络犯罪活动提供帮助的行为的正犯化。[3]"正犯化说"还可作进一步的细分,其中持"帮助行为的独立入罪说"的学者认为,网络帮助行为的独立性突破了传统的从属理论,应当超越被帮助行为来思考帮助行为本身的刑事责任,因为这种帮助行为本身具有独立的法益侵害性,即帮助行为有时比被帮助行为的社会危害性要大,比如行为人帮助了许多互不关联的人实施了大量的下游违法行为,按照帮助犯反而难以定罪处罚,因为下游行为人均不构成犯罪,但不妨碍帮助行为本身在立法上被作为一种正犯行为予以惩处[4],此种观点认为这是一种积量构罪的立法模式,又被称为"累积犯说"[5];持"共犯限制从属性原则下的帮助犯的正犯化说"的学者则主张,帮助信息网络犯罪活动的行为的法益侵害性仍然来自被帮助行为的法益侵害性,要求被帮助的行为至少要符合

[1] 王永正"诈骗罪"案,江西省余干县人民法院(2017)赣 1127 刑初 271 号刑事判决书。

[2] 张明楷:《论"帮助信息网络犯罪活动罪"》,《政治与法律》2016 年第 2 期。

[3] 于志刚:《共犯行为正犯化的立法探索与理论梳理——以"帮助信息网络犯罪活动罪"立法定位为角度的分析》,《法律科学(西北政法大学学报)》2017 年第 3 期。

[4] 皮勇:《论新型网络犯罪立法及其适用》,《中国社会科学》2018 年第 10 期。

[5] 皮勇:《论网络服务提供商的管理义务及刑事责任》,《法商研究》2017 年第 5 期。

"犯罪行为类型意义上的要素",既包括达到罪量要求的犯罪行为,也包括属于刑法分则规定的行为类型但尚未达到罪量要求的严重违法行为[1];主张"共犯从属性限制下的帮助犯正犯化说"的学者则认为,虽然帮助信息网络犯罪活动的行为已经被正犯化了,具有了自己独立的罪名,但该罪的成立前提,仍然要从严理解为被帮助人的行为已经构成犯罪,亦即被帮助人实施了符合刑法条文所规定的犯罪构成、应被认定为相应罪名的犯罪行为。[2]

　　回应:"帮助信息网络犯罪活动罪"和非法利用信息网络罪都是《刑法修正案(九)》增设的新罪[3],从前者的法条中仅规定了"犯罪",而后者的法条中则使用"违法犯罪"的这一立法措辞区别来看,构成"帮助信息网络犯罪活动罪"需要满足的条件之一是被帮助的行为人实施的至少是"犯罪行为类型意义上的"行为,而不能仅仅是一般意义上不符合刑法分则规定的行为类型的违法活动,但也无须要求被帮助的行为完全满足犯罪的行为定性和定量要求,因此,"帮助信息网络犯罪活动罪"规定情节严重的才构成犯罪,否则从通常意义上去理解,帮助满足刑法定性和定量双重要求的犯罪行为本身就已经是"情节严重"了。此外,按照刑法第 287 条之二第 3 款有关罪数和罪名适用的规定,构成帮助信息网络犯罪活动罪,同时又构成其他犯罪的,从一重处。因此,帮助信息网络犯罪活动罪并不排斥成立与"下游犯罪"的共同犯罪。换而言之,"帮助信息网络犯罪活动罪"的"明知"包括行为人的"单向明知"和行为人和被帮助人的"双向意思联络"这两种形态。当行为人知道他人在实施信息网络犯罪活动,仍然提供技术支持或广告推广、支付结算等帮助的,构成本罪,此时不要求行为人确切知道犯罪的具体内容,只需知道是犯罪意义上的行为即可;如果行为人与被帮助人形成了双向的意思联络,那么行为人在成立"帮助信息网络犯罪活动罪"的同时,还与被帮助人一起成立下游犯罪的共同犯罪,法院应当依照处罚较重的规定对行为人定

---

　　[1] 陈洪兵:《"帮助信息网络犯罪活动罪"的限缩解释适用》,《辽宁大学学报(哲学社会科学版)》2018 年第 1 期。

　　[2] 刘宪权:《论信息网络技术滥用行为的刑事责任——〈刑法修正案(九)〉相关条款的理解与适用》,《政法论坛》2015 年第 6 期。

　　[3] "帮助信息网络犯罪活动罪"是指"明知他人利用信息网络实施犯罪,为其犯罪提供技术支持或者提供广告推广、支付结算等帮助,情节严重的"行为。而非法利用信息网络罪则为"利用信息网络实施设立用于实施违法犯罪活动的网站、通讯群组的;发布有关违法犯罪信息的;为实施违法犯罪活动发布信息的"行为。

罪处罚。回到上述两个案例,同样是帮助'重金求子'电信诈骗的案件,其最后的判决的确可能出现不一致的情况,这取决于行为人与被帮助人是否存在双向意思联络、是否构成共同犯罪,不构成共同犯罪的,则只涉及"帮助信息网络犯罪活动罪",但如果涉及共同犯罪的,则对行为人的定罪会存在"帮助信息网络犯罪活动罪"与下游犯罪这两罪的想象竞合问题,法院择一重罪惩处,但应在判决书中作出说明。

三、结语

近年来,国内外网络犯罪的严峻形势要求我们不断加大对网络黑灰产的惩治力度,力争在黑灰产起步阶段阻断犯罪。[1] 这一源头治理的理念是治理能力和治理体系现代化的要求和体现,但需要注意的是,源头治理不完全等同于刑法治理,源头治理也同时强调要依法治理。源头治理强调不但要打击网络犯罪链条的中游和下游行为,也要高度关注其链条中的上游行为,要对网络黑灰产的整个犯罪生态体系加以审视,要求刑法的主动作为、积极作为,构成犯罪的,一定要做到"法网恢恢,疏而不漏",实现"打早打小",尽早斩断犯罪链条,为人民群众营造风清气正的网络空间,这同样也涉及其他法律部门的主动作为、积极作为,例如《民法典》《电子商务法》等等,要始终牢记刑法属十二次法,要保持刑法的谦抑性。刑事治理是网络黑灰产"综合治理"的一部分,要严格在罪刑法定的框架下予以展开。行为的社会危害性不是动用刑罚的充分条件,刑法已经将该行为规定为犯罪并施加了刑罚才是。行为的"恶意"本身不是司法认定犯罪的充分条件,不是主观恶意支配下的任何行为都是受到刑法规制的犯罪行为,只有行为符合某罪的犯罪构成才是司法认定犯罪的唯一依据。同时,在判断因果关系时,要严格掌握行为所造成的社会危害与所判决之罪所保护法益之间的一致性,避免对行为人的主观归罪倾向和计算机信息系统犯罪的"口袋化"趋势。

因此,在"破坏计算机信息系统罪"的司法适用上,要注意行为人利用信息网络技术性实施的行为是否确实影响了计算机信息系统功能本身的正常运行,是否是通过破坏性手段对计算机信息系统内的数据进行了删除、修改、增加或干扰。如果只是提前对还未进入但将要进入系统的数据而不是

---

[1] 余伟民:《阻断网络黑灰产犯罪》,《检察日报》2019 年 12 月 18 日第 3 版。

对已经进入系统的数据实施上述破坏行为,则不符合"破坏计算机信息系统罪"的犯罪构成。此外,"破坏计算机信息系统罪"第三款所规定的"计算机病毒等破坏性程序",不包括那些仅仅避开或绕过计算机信息系统的安全保护措施但对系统本身的功能、数据或应用程序没有破坏的程序。在"提供侵入、非法控制计算机信息系统程序、工具罪"的司法适用上,要注意本罪的犯罪对象除了要求其具有侵入功能外还要求其具备未经授权或者超越授权获取计算机信息系统数据或对计算机信息系统实施控制的功能。在"帮助信息网络犯罪活动罪"的适用上,要将被帮助人所实施的信息网络犯罪活动限定为"具有犯罪行为类型意义的行为"上,其所要求的"明知"包括行为人的"单向明知"和行为人和被帮助人之间的"双向意思联络",在"单向明知"的情况下,行为人只构成本罪,在"双向意思联络"的情况下,行为人除构成本罪外,还构成下游犯罪的共同犯罪,法院应当在判决书中加以列明,并择一重罪处罚。在适用非新型网络犯罪罪名之外的传统犯罪罪名予以打击相关网络黑灰产行为时,要求行为本身的法益侵害性与传统犯罪的法益侵害性具有一致性,对传统犯罪罪名的解释严守"扩大解释"与"类推解释"之间的界限。

Disputes over Judicial Determination of Crimes in Internet Dark and Gray Industry and Responses to Them

—An Analysis Centered on Individual Cases

Chen Ling

Abstract:The concept of at-source governance requires strengthened fight against internet dark and gray industry and in-depth investigation of predicate and downstream crimes, so as to cut the chain of crimes as soon as possible. However, at-source governance does not mean a complete reliance on the governance through criminal law, and the nature of criminal law as the supporting and guaranteeing law shall still be adhered to in the judicial determination of crimes in internet dark and gray industry. The social danger or "maliciousness" of a conduct is a necessary but sufficient condition for imposing criminal punishment, thus it is necessary to avoid the likelihood of conviction based on subjective elements and the trend of excessively expanding the covering scope of some offenses through interpretation when distinguishing a criminal conduct from a non-criminal conduct, this crime from that crime. Regarding the judicial determination of crime of sabotaging computer information system, distinction should be strictly made between circumventing measures for protection of computer information system and sabotaging the function of such computer information system, between interfering with data having not entered into the computer information system and interfering with data having entered into the computer information system, between a program aiming at hacking into or illegal controlling a computer information system and a destructive program set forth in the crime of sabotaging computer information system. Regarding the judicial determination of the crime of providing assistance for information network criminal activities, the information network criminal activities shall be limited to those conducts in compliance with offence description in nature regardless of the quantitative requirement. Under the situation that the perpetrator has knowledge in an unidirectional way, he/she only constitutes the crime of providing assistance for information network criminal activities, and under the situation that the perpetrator has communication of intent with the person who receives the assistance from him/her, he also jointly constitutes the downstream crime and is convicted of a more serious one and thus sentenced.

Key words: internet dark and gray industry; malicious conduct; the crime of sabotaging computer information system; the crime of providing assistance for information network criminal activities

食药领域刑事附带民事公益诉讼诉请研究

——以 X 市食药领域刑事附带民事公益诉讼为样本

童　君*　陈思琦**

摘要:刑事附带民事公益诉讼制度肇始于 2018 年 3 月,时值"两高"联合发布《关于检察公益诉讼案件适用法律若干问题的解释》,解释明确了人民检察院关于环资、食药等领域所被赋予的新类型诉权,不仅具有节约司法资源、提高诉讼效率的显著优势,亦将有助于实现刑事与民事双重责任的妥善配置。然在食药领域刑事附带民事公益诉讼实践中,案件事实认定所衍生的责任方式尚处于法律缺位场域,关于诉请的非法定列举类型仍存在分歧。本文以中国裁判文书网公开的 2019 年以来 X 市食药领域刑事附带民事公益诉讼案件为研究样本,系统梳理诉请演变及现状,通过比照外省市典型案例,结合民法典和相关法确定刑事附带民事公益诉讼诉请的法律依据,为诉请的提出提供方法借鉴。

关键词:检察机关;食品;药品;刑事附带民事公益诉讼

一、X 市食药领域刑事附带民事公益诉讼诉请分析

本文的研究样本采集于中国裁判文书网,搜索条件为全文项下的"刑事附带民事公益诉讼""X 市""食品""药品"。经研判,共检索出 6 篇符合样本条件的裁判文书,文书裁判时间跨度为 2019 年 5 月 24 日至 2020 年 11 月 12 日,其中食品安全领域与药品医疗领域的案件数量之比为 2∶1。

---

　*　童君,上海市徐汇区人民检察院第四检察部主任。

　**　陈思琦,上海市徐汇区人民检察院公益检察室检察官助理。

(一)诉请概况

1.案由、诉讼请求和裁判结果(见表1、表2)

表1 X市食品领域刑事附带民事公益诉讼案件一览表

判决日期	审理法院	案由	诉讼请求	裁判结果
2019.6.19	A区人民法院	生产、销售有毒、有害食品	1.消除危险,收回并依法处置;2.赔礼道歉。	支持诉请
2019.6.19	A区人民法院	生产、销售有毒、有害食品	1.消除危险,收回并依法处置;2.赔礼道歉。	支持诉请
2020.8.19	B区人民法院	销售假冒注册商标的商品	1.承担销毁费用;2.赔礼道歉并警示相关食品安全风险。	同意撤回起诉
2020.11.12	中级人民法院	走私国家禁止进出口的货物、物品	1.赔礼道歉;2.连带承担处置费用。	支持诉请

表2 X市药品医疗领域刑事附带民事公益诉讼案件一览表

判决日期	审理法院	案由	诉讼请求	裁判结果
2019.5.24	C区人民法院	生产、销售假药	发布警示公告并赔礼道歉。	支持诉请
2020.3.30	C区人民法院	非法行医	1.赔礼道歉;2.承担销毁处置费用。	支持诉请

经统计,6起样本案件均提出了"复合型"诉讼请求,其中预防性责任请求和人格恢复性责任请求合并适用的案件3起;承担必要费用和人格恢复性责任请求合并适用的案件3起(含撤回起诉1起)。从划分案件类型的角度来看,2020年度食品安全领域的诉讼实践探索了关于承担处置费用的诉请,并进一步明确了相关费用计算标准;而药品医疗领域针对不具备召回处置条件的案件,以穷尽途径为原则,主张要求被告在省级以上新闻媒体发布警示公告,以实现及时止损的目的。

2.请求权实体法规范(见表3)

表3　食药领域刑事附带民事公益诉讼请求权实体法规范一览表(样本案例)[1]

食品、药品领域单行法 ＼ 请求权基础规范	《消费者权益保护法》(条)	《侵权责任法》(条)	《产品质量法》(条)	《最高人民法院关于审理消费民事公益诉讼案件适用法律若干问题的解释》(条)
食品安全领域	34	8、15		13
药品管理领域		2、4、6、15、21、45		13

通过梳理请求权实体法规范发现,当前法律适用未能妥善厘清私益诉讼和公益诉讼的关系,请求权依据与诉请选择存在相互矛盾。例如,在余某某生产、销售假药一案中援引我国《侵权责任法》第6条、第15条、第21条[2]和第45条[3],其中第21条、第45条权利人均为"被侵权人",严格意义上而言理应界定为私益民事纠纷救济的权源。然当提及惩罚性赔偿诉请之时,实务界又面临"诉权"与"诉请"无法耦合衔接的困境,比方说有观点认为根据《最高人民法院关于审理消费民事公益诉讼案件适用法律若干问题的解释》(下称《消费民事公益诉讼解释》)的有关精神,检察机关或有关组织在提起民事消费公益诉讼时,无权向被告人提出惩罚性赔偿的诉讼请求,理由之一是消费领域的公共利益和消费者的私人利益不应当在同一案件中审理,防止公益诉讼中公益与私益的混淆。以上即出现了公益诉讼起诉人概括性诉请权源(停止侵害、排除妨碍、消除危险)适用侵权责任法的有关私益救济规定,而关于惩罚性赔偿则并未选择适用或参照适用。[4]

(二)他山之石

根据《消费民事公益诉讼解释》第13条的规定,消费类公益诉讼的诉请

---

[1]　表中数字表示样本案例的判决书及相关法律文书所引用的法律条文。

[2]　原《中华人民共和国侵权责任法》第21条规定:"侵权行为危及他人人身、财产安全的,被侵权人可以请求侵权人承担停止侵害、排除妨碍、消除危险等侵权责任。"

[3]　原《中华人民共和国侵权责任法》第45条规定:"因产品缺陷危及他人人身、财产安全的,被侵权人有权请求生产者、销售者承担排除妨碍、消除危险等侵权责任。"

[4]　详见原《中华人民共和国侵权责任法》第47条等关于"惩罚性赔偿"的规定。

类型主要涵盖"停止侵害""排除妨碍""消除危险"和"赔礼道歉"等,由此在客观上赋予了非法定列举性诉请类型的探索空间。以"惩罚性赔偿"为例,《中华人民共和国食品安全法》第 148 条规定,"生产不符合食品安全标准的食品或者经营明知是不符合食品安全标准的食品,消费者除要求赔偿损失外,还可以向生产者或者经营者要求支付价款十倍或者损失三倍的赔偿金;增加赔偿的金额不足一千元的,为一千元。但是,食品的标签、说明书存在不影响食品安全且不会对消费者造成误导的瑕疵的除外"。另有《中华人民共和国消费者权益保护法》第 55 条规定,"经营者提供商品或者服务有欺诈行为的,应当按照消费者的要求增加赔偿其受到的损失,增加赔偿的金额为消费者购买商品的价款或者接受服务的费用的三倍;增加赔偿的金额不足五百元的,为五百元。法律另有规定的,依照其规定。经营者明知商品或者服务存在缺陷,仍然向消费者提供,造成消费者或者其他受害人死亡或者健康严重损害的,受害人有权要求经营者依照本法第四十九条、第五十一条等法律规定赔偿损失,并有权要求所受损失二倍以下的惩罚性赔偿"。据此,笔者以"公益诉讼""惩罚性赔偿"为关键词进行案例检索,进一步明确惩罚性赔偿诉请的适用现状。鉴于篇幅所限,本文主要节选三个案例。

第一个案例是广州顺旺客公司生产、销售不符合安全标准食品案。涉案公司无证经营,进行大规模餐饮配送,日均供餐上万份。经群众举报,食药监局对该公司采购并加工的 240 斤猪手粒进行抽检,检测结果为不合格。黄浦区检察院对此提起刑事附带民事公益诉讼,主张被告单位承担十倍销售额的赔偿金并向消费者公开赔礼道歉。[1]

第二个案例是重庆市首例药品领域惩罚性赔偿案。该案中受侵害的消费者多达百余人,销售地域遍布全国二十余个省、自治区、直辖市。公益诉讼起诉人根据消费者权益保护法等规定提出惩罚性赔偿金、赔礼道歉、召回并销毁假冒药品的诉讼请求。法院最终判令第一被告向区检察院支付惩罚性赔偿金 151430.4 元,第二被告在 121482 元范围内承担连带责任。[2]

---

[1] 《"保障千家万户舌尖上的安全"公益诉讼专项监督活动典型案例(选登)》,《检察日报》2019 年 10 月 11 日,http://newspaper.jcrb.com/2019/20191011/20191011_002/20191011_002_2.htm,最后访问时间:2020 年 12 月 20 日。

[2] 参见重庆市永川区人民检察院门户网站,http://yongchuan.cqjcy.gov.cn/information/InformationDisplay.asp?rootid=&NewsID=15712,最后访问时间:2020 年 12 月 20 日。

第三个案例是常州市首例消费欺诈民事公益诉讼案。涉案当事人谢某某等先后向全国各地销售大盐湖水产品 8 万余瓶,销售额共计 2300 余万元。经专家鉴定,涉案产品不具备其宣传功效,长期或高浓度服用会导致电解质紊乱,引发肠胃道疾病,甚至对心脏产生不良影响。另有部分消费者表示服用后出现腹泻、出虚汗、胃疼等不良反应。2019 年 12 月,常州市检察院诉请法院判令被告在国家级新闻媒体上向社会公开赔礼道歉,并支付销售价款 3 倍的赔偿金。[1]

除上文列举的实践探索外,浙江、湖北、宁夏、四川等多地的检察机关亦以惩罚性赔偿的适用作出了司法回应。[2] 事实上,早在 2018 年,X 市某区人民检察院就一起违法添加有毒、有害非食品原料的案件提起了刑事附带民事公益诉讼,其中关于惩罚性赔偿的诉请获得了法院的判决支持。但纵观而言,公益诉讼中的惩罚性赔偿仍面临诸多现实阻隔,尤其是适用标准、适用领域,公益与私益救济的平衡乃至惩罚性赔偿金的使用管理等,皆有待进一步明确和规范。

二、食药领域刑事附带民事公益诉讼案件的特殊性

(一)受侵害对象的不特定性

陈新民教授认为,"公共利益是与私人利益相对应的概念,其最大的特点在于概念内容的不确定性,主要是'利益内容的不确定性'和'受益对象的不确定性'"。[3] 张卫平教授认为,在侵害众多消费者合法权益的纠纷中未必一定存在侵害社会公共利益的行为,但若提起民事公益诉讼,则一定涉及

---

[1]　参见常州市人民检察院门户网站,http://cz.jsjc.gov.cn/yw/202009/t20200915_1096171.shtml,最后访问时间:2020 年 12 月 21 日。

[2]　甘肃省银川市金凤区检察院对一起食品安全领域案件提出 1228 万元惩罚性赔偿金获法院判决;浙江丽水商家售卖违禁减肥药被判支付公益诉讼赔偿 1300 余万元;浙江省杭州市提起全国首例疫情期间销售伪劣儿童口罩公益诉讼案,该案判决支付"销售价款" 3 倍的惩罚性赔偿;江苏省苏州市相城区生产销售有毒有害食品被判令支付销售金额十倍的赔偿金;四川省乐山市首例"地沟油"食品安全刑事附带民事公益诉讼主张支付销售金额十倍赔偿金;湖北省利川市检察院诉吴某安等三人生产销售不符合安全标准食品刑事附带民事公益诉讼案,主张三人赔偿销售价款十倍赔偿金并获得法院支持。

[3]　陈新民:《德国公法学基础理论(上册)》,山东人民出版社 2001 年版,第 82 页。

社会公共利益,例如制作和销售大量有毒有害奶粉的行为。[1] 结合司法实务,笔者在研读样本案例及外省市典型案例时发现,随着电子商务兴起和物联发展,食品、药品领域的交易活动已不再局限于传统线下交易模式,问题产品的销售终端已横跨省、市、区等地域,由此伴随着消费者的不确定性和负面作用波及的不可控性。

(二)食品、药品致害结果的迟发性

所谓"迟发性"指的是损害结果显现或者明确损害结果原因的迟延。正如环境侵权致损的特征一样,在食品、药品安全领域也可能存在危险性显露延缓的情况,问题食品、药品对人体造成的损害可能一触即发,也可能需要经过潜伏期,而损害的结果往往因人而异且存在较大的时间差。结合受侵害对象具有不特定性的特点,在举证过程中公益诉讼起诉人往往仅能就损害的波及面作出笼统泛化的论述,而对于致害结果的精准论证则不具有期待可能性。

(三)赔偿基数的立法缺失

根据我国《侵权责任法》第 47 条、《消费者权益保护法》第 55 条、《食品安全法》第 148 条、《药品管理法》第 144 条、《最高人民法院关于审理医疗损害责任纠纷案件适用法律若干问题的解释》(法释〔2017〕20 号)第 23 条的规定,诉请内容均意涵以"所受损失"为基数的惩罚性赔偿,然关于赔偿基数的具体范围尚无成文规定抑或法律释义。此外,关于精神损害赔偿是否纳入"所受损失"的范畴,亦存在探讨空间。根据《最高人民法院关于确定民事侵权精神损害赔偿责任若干问题的解释》第 1 条规定,自然人因人格权利遭受非法侵害,向人民法院起诉请求赔偿精神损害的,人民法院应当依法予以受理。换言之,食品、药品乃至医疗产品对自然人身体、健康和生命造成损害的,受害人可以依法提出赔偿精神损害的诉讼请求。目前,在民事诉讼实践中已有将精神损害赔偿纳入惩罚性损害赔偿之赔偿基数范畴的判例。[2]

---

[1] 张卫平:《民事公益诉讼原则的制度化及实施研究》,《清华法学》2013 年第 4 期。

[2] 参见刘爱民、王会珍等与巢礼发等产品销售者责任纠纷一审民事判决书,中国裁判文书网,https://wenshu.court.gov.cn/website/wenshu/181107ANFZ0BXSK4/index.html? docId=9d9576ea4e8d4e4883a4a6f700b82555,最后访问时间:2020 年 12 月 23 日。

鉴于此,是否可以将涉众型精神损害赔偿纳入食药公益债权请求权的权源有待进一步探讨。

(四)惩罚性损害赔偿执行的不确定性

正如前文所述,社会公共利益的损失往往无法具体化为精准数额,赔偿基数之"所受损失"仍存在未周之憾。因此,在多数情况下行为人实施违法活动的销售价款则成为承担赔偿责任的重要指标。揆诸现行判决发现,"销售价款"作为惩罚性赔偿的基数不仅是检察机关提出诉讼标的的依据之一,也是审判机关所普遍承认和支持的要素。但在食药领域刑事附带民事公益诉讼案件中,由于违法犯罪行为持续时间长,侵害受众辐射面广,致使累计销售价款的"三倍"或"十倍"惩罚性赔偿数额可能远高于附带民事公益诉讼被告人的承受范围,公益诉讼起诉人亟须对惩罚性赔偿和刑事罚金的执行作出综合性的预判,破解因责任配置失恰而带来的执行难问题。

(五)行政罚款、刑事罚金和民事赔偿金的折抵考量

实务中,关于行政罚款、刑事罚金和惩罚性赔偿金的折抵计算是附带民事公益诉讼诉讼请求所考量的问题之一。其中针对同一违法行为作出的行政罚款与刑事罚金由于具有同质性已为立法明确采用轻罚在重罚中折抵的原则予以处理。[1] 而针对以上二者与惩罚性赔偿金的关系,一种观点认为惩罚性损害赔偿虽然具有惩戒、吓阻的作用,但本质上是基于民事法律关系提起的诉请,在惩罚功能与救济功能上与前两者分属不同的性质,因此不可相互抵扣[2];另一种观点则从功能作用的视角及案件所特有的公益性质出发,认为惩罚性损害赔偿金应当与行政罚款和刑事罚金相折抵。[3]

---

[1] 《中华人民共和国行政处罚法》第28条第2款规定:违法行为构成犯罪,人民法院判处罚金时,行政机关已经给予当事人罚款的,应当折抵相应罚金。

[2] 田漫、柴冬梅:《食药安全领域检察机关诉请惩罚性赔偿相关问题研究》,《中国检察官》2020年第8期。

[3] 参见最高人民检察院检察应用理论研究课题组:《生态环境资源和食品药品等领域刑事检察与公益诉讼检察衔接机制研究》,《法制与社会》2019年第34期。

三、中国民法典视阈下刑事
附带民事公益诉讼诉请及法律依据

（一）域外经验

有如前文所言，除了食药品领域外，传统领域公共利益涉及的损害多数属于长期、隐蔽的状态，损害后果通常具有分散性。由于预防性诉请举证较为容易，程序更易于操作，大陆法系的民事公益诉讼一度仅提供预防性救济，原告只能提起不作为之诉或撤销之诉，即主张停止侵害、排除妨碍、消除影响、恢复原状等作为或不作为请求，不得提出私益损害的赔偿请求。自 2000 年后，德国、法国等少数欧洲国家规定原告可在特定类型公益诉讼中提出损害赔偿。[1] 在英美法系中，美国的公民诉讼则规定了民事罚金制度，将惩罚性损害赔偿作为民事公益诉讼的责任承担方式。[2]

（二）结合民法典及相关法

诚然民法的立法旨趣聚焦于保护私益，但在一些情况下，民事权利与公共利益可能相互蕴含、相互转化甚而相互制约。民法典中有 11 处条文中直接表达了"公共利益"或"社会公共利益"，将"公共利益"作为民事行为进行肯定性或否定性评价的判断标准，既厘清了个人民事权利与公共利益的界限，也为公益保护预留了制度空间。[3]

《侵权责任法》经《民法典》吸收后，删去第 15 条"承担侵权责任的方式"之规定，于《民法典》第 179 条第 1 款以列举式规定明确承担民事责任的 11 种方式，包括停止侵害、排除妨碍、消除危险、返还财产、恢复原状、修理、重作、更换、继续履行、赔偿损失、支付违约金、消除影响、恢复名誉、

---

[1] 肖建国：《民事公益诉讼制度的具体适用》，《人民法院报》2012 年 10 月 10 日第 7 版。

[2] 田凯：《人民检察院提起公益诉讼立法研究》，中国检察出版社 2017 年版，第 157～158 页。

[3] 胡卫列、兰楠：《民法典对公益诉讼的实体法支持和价值指引》，最高人民检察院门户网站 https://www.spp.gov.cn/spp/zdgz/202006/t20200617_465573.shtml，最后访问时间：2020 年 12 月 24 日。

赔礼道歉,并于该条第2款新增"法律规定惩罚性赔偿的,依照其规定"的表述。此外,民法典规定了知识产权侵权、产品责任、环境侵权等三个领域的惩罚性赔偿制度,为人民检察院探索民事公益诉讼惩罚性赔偿的认定标准、适用范围和赔偿金的管理使用等问题提供了重要思路。以下是关于刑事附带民事公益诉讼诉请之民法典援引的列举式梳理,以供参酌。(见表4)

表4　刑事附带民事公益诉讼诉请条款依据简析

注释	民法典	相关内容
损害赔偿责任的归责条款(过错责任原则)	第1165条	侵权责任法第6条
预防性侵权请求权条款	第1167条	侵权责任法第21条
二人以上共同侵权条款	第1168条等	
赔偿数额计算顺序条款	第1182条	侵权责任法第20条
知识产权侵权的惩罚性赔偿条款(新增)	第1185条	
产品缺陷致损的侵权责任条款(生产者)	第1202条	
经营者停止销售义务＋承担召回费用条款	第1206条	侵权责任法第46条、消费者权益保护法第19条、食品安全法第63条
产品责任侵权的惩罚性赔偿条款	第1207条	侵权责任法第47条、消费者权益保护法第55条、食品安全法第148条第2款
环境污染和生态破坏侵权责任条款	第1229条	侵权责任法第65条
环境、生态侵权的惩罚性赔偿条款(新增)	第1232条	
衔接环境公益诉讼制度的条款	第1234条	环境侵权解释第14条、环境公益诉讼解释第1条
人民检察院生态环境损害赔偿请求权条款	第1235条	《最高人民法院关于审理生态环境损害赔偿案件的若干规定(试行)》第12条至第14条、环境公益诉讼解释第19条

（三）惩罚性赔偿制度的实践认识

发源于英美法系的"惩罚性赔偿"，也称作"报复性赔偿"或"示范性赔偿"，是指法院作出的赔偿数额大于受害人实际损害金额的法律制度。[1]其最早仅适用于英美法系的合同纠纷、侵权纠纷等民事案件中，后被引入大陆法系[2]，适用范围从传统民法延展至证券法、公平交易法、专利法、环境保护法、消费者权益保护法等领域。

2019年5月9日，中共中央国务院提出《关于深化改革加强食品安全工作的意见》，明确"积极完善食品安全民事和行政公益诉讼，做好与民事和行政诉讼的衔接与配合，探索建立食品安全民事公益诉讼惩罚性赔偿制度。"[3]结合《消费民事公益诉讼解释》第13条第1款的规定和最高法的观点，消费民事公益诉讼（含附带民事公益诉讼，下同）请求权类型的拓展存在一定的预留空间。[4]

针对惩罚性赔偿的理解与适用，理论和实务界尚存在一定争议。一种观点认为：一是惩罚性赔偿的适用须以个案为基础进行认定，难以适用于消费民事公益诉讼。由全国人大法工委出版的《中华人民共和国侵权责任法释义》[5]和《消费者权益保护法释义》[6]可见，惩罚性赔偿主要目的系对非法经营者施以经济制裁，增强消费者维权的动力。但该诉请的提出需要以

---

[1] 王利明：《惩罚性赔偿研究》，《中国社会科学》2000年第4期。

[2] 张新宝、李倩：《惩罚性赔偿的立法选择》，《清华法学》2009年第4期。

[3] 参见《中共中央国务院关于深化改革加强食品安全工作的意见》，中华人民共和国中央人民政府门户网站，http://www.gov.cn/zhengce/2019-05/20/content_5393212.htm，最后访问时间：2020年12月24日。

[4] 杜万华：《最高人民法院消费民事公益诉讼司法解释理解与适用》，人民法院出版社2016年版。最高人民法院表示"至于其他责任承担方式，在明确列举请求权类型后面加一个'等'字作为保留，为将来法律修改及司法实践进一步发展后，消费民事公益诉讼的请求权类型扩展预留空间"。

[5] 王胜明：《中华人民共和国侵权责任法释义》，法律出版社2013年第2版。第47条规定："惩罚性赔偿也称惩戒性赔偿，是加害人给付受害人超过其实际损害数额的一种金钱赔偿，是一种集补偿、惩罚等功能于一身的赔偿制度。"

[6] 李适时：《消费者权益保护法释义》，法律出版社2013年版。明确"惩罚性赔偿是指当经营者以恶意、故意、欺诈或放任的方式实施加害行为而致消费者受损时，消费者可以获得实施损害赔偿之外的增加赔偿。"

侵权行为、因果关系、损害结果的个案认定为基础,因此有赖于大量事实证据。[1]二是惩罚性赔偿在起诉主体资格、惩罚性赔偿金的计算方式、举证和配套制度建设方面皆存在现实困境。另一种观点认为:消费领域的社会公共利益指向不特定的众多消费者的超个体利益,而预防则是消费民事公益诉讼的主要功能。基于此,对食品安全民事公益诉讼提出惩罚性赔偿的诉请,加大被告违法成本,对潜在违法者予以吓阻,有利于强化食品安全民事公益诉讼的预防功能,"让违法者痛到不敢再犯"。虽然私益诉讼惩罚性赔偿也能起到一定惩罚和威慑的作用,但效果并不明显。同时民事公益诉讼在一定程度上亦可有效弥补行政执法的不足。

四、确定食药领域刑事附带民事公益诉讼诉请的方法

(一)民事公益诉讼的诉讼请求体系

民事公益诉讼的诉讼请求所依托的基础法律关系是侵权之债,因此诉请的内容应当是民事责任承担方式的具体化[2],而民法典、民事诉讼法和相关单行法则为人民检察院提出诉讼请求提供了法律依据。

1.预防性责任请求。此类型诉请又可称为"禁止性请求",一般通用于各类型案件,具体涵盖停止侵害、排除妨碍、消除危险。其中"停止侵害"作为一种积极诉请在司法实践中被普遍运用,目前在环境公益诉讼中落地适用的"禁令"制度即意涵于"停止侵害"这一类型。"排除妨碍"在公益诉讼中则鲜有适用,一般由特定主体提出。"消除危险"是指侵害行为尚未造成危害结果,但足以危及社会公共利益,具有发生侵害可能性的,便可向法院请求消除危险。

2.恢复性责任请求。即返还财产、恢复原状,皆属通用性诉请类型。其中"恢复原状"主要适用于生态环境和自然资源保护领域,主张侵权人将公益恢复到受侵害之前的状态。

---

[1] 刘相文、刁维俣、李振伟:《消费民事公益诉讼案件中适用惩罚性赔偿问题研究》,中伦门户网站,http://www.zhonglun.com/Content/2020/05-15/1712523359.html,最后访问时间:2020年12月24日。

[2] 田凯:《人民检察院提起公益诉讼立法研究》,中国检察出版社2017年版,第159页。

3.赔偿性责任请求。即赔偿损失,具体细分为补偿性赔偿和惩罚性赔偿。前者适用的是填平原则,以弥补受害人权利损失为目的,通过填平使之恢复的理论。简言之,受害人损失多少,侵权人则赔偿多少。后者根据通说观点即以惩罚、激励、威慑、预防等为功能目的,判决被告承担超出原告现实损害范围的金钱赔偿责任。

4.人格恢复性责任请求。具体表现为赔礼道歉,系精神抚慰的特殊表现形式,当前已经形成在国家、省、市级媒体上公开向社会致歉的惯例,亦是通过媒体曝光使得侵权人的诚信度受到影响,起到一定威慑作用。

(二)食药领域刑事附带民事公益诉讼提出诉请的方法

1.刑事罪名的梳理(见表5)

表5　食品领域刑事犯罪罪名要素一览表

罪名	犯罪行为/情节	金额认定	罚金	备注
生产、销售伪劣产品罪	以假充真	销售金额 X 划分档次(单位:万元):5≤X<20;20≤X<50;50≤X<200;X≥200	销售金额50%以上二倍以下	立案追诉情形:(1)伪劣产品销售金额5万元以上的(2)伪劣产品尚且销售,货值金额15万元以上的(3)伪劣产品销售金额不满5万元,但将已销售金额乘以3倍以后,与尚未销售的伪劣产品货值金额合计15万元以上的[3]
	以次充好			
	以不合格产品冒充合格产品			
	生产销售不符合食品安全标准的食品添加剂,用于食品的包装材料、容器、洗涤剂、消毒剂,或者说用于食品生产经营的工具、设备等,构成犯罪的[1]			
	生产销售不符合食品安全标准的食品,无证据证明足以造成严重食物中毒事故或其他严重食源性疾病,不构成生产、销售不符合食品安全标准的食品罪,但是构成生产、销售伪劣产品罪等其他犯罪的[2]			

　[1]　根据2008年6月25日最高人民检察院、公安部《关于公安机关管辖的刑事案件立案追诉标准的规定(一)》第16条的规定。

　[2]　根据2013年5月2日最高人民法院、最高人民检察院《关于办理危害食品安全刑事案件适用法律若干问题的解释》(下称"解释")第13条的规定。

　[3]　根据解释第10条的规定。

续表

罪名	犯罪行为/情节	金额认定	罚金	备注
生产、销售不符合安全标准的食品罪[1]	足以造成严重食品中毒事故或者其他严重食源性疾病的	"其他严重情节的"含金额认定标准	生产销售金额 2 倍以上	立案追诉情形[3]
	对人体健康造成严重危害或者有其他严重情节的			
	后果特别严重的			
	援引性条款[2]			
生产、销售有毒有害食品罪[4]	掺入有毒、有害的非食品原料的	"其他严重情节的"含金额认定标准	生产销售金额 2 倍以上	
	销售明知掺有有毒、有害的非食品原料的食品的			
	对人体健康造成严重危害或者有其他严重情节的			
	致人死亡或者有其他特别严重情节的			
	援引性条款[5]			

---

[1]　"生产、销售不符合安全标准的食品罪"中四种情节认定详见解释第 1 条至第 4 条的规定；另根据解释第 17 条的规定，犯生产、销售不符合安全标准的食品罪，一般应当判处生产、销售金额 2 倍以上的罚金。

[2]　详见解释第 8 条。

[3]　详见 2017 年 4 月 27 日最高人民检察院、公安部《关于公安机关管辖的刑事案件立案追诉标准的规定(一)的补充规定》第 3 条。

[4]　详见解释第 5 条至第 8 条的规定；另根据解释第 17 条的规定，犯生产、销售有毒有害食品罪，一般应当判处生产、销售金额 2 倍以上的罚金。

[5]　详见解释第 9 条。

表6 药品领域刑事犯罪罪名要素一览表[1]

罪名	犯罪行为/情节	金额认定	罚金	备注
生产、销售假药罪[2]	生产、销售假药的	"其他严重情节的"和"其他特别严重情节的"含金额认定标准	生产销售金额2倍以上	两高司法解释中"生产、销售"是指生产、销售假药、劣药所得和可得的全部违法收入
	对人体健康造成严重危害或者有其他严重情节的			
	致人死亡或者有其他特别严重情节的			
	药品使用单位的人员明知是假药而提供给他人使用的[4]			
生产、销售劣药罪[3]	生产、销售劣药,对人体健康造成严重危害的			
	后果特别严重的			
	药品使用单位的人员明知是劣药而提供给他人使用的			
	违反药品管理法规的有关规定,足以严重危害人体健康的;以及对人体健康造成严重危害或者有其他严重情节的[5]			

---

[1] 鉴于篇幅所限,仅作狭义介绍,即根据《中华人民共和国刑法》第三章第一节生产、销售伪劣商品罪的相关罪名进行梳理,针对非法经营罪等罪名及医疗产品类案件暂不展开探讨。

[2] 参见《中华人民共和国药品管理法》(2019年修订)第98条第2款关于假药的规定;2014年11月3日两高《关于办理危害药品安全刑事案件适用法律若干问题的解释》,解释第12条规定犯生产、销售假药罪的,一般应当依法判处生产、销售金额二倍以上的罚金。

[3] 详见《中华人民共和国药品管理法》(2019年修订)第98条第3款关于劣药的规定。

[4] 系《中华人民共和国刑法修正案(十一)》修订。

[5] 系《中华人民共和国刑法修正案(十一)》修订,在《刑法》第142条后增加一条,作为第142条之一:"违反药品管理法规,有下列情形之一,足以严重危害人体健康的,处三年以下有期徒刑或者拘役,并处或者单处罚金;对人体健康造成严重危害或者有其他严重情节的,处三年以上七年以下有期徒刑,并处罚金:(一)生产、销售国务院药品监督管理部门禁止使用的药品的;(二)未取得药品相关批准证明文件生产、进口药品或者明知是上述药品而销售的;(三)药品申请注册中提供虚假的证明、数据、资料、样品或者采取其他欺骗手段的;(四)编造生产、检验记录的。有前款行为,同时又构成本法第一百四十一条、第一百四十二条规定之罪或者其他犯罪的,依照处罚较重的规定定罪处罚。"

2.诉讼请求的提出[1]

（1）预防性责任请求。通过罪名要素一览表发现,构成食品领域刑事犯罪的案件基本符合《民法典》第1167条所规定的"侵权行为危及他人人身、财产安全"的情形。因此,当案件定性涉损害社会公共利益的,根据《消费民事公益诉讼解释》第13条之规定,可以提出停止侵害、排除妨碍、消除危险的诉讼请求,例如要求刑事附带民事公益诉讼被告人采取撤回、召回、销毁等停止侵权行为;停止使用不当格式条款;停止欺诈性广告行为;停止不当销售行为;停止产品或者服务的不当表示方法等,并要求侵权人承担相关必要费用。[2]此外,针对取保候审的犯罪嫌疑人,可以参照环境公益诉讼诉前禁令探索食品领域的禁令制度。另根据食品安全法职业禁止条款[3],研析限期职业禁止（非管理工作）之诉请的可行性。

（2）赔偿性责任请求。针对以"销售金额"作为构罪和量刑跳档情节认定标准的刑事附带民事公益诉讼案件,由于犯罪数额是刑事侦查活动中必须查明的事实要素,基于此,公益诉讼起诉人可以适当依附于公安机关的取证数据[4],以"销售金额"为赔偿基数提出惩罚性损害赔偿。对于无相关金额认定的情形,一方面亟须立法对"所受损失"予以明确和释义[5];另一方面可以探求由消费者个人进行申报或者通过统计、抽样乃至推定等方法计算。需要说明的是,建议赔偿倍数结合法秩序的破坏程度、涉案企业的存续、罚金刑等确定为可变之数。

（3）人格恢复性责任请求。在新闻媒体上公开赔礼道歉是人格性补偿

---

[1]　通过对比分析食品、药品领域刑事案件犯罪构成要件、金额认定和罚金刑等规定发现两者之间存在一定共性,鉴于此,笔者认为药品领域的刑事附带民事公益诉讼诉请的提出方法可以参照食品领域部分。

[2]　结合"表4"。

[3]　《中华人民共和国食品安全法》第135条第2款规定,因食品安全犯罪被判处有期徒刑以上刑罚的,终身不得从事食品生产经营管理工作,也不得担任食品生产经营企业食品安全管理人员。

[4]　检察机关在办理民事公益诉讼案件时,可以直接查阅、摘抄、复制刑事案件中的证据材料。文中所谓"适当依附"意在说明实务中附带民事公益诉讼的案件往往过于依附于行政机关和公安机关的调查取证。事实上,刑事打击犯罪与公共利益维护分属异域,取证思维并非完全耦合,在侵害公益事实较为复杂的案件中亟须公益诉讼承办人提前介入引导侦查,建立和完善取证的沟通协调机制,实现证据信息互通共享。

[5]　详见本文"二、食药领域刑事附带民事公益诉讼案件的特殊性"中关于"惩罚型损害赔偿执行的不确定性"的论述。

的重要表现形式,在此基础上可以增加关于"发布警示和公告"的诉请。

需要说明的是,任何立法皆无法穷尽侵权行为,因此诉讼请求因个案差异而不胜枚举,本文仅就诉请的确定思路展开论述以供参酌。

五、结语

囿于样本案例数量之限,本文关于诉请提出的问题研析存在一定局限性,但基于生效判决的案件要素分解和研判依然能够发现亟待完善和考量之处,比如关于诉请类型的拓展、关于禁止令和惩罚性赔偿的适用等,尤其针对后者来说,亟须我们破解传统的私法理念。事实上,惩罚性赔偿责任制度是公私法分野的产物,是为了弥补传统私法(民法)补偿性赔偿原则的不足而利用传统公法(行政法)惩罚之手段,赋予新的社会法域的责任担当。[1] 也正因为如此,我国《民法典》第 179 条第 2 款规定,"法律规定惩罚性赔偿的,依照其规定"。故重新解构、审视食药领域刑事附带民事公益诉讼诉请之请求权基础,才是解决诉请问题的逻辑起点。

Study on the Claim of Criminal Incidental Civil Public Interest Litigation in Food and Drug Field

—Taking criminal incidental civil public interest litigation in the food and drug field of X City as a sample

Tong Jun,Chen Siqi

Abstract:Criminal incidental civil public interest litigation(which would be referred as CICPIL for short)system began in March 2018. While the Interpretation of Several Issues on the Application of Law in Public Interest Litigation Cases was published by the Supreme People's Court and the Supreme People's Procuratorate,which concerning the application of law in procuratorial public interest litigation cases,and the new type of litigation right of the people's Procuratorate in the fields of environment,food

〔1〕 高志宏:《惩罚性赔偿责任的二元体系与规范再造》,《比较法研究》2020 年第 6 期。

and drug was clarified. The interpretation has the significant advantages on saving judicial resources and improving the efficiency of litigation. In addition, it will also be helpful on allocating the responsibilities between criminal and civil. However, in the practice of CICPIL in the field of food and drug, the way of liability derived from the fact determination of a case is still in the field of legal vacancy. Also, the types of claims which are not explicitly enumerated by law, are quite different and need to be uniformed in the future. This paper would take the public cases of food and drug, which were related to CICPIL in X city since 2019, as research samples. Systematically combing the evolution and status quo of claims, with referencing the typical cases from provinces and cities, the author would determine the legal basis of the application of civil public interest litigation with criminal collateral with the civil code and relevant laws, and provide as reference for the method of the application.

Key words：procuratorial organs；food；drug；criminal incidental civil public interest litigation

危险驾驶罪治理的实证研究

牛克辉[*]

摘要:人民法院在危险驾驶罪的司法治理中,受到多种质疑并陷入多重审判困境,体现在裁判效果、依法严惩、裁判尺度、平等适法、宽严相济五个方面,司法治理能力有待提升。依托科学的数据采样探究归纳应解决的问题,一是遏制案件体量激增态势,二是提升法院裁判预防效能,三是统一裁判尺度,四是贯彻宽严相济刑事政策,五是缓解"案多人少"的矛盾。案件量急剧上升缘由,一是交警办案效能得到提升,二是机动车及驾驶人保有量剧增,三是法律意识淡薄,侥幸心理不断攀升,四是民族地区酒文化尤为浓厚。法院裁判效果欠佳因素,一是重要裁判尺度不统一,二是庭审公开的宣传不够有针对性,三是特类案件诉讼分流措施的欠缺,四是没有深入贯彻宽严相济刑事政策。通过优化刑事审判策略、保持高压查获态势、加强法制宣传教育的方式,析出司法治理能力提升的路径。

关键词:危险驾驶;醉驾;治理能力;困境;裁判标准

一、问题的提出

统计显示,2019 年,全国检察机关起诉人数最多的是危险驾驶罪,共计322041 人,占全部提起公诉案件 17.7%[1]。该数据表明危险驾驶罪已成

---

[*] 牛克辉,云南省昆明市中级人民法院法官助理。

[1] 参见最高人民检察院:《2019 年全国检察机关主要办案数据》,最高人民检察院网站:https://www.spp.gov.cn/spp/xwfbh/wsfbt/202006/t20200602_463796.shtml#1,最后访问时间:2021 年 4 月 17 日。

为最常见的罪名。刑事治理作为国家治理的重要领域与方式[1]，最常见罪名的危险驾驶罪必然成为社会公众关注的焦点。人民法院通过履行审判职责对该罪进行司法治理的同时，其裁判效果受到社会公众的"围观"及种种质疑，亦在所难免；其自身也确存在种种困境。本文通过总结公众质疑与审判困境、科学采样数据、统计分析归纳、析出问题缘由、探究对策路径的研究思路，进行实证导向探究，以期为优化司法资源配置、提升司法治理能力起到帮助，使审判效能达到"刑事治理现代化"的要求。

毋庸置疑，危险驾驶入罪以来，对社会综合治理起到了积极作用。与此同时，社会公众对法院的司法治理效果提出四点质疑：一是危险驾驶越发常见，法院裁判一般预防效果如何；二是同案不同判现象突出，司法公正何在；三是公职人员等特殊身份被告人被大概率定罪免刑，是否确实"法律面前人人平等"；四是对于轻微危险驾驶案件，是否深入贯彻宽严相济刑事政策。同时，法院面临种种审判困境：一是此类案件越判越多，人少案多矛盾突出；二是缓刑适用率高，一般预防效果欠佳；三是公职人员等有特殊身份人员的被告人，存在法与情的取舍矛盾；四是裁判适用实刑、缓刑、免刑，没有统一尺度。

上述公众质疑与审判困境，体现在裁判效果、依法严惩、裁判尺度、平等适法、宽严相济五个方面，可谓十分尖锐、特别具体、也很实际。

二、实证研究方法及特点

为探究上述问题症结，笔者欲通过数据分析来实现。为避免结论的重大偏离，本文以科学采样的数据为依托进行展开研究。克服采样区域范围小、数据体量小、刻意性等问题，对采样数据进行多维度归纳整理，确保结论的准确性、客观性。

（一）采样数据区域的广泛代表性

在以某省某市某县区案例为样本的类似调研论文中[2]，采样的数据

[1]　高铭暄、傅跃建：《新时代刑事治理现代化研究》，《上海政法学院学报》2020 年第 4 期。

[2]　柴双：《醉驾型危险驾驶案件特点及其惩防对策——以合肥市某区检察院办理案件为证》，《安徽警官职业学院学报》2016 年第 5 期。

具有较强的区域代表性,无法呈现案件全貌;有学者以典型案例进行样本分析[1],因样本系按照特定标准筛选的;因此,所得结论是否具有代表性值得商榷。本文采样区域的 K 市,辖区内有经济发达人口密集的中心城区、经济较活跃县级市及城市近郊县、经济发展中等水平县、经济欠发达的山区远郊县,涵盖了中国多种经济样态的区域,具有统计学上的广泛代表性。

(二)采样数据体量较大

以采样数据为依托的类似学术论文中,有的采样 125 个样本[2]、有的仅采样 70 个样本[3]。样本体量过小,研究结论极易受到特定个案的误导。本文样本量达到 9107 个,在案件情节类型上更加丰富多样,研究结论也就更具有广泛代表性。

(三)采样数据全面、时间连续

本文得益于笔者在 K 市法院系统工作,通过对 9107 个样本的审理法院、被告人性别、年龄、文化、职业、车辆类型、发案原因、酒精含量、损害后果、量刑情节、适用刑罚等要素因子进行多角度提取统计整理,采样统计分析覆盖率达 92.24%。采样数据全面性及发案时间连续性,确保研究结论与客观实际更加接近。

三、数据分析与问题归纳

通过对科学采样的数据进行整理分析,探究公众质疑与审判困境是否客观确实,并归纳疑难困境,为分析缘由、探寻路径铺垫研究基础。

(一)案件区域分布与经济发展水平呈正比

从表 1 统计可见(下文中各县区经济发展水平与表 1 对应相同),在中

---

[1] 褚志远:《醉酒型危险驾驶罪量刑规律实证研究》,《政治与法律》2013 年第 8 期。
[2] 王翠杰、任韧:《对当前危险驾驶犯罪的实证分析——以近期 125 件危险驾驶案件为蓝本》,《江西警察学院学报》2019 年第 4 期。
[3] 申巍:《论醉酒型危险驾驶罪的缓刑适用——对全国 70 例危险驾驶案件的调查分析》,《经济师》2014 年第 2 期。

心城区的 A、B、C、D 四区法院审理此类案件占比 50％,经济较发达的县级市 F、近郊县 H 法院审理此类案件占比均为 8％,接近占比 9％的中心城区 C。数据表明,此类案件发案量与经济发展水平之间,存在内在联系,成正比例关系。

表 1　K 市法院 2017 年至 2019 年审理危险驾驶案件区域分布统计

区　域	案件数	全市案件中占比
中心城区 A	1445	14.63％
中心城区 B	1019	10.32％
中心城区 C	912	9.24％
中心城区 D	1570	15.90％
城市开发新区 E	436	4.42％
经济活跃县级市 F	778	7.88％
近期撤县设置的城市近郊区 G	240	2.43％
经济中等水平县 J	492	4.98％
经济中等水平县 I	169	1.71％
经济欠发达县 M	508	5.14％
经济欠发达县 L	380	3.85％
经济活跃近郊县 H	828	8.39％
经济欠发达区 N	589	5.97％
经济中等水平县 K1	508	5.14％

(二)案件体量占比走高加剧"案多人少"矛盾

从以下表 2 统计可见,K 市法院审理此类案件的量呈逐年上升趋势。根据表 2 数据进一步统计显示,年平均增长率达 43.07％,2018 年至 2019 年增长最为明显,全市平均增长率高达 70.28％,A、B、C、D 中心四区增长率均超过 100％,城郊 G 区增长幅度最大达到 357.89％。

表2 K市法院2017年至2019年审理危险驾驶案件在各区县的分年度统计

年份	全市	A	B	C	D	E	F	G	H	I	J	K1	L	M	N
2017	2390	278	246	145	278	120	239	28	264	52	123	180	98	81	258
2018	2769	335	257	229	417	124	261	38	326	57	161	154	99	172	139
2019	4715	832	516	538	875	192	278	174	238	60	208	174	183	255	192

图1统计显示,K市法院三年间审理此类案件的占比在逐年走高。进一步统计显示:K市法院三年间审理此类案件量在全部刑事案件中占比为29.71%,明显高于2019年全国检察机关起诉危险驾驶罪人数17.7%的占比;此类案件已超越案常见的"两抢一盗"案件量并排在K市首位;K市法院刑事法官审理该类案件占比年办案量的29.76%。

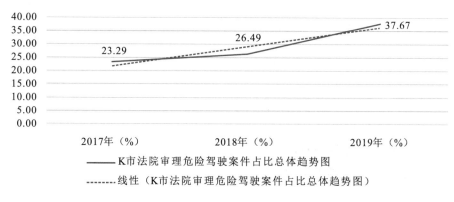

图1 K市法院审理危险驾驶案件占比趋势图

根据以上统计分析,K市各法院审理此类案件体量及占比较大,总体呈现逐年增长的趋势,据知,三年间K市法院刑事审判法官基本稳定,如此必然会加剧"人少案多"的矛盾。上述数据及分析表明,此类案件"越发常见"的公众质疑及"人少案多"矛盾突出的审判困境,是客观确实的。

(三)社会危害性与醉酒程度成正比

统计显示,2017年至2019年间,K市法院审理的此类案件中,"醉驾"类危险驾驶案件有9034件,占比高达99.1%,占了此类案件的绝对多数,因此,重点统计分析"醉驾"案件,便可以基本全面呈现危险驾驶案件的实证治理问题。

根据犯罪人酒精含量,笔者将上述9034件醉驾案件分为微度醉驾、轻度醉驾、中度醉驾、高度醉驾、重度醉驾,并进行占比统计(见下表3)。下表3说明:酒精含量在80～150之间的微度醉驾占比最大;"醉驾"案件的酒精含量与事故发生率成反比。根据表3数据统计,酒精含量200以上的中度、高度、重度醉驾案件的事故发生率高达48.76%。进一步统计显示,"醉驾"案件的酒精含量与存在累犯再犯情节概率成正比,酒精含量在80～150的微度醉驾案件中存在累犯再犯的概率仅1.81%。

表3　K市法院2017年至2019年审理"醉驾"型危险驾驶案件的醉酒程度统计

醉驾程度	微度醉驾	轻度醉驾	中度醉驾	高度醉驾	重度醉驾
	80≤h<150	150≤h<200	200≤h<250	250≤h<300	300≤h
发生事故件数	642	689	603	308	109
总件数	4578	2364	1317	578	197
事故发生率	14.02%	29.15%	45.79%	53.29%	55.33%
在全部醉驾案件中占比	50.68%	26.17%	14.58%	6.40%	2.18%

以上统计分析表明:微度醉驾案的社会危险性和人身危险性最小,中度、高度、重度醉驾案件的社会危险性和人身危险性最高,说明醉驾程度与社会危害性、人身危险性均存在内在正比关系。

(四)裁判尺度

社会公众对人民法院审理危险驾驶案件的种种质疑,根本上是对预防犯罪的刑罚功能[1]产生的质疑。为此,需要深入审视此类案件审理中常见适用的实刑、缓刑、定罪免刑的裁判尺度,这些因素是影响此类案件刑罚功能的主要因素。

1.缓刑率过高且适用缓刑裁判尺度不统一

数据统计显示,2017年至2019年间K市法院刑事案件缓刑率为44.12%;研究发现,2013年浙江省宁波、湖州等地此类案件适用缓刑率为

---

[1]　张明楷:《论预防刑的裁量》,《现代法学》2015年第1期。

35％[1];2011 年至 2013 年福建省的此类适用缓刑率为 36.98％[2]。相比之下,下表 4 显示 K 市法院审理危险驾驶案件 77.4％的平均缓刑率是极高的,另外,各区县分年度缓刑率并不平稳,呈跳动式、波浪式变化。数据表明,此类案件适用缓刑标准因地区年份不同而存在不统一、不稳定,也印证了缓刑率过高而产生的公众负评。

表 4　K 市法院 2017 年至 2019 年审理危险驾驶案件的缓刑率统计(％)

分年度	K 市	A	B	C	D	E	F	G	H	I	J	K1	L	M	N
2017	66.1	64.0	57.3	52.4	84.8	35.0	79.5	59.3	48.9	82.7	82.9	49.4	76.5	82.7	75.6
2018	87.9	91.0	87.6	85.6	93.1	79.0	87.4	65.8	91.7	87.7	87.6	90.9	58.6	93.0	87.8
2019	76.9	72.7	81.8	84.8	72.2	77.6	83.5	81.6	76.9	83.3	70.2	66.1	55.7	92.9	81.2
平均缓刑率	77.4	75.3	77.3	79.8	80.0	66.3	83.6	76.6	73.8	84.6	79.1	67.7	61.8	91.3	80.3

2.定罪免刑率不均衡且公职人员占比高

数据统计显示,2017 至 2019 年间,K 市基层法院审理的此类案件定罪免刑率极不平衡,如 J 县、K1 县的定罪免刑率分别达到了 4.88％、5.71％,而 I 县、N 县却在三年间没有判处过定罪免刑;J 县、K1 县两县定罪免刑案件件数在全市中占比 43.08％。这些数据表明,K 市法院审理此类案件中的定罪免刑执法尺度极不统一。

数据统计显示,公职人员的定罪免刑案件占比 41.46％,各地区间,公职人员适用定罪免刑率与其公职人员案发率呈正比关系。实地调研中,有办案法官反映,由于没有定罪免刑明确尺度,对公职人员是否适用定罪免刑就存在法与情的取舍矛盾。

以上统计分析表明,K 市法院审理的此类案件中,对公职人员适用定罪免刑尺度过宽,有别于普通人群,没有完全做到平等适法。

[1]　浙江省高级人民法院:《浙江省危险驾驶犯罪情况调研报告》,《地方法治蓝皮书》,社会科学文献出版社 2013 年版,第 224 页。

[2]　李建国:《关于危险驾驶入刑的调研分析——福建省漳州市十一个基层法院为视角》,《人民司法》2014 年第 1 期。

3.特定案件中贯彻宽严相济刑事政策存在偏差

司法实践中,存在如醉酒后在公共停车场挪车及短距离行驶、隔夜醉驾、在行人稀少的乡村道路醉驾、因紧急救助而醉驾等特定情形案件,此类案件多因与其他车辆发生轻微擦碰而发案。不完全数据显示,此种案件中有70%以上适用缓刑。对于诸如此类情形,在公安或者检察院阶段,完全可以认定"情节显著,危害不大",作不立案或者不起诉处理,法院完全可以"定罪免刑",但却被大概率适用判缓。可见,此种醉驾案件中,各级司法机关没有完全贯彻宽严相济刑事政策。

4.刑罚裁判标准不统一

为了考证K市法院审理危险驾驶案件的刑罚尺度情况,对采样的9034例醉驾案件样本,按照前文中醉驾程度的划分标准,从14区县各随机选取5区共计70件案件进行统计分析。为了排除不同量刑情节及案发年度对量刑的影响,选取的70件案件系同一年度且量刑情节基本相当(见下表5、表6、表7)。

从以下表5、表6、表7可见,已将抽取的70件案件按照酒精含量升序排列,然而对应判处的主刑、附加刑,并未在呈现加重走高的总体趋势。这种情况体现在五点:(1)通过序号17与18、66与67、69与70案件对比,犯罪人具有国企职工、在编教师、中共党员这一特殊身份,均被判处免刑或者缓刑,而酒精含量相当或者明显较低的犯罪人却被判处实刑;(2)随机抽取到的序号18、67案件犯罪人系公职人员,二人均被判处免刑,体现出公职人员免刑概率高;(3)酒精含量相差不大的两个案件,不同法院判处刑罚存在实刑和缓刑的较大区别;(4)城市中心四区的A、C、B、D判处罚金起点基本是10000元,城郊的区县判处罚金基本不超过10000元,体现出中心城区区院附加刑罚金的量刑偏重;(5)酒精含量300克以下,判处实刑的案件基本都是城郊区县,体现出郊区县院主刑量刑偏重。上述五点,从一个侧面反映出,K市法院在审理危险驾驶案件上执法尺度混乱不统一,对具有公职人员等特殊身份的被告人的执法尺度过宽。

表 5　K 市法院 2017 年至 2019 年间审理危险驾驶案件随机抽选的量刑统计

序号	法院	酒精含量	主刑（月）	附加刑	序号	法院	酒精含量	主刑（月）	附加刑
1	E	82.74	拘二缓四	6000	11	I	138.65	拘三缓六	5000
2	G	97.56	拘二缓三	2000	12	B	143.30	拘三缓七	10000
3	A	104.59	拘二缓三	5000	13	M	148.47	拘五缓八	4000
4	N	105.00	拘三缓四	2500	14	D	148.95	拘三缓八	13000
5	D	108.22	拘三缓六	10000	15	K1	149.58	拘三缓四	3700
6	C	108.80	拘二缓四	10000	16	F	150.9	拘一缓六	3000
7	H	118.29	拘二缓三	2000	17	B	154.09	拘三缓三	15000
8	J	119.33	拘三缓四	3500	18	J	159.99	定罪免刑	0
9	F	122.55	拘二缓六	4000	19	L	163.52	拘二	6000
10	L	124.23	拘一缓二	6000	20	G	168.71	拘三缓六	4000

表 6　K 市法院 2017 年至 2019 年间审理危险驾驶案件随机抽选的量刑统计

序号	法院	酒精含量	主刑（月）	附加刑	序号	法院	酒精含量	主刑（月）	附加刑
21	I	175.76	拘三缓六	3000	31	J	205.28	拘四缓五	5000
22	K1	177.16	拘三缓四	4500	32	K1	210.40	拘六缓一年	5250
23	E	178.47	拘四缓五	8000	33	B	210.73	拘五缓八	10000
24	M	183.15	拘四缓八	4000	34	C	211.71	拘四缓八	20000
25	D	186.11	拘二缓四	10000	35	L	212.49	拘二	10000
26	N	192.00	拘四缓五	4000	36	G	212.74	拘一	4000
27	C	193.27	拘三缓六	15000	37	N	216.00	拘五缓五	5000
28	E	197.19	拘四缓六	8000	38	F	224.16	拘二缓六	4000
29	A	197.51	拘三缓五	13000	39	H	227.77	拘五缓七	5000
30	H	198.94	拘五缓六	5000	40	M	229.21	拘五缓十	5000

表 7　K 市法院 2017 年至 2019 年间审理危险驾驶案件随机抽选的量刑统计

序号	法院	酒精含量	主刑（月）	附加刑	序号	法院	酒精含量	主刑（月）	附加刑
41	A	244.90	拘三缓五	15000	56	B	293.38	拘三	20000
42	I	245.81	拘四缓五	5000	57	N	300.00	拘六缓八	6000
43	E	249.62	拘二	6000	58	B	312.14	拘二	20000
44	N	253.00	拘二缓二	4000	59	E	325.78	拘四	8000
45	J	257.18	拘五缓八	7500	60	I	327.49	拘三	6000
46	F	259.09	拘三缓六	5000	61	L	329.53	拘四	16000
47	H	259.86	拘三	5000	62	C	347.02	拘五	30000
48	D	260.74	拘四缓十	15000	63	D	335.03	拘五	18000
49	A	262.09	拘四缓六	20000	64	F	363.70	拘四	7000
50	K1	263.09	拘四缓五	6500	65	G	387.92	拘三	6000
51	L	263.36	拘三	8000	66	K1	390.71	拘四	10000
52	G	263.97	拘三	5000	67	J	413.69	定罪免刑	0
53	M	285.25	拘六缓一年	5000	68	H	427.92	拘四	5000
54	I	285.62	拘五缓十	5000	69	A	480.00	拘四	30000
55	C	292.55	拘五缓十	25000	70	M	538.79	拘六缓一年	8000

备注：序号 18、67、70 犯罪人身份分别系国企职工、在编教师、中共党员。

（五）归纳疑难困境

上述数据表明，前述社会公众质疑及审判困境，都是客观存在的。根据统计分析，有五个方面疑难困境值得深入探究：一是如何遏制危险驾驶案件体量占比急剧上升的态势；二是如何提高法院裁判的预防遏制犯罪效能；三是如何以及需要统一哪些方面的裁判尺度；四是如何贯彻宽严相济的刑事政策；五是如何诉讼分流部分醉驾案件缓解案多人少的矛盾。

四、危险驾驶犯罪治理难题的原因分析

前述五个方面的疑难困境中,第一方面是第二、三方面负面效应导致结出的"毒果",第二、三方面的方法策略是第一方面的困境出路,它们互为交织,而第四、五方面是法检执法技术层面的事项。因此,需要找出案件量急剧上升和法院裁判效果欠佳的问题缘由。

(一)多种因素引发案件量急剧上升

此类案件剧增,非单一某个原因所致,是多种因素引发的。

1.侦办模式转变促成效能提升

在实地调研中获知,K市交警部门于2018年1月成立了醉驾案件办理中心,下属部门查获的醉驾案件统一交由该中心办理。将之前谁查谁办模式转变为查办分离模式,打破原来工作模式的局限性,充分发挥了民警的查办能力。数据明显,2018全市交警查办的醉驾案件同比增长了58.89%。这一原因是社会治理积极因素,应该予以肯定。

2.机动车及驾驶人保有量剧增

随着社会发展,道路新建里程及标准日新月异,人民群众对美好生活的出行需求不断提高,轿车、摩托车等成为寻常百姓家常见的交通工具,与此同时,机动车驾驶人也不断激增。

数据统计显示,2017年至2019年间,K市机动车及驾驶员数量,年均新增17万、24万。意味着,每年有20万以上驾驶经验欠缺、法律意识淡薄的新手司机驾车上路,便成为潜在的醉驾犯罪人,再加上机动车量的激增,亦极大增加了醉驾发案概率和基数,导致危险驾驶整体犯罪黑数(所谓犯罪黑数,又称犯罪暗数、刑事隐案,是指一些隐案或潜伏犯罪虽然已经发生,却因各种原因没有被计算在官方正式的犯罪统计之中,对这部分的犯罪估计值)[1]也在增加。

3.意识淡薄攀升侥幸

一些机动车驾驶人,对于交通法规学习极其不够、法律意识淡薄。实地调研中,有法官反映,常有被告人不知道醉酒开车是犯罪,只认为酒后开车

---

[1] 王娟:《犯罪学概论》,中国政法大学出版社2012年版,第49页。

不发生事故就没问题,而此认识绝非少数个例。

数据统计显示,72.41％的醉驾案件是公安设卡拦截检测中被查获的。公安机关设卡巡查检测具有时间、地点的不确定性、随机性。随着时间推移,机动车驾驶人逐步认知醉驾被查获并非必然,而具有很大偶然性,驾驶人不可避免心存侥幸,这也是此类犯罪越查越多、居高不下的重要原因之一。另外,加之轿车驾驶环境具有相对隐蔽性、封闭性的因素,让醉酒驾驶人自信地认为自己不会被查获。

4.多民族地区酒文化尤为浓厚

随着经济社会发展、生活水平提高,人与人之间的交往就更加频繁。在酒文化源远流长的中国,酒在人际交往、家庭聚会中扮演了重要工具角色。Y省作为多民族聚集地区,各少数民族多有热情好客、用酒待客、山歌劝酒等民族传统,一些少数民族群众日常吃饭都不能少了饮酒。由于民族文化的深度交融,Y省的汉族人也是如此。大量的人群饮酒,也使酒后驾驶机动车的概率和基数增大,潜在的醉驾案件也在不断增加。调研中,有法官反映,某日早晨来取判决的醉驾被告人却是一身酒气,甚至有被告人酗酒成性导致裁判文书无法送达,可见Y省酒文化之盛行程度。

(二)司法策略没有因势转变,导致法院裁判效果欠佳

在国内其他地区,也存在诸如K市危险驾驶案件审判的种种困境,通过采取有力措施取得了明显改观,如浙江省。可见,在现有法律框架下,并非没有出路,而是司法策略没有因势转变,导致法院裁判效果欠佳。

1.重要裁判尺度混乱不统一

如前文统计分析中所述,对于裁判结果,因地域及身份特殊的不同,便存在适用实刑、缓刑、定罪免刑的明显不同。社会公众当然对司法公正提出质疑,其根本原因是法院审理此类案件的重要裁判尺度没有较统一的标准,导致各基层法院审理中"各自为战",出现种种裁判乱象。

2.没有深入贯彻宽严相济刑事政策

根据《最高人民法院关于贯彻宽严相济刑事政策的若干意见》要求的贯彻宽严相济刑事政策,必须坚持法律面前人人平等原则,既要防止片面从严,也要避免一味从宽,要根据经济社会的发展、犯罪情况的变化,在现有法律框架下适时调整从宽和从严的对象、范围和力度,注重从严打击严重危害人民群众利益的犯罪,对于犯罪性质尚不严重,情节较轻和社会危害性较小

的犯罪,以及被告人认罪、悔罪,从宽处罚更有利于社会和谐稳定的,依法可以从宽处理。毋庸置疑,在同一标准尺度下贯彻宽严相济刑事政策,应该是"法律面前人人平等"宪法法律原则的题中之意。前文所述裁判乱象,在贯彻宽严相济刑事政策方面存在一定偏差。

法院对此类裁判适用缓刑率超高、对公职人员适用定罪免刑率较高的现象,降低了公众及公职人员对醉驾犯罪成本的认知,法院裁判的一般预防效果便欠佳,引发案件数量激增、越判越多,这也是导致案件量急剧上升的原因之一。相反,占比51%微度醉驾案件,其人身危险性、社会危害性相对较低,本应依法定罪免刑或者相对不起诉,但统计显示有98.17%的微度醉驾案件被适用缓刑以上刑罚;一些特定情形下的醉驾案件,亦是如此。可见,法院审理此类案件,没有通过宽严相济刑事政策而适时调整从宽和从严的对象、范围和力度,而是"不分青红皂白"大概率适用缓刑,导致大量案件量刑畸轻或者畸重,直接的体现是裁判效果欠佳。

3.对轻微案件诉讼分流措施的欠缺

面对案件激增现状,人民法院多采取提高审判效率等措施来应对,却忽略探索诉讼分流部分案件不进入审判程序的有效路径。如前所述,危险驾驶案件的激增,是引发"人少案多"矛盾突出的重要诱因之一,但在调研中发现,对于此类案件很少有法院探索诉讼分流一定量案件不进入法院审判程序的相关举措,而这恰恰是最能直接缓解矛盾的措施。具体来说,就是要诉讼分流微度醉驾案件不进入审判程序,从根本上缓解法院人少案多的矛盾。

4.庭审公开的宣传针对性不够

K市基层法院每年开展多场次的"阳光司法""巡回法庭"等活动,让法院的庭审活动进机关、进社区、进校园,以庭审公开的形式开展法律宣传。调研中发现,只有少数法院选取危险驾驶案件为题材开展此类活动。而此种活动,是最能通过新闻媒体、公众口传等方式,将危驾犯罪的社会危害、法律规定、刑罚后果等方面进行社会扩散,从而提升法院的裁判效果。

五、解决危险驾驶犯罪治理难题的路径

对于前文探究的问题缘由,需要从主观到客观、从内因到外因、从制度到技术等方面进行深入探索,找到解决问题的有效对策路径。

（一）优化刑事审判策略

前文所述,人民法院在裁判尺度统一、宽严相济政策贯彻、案件诉讼分流、庭审公开宣传等方面,存在策略运用上的欠妥,属于审判机关主观、内心、司法技能方面的因素,需要对此优化提升。

1.调整宽严优化预防效能

通过深入贯彻宽严相济刑事政策,调整此类案件惩戒的宽严范围,优化法院裁判的一般预防效能。第一,要降低适用缓刑率、提高实刑率,使该类案件缓刑适用率低于 K 市法院所有刑事案件 44.12％的缓刑率,提高现有21.36％(100％—77.39％—1.25％)的实刑率。第二,平等适用并提高定罪免刑率,不能让定罪免刑成为公职人员的专属,有效遏制公职人员醉驾案件不断增多的态势。第三,依法从宽处理轻微及特定情形下案件,体现贯彻宽严相济刑事政策。

2.统一尺度体现司法公正

在明确上述宽严策略基础上,对此类案件适用缓刑、适用实刑、适用定罪免刑的标准,就需要予以明确统一。

根据前文所述:高度、重度醉驾社会危害性最为严重,一般应予以适用拘役实刑,可有效威慑犯罪的高发态势;轻度、中度醉驾案件社会危害性相对居中,一般予以适用缓刑;微度醉驾案件的人身危险性和社会危害性均较低,一般适用定罪免刑,可以有效缓解社会矛盾、减轻社区矫正工作压力。

此外,对于上述一般适用缓刑、定罪免刑的案件,如果具有"两高一部"《关于办理醉酒驾驶机动车刑事案件适用法律若干问题的意见》第 2条规定八种从重情节之一(血液酒精含量在 200 毫克/100 毫升以上情节除外),便排除适用缓刑、定罪免刑,就分别从重适用实刑、缓刑。通过预设该限制条件,实际上,高度、重度醉驾案件适用实刑率便为 29.37％,轻度、中度醉酒案件适用缓刑便为26.44％,微度醉酒案件适用定罪免刑率便为 43.57％,也就达到了调整宽严范围的预计目标。另外,如果有证据证明如紧急救助、原地挪车、别无选择等特定情形案件,可以不必"唯酒精含量"论,酌情适用定罪免刑(见表 8)。

表8　统一裁判尺度后刑罚幅度适用率统计

	符合酒精含量标准一般适用	排除适用条件	预计适用率
适用实刑	250≤h		最低为29.37%
适用缓刑	150≤h＜250	司法解释八种从重情节之一（酒精含量200毫升情节除外）	最高为26.44%
适用定罪免刑	80≤h＜150	司法解释八种从重情节之一	最高为43.57%
备注	存在如紧急救助、原地挪车、别无选择等特定情形,可酌情考虑适用定罪免刑。		

3.诉讼分流缓解人案矛盾

前文所述,在现有法律框架下,通过诉讼分流将一定量的轻微醉驾案件排除在法院审判程序之外,那么不仅在"人少案多"矛盾突出上起到作用,而且在化解社会矛盾、提升裁判效能方面起到更加积极的作用。

根据《刑事诉讼法》第177条第2款规定,对于犯罪情节轻微,依照刑法规定不需要判处刑罚或者免除刑罚的,人民检察院可以作出不起诉决定。可见,对于上述微度醉驾案件,还可以依法由检察院作出相对不起诉。

数据统计显示,2017至2019年间,K市法院刑事法官审理微度醉驾案件数量占总办案量的13.77%,在刑事法官办理案件中占比最高。可见,如果通过相对不诉的方式诉讼分流一定量此类醉驾案件不进入审判程序,能够在一定程度上缓解"案多人少"矛盾突出。

(二)保持平稳的高压查获态势

如果犯罪行为不能被及时、大概率查获,即便违法成本提高,此时机会成本便起反作用,仍然会导致犯罪黑数的增加,便会进一步增强行为人侥幸心理。只有行为人被实际查获,行为人的违法成本才会实际发生,否则就没有违法成本可言,行为人仍是在收益,此后,行为人还会继续实施危险驾驶犯罪[1]。不可否认,K市交警部门在查获醉驾方面始终保持高压态势,数据统计显示:2017年至2019年间,交警查获醉驾案件数量同比分别增长

---

[1]　文姬:《醉酒型危险驾驶罪量刑影响因素实证分析》,《法学研究》2016年第1期。

51.9%、58.89%、26.14%；部分基层院此类案件量呈微降趋势，如 H 县、N 县、K1 县分别微降 1.75%、4%、0.73%，某年度 N 县降幅达 46.12%，降幅尤为明显。因此，对该类犯罪的社会治理，各辖区应注重执法强度的持续性和统一性，让设卡、巡逻等方式常态化，保持执法高压态势，减少犯罪黑数，削弱行为人的侥幸心理[1]。

（三）加强法制宣传教育

首先，从人民法院自身来看，需要加强对危险驾驶案件这一类案的审判公开程度，让危险驾驶案件的庭审活动成为开展"阳光司法""巡回法庭""法制讲座"活动的重要题材，让更多人了解危险驾驶犯罪行为的法律规定、社会危害、刑罚后果等内容，不断提升此类预防犯罪方面的警示效果。其次，相关部门在开展道路交通安全法规宣传中，要有一定的针对性。根据案件现状，要在经济较活跃发达的区域，集中针对男性、青壮年、农林牧副渔务工以及无业人员、文化程度偏低的人员（数据统计显示，此类案件犯罪人多为从事农林业及无业的、文化程度较低的青壮年男性）、远郊经济落后地区的摩托车驾驶员，有针对性地加强道路交通安全的法制宣传教育。最后，在法制宣传教育活动中，组织方要向群众宣传倡导文明的交际方式，要让群众知道，日常暴力酗酒、斗酒、劝酒是放大变质的酒文化，是与现代交通文化相冲突的。

六、结语

法院审理危险驾驶案件中，如果没有较统一的裁判标准，未能通过宽严相济刑事政策来调整从宽和从严的对象、范围和力度，而是"各自为战"或"不分青红皂白"大概率适用缓刑，导致大量案件量刑畸轻或者畸重，直接的体现是裁判效果欠佳，引发社会公众对司法公正提出质疑。以醉驾案件酒精含量为基础标准，统一适用实刑、缓刑、定罪免刑的标准，能够有效提高此类案件裁判质效。人民法院在开展刑事案件繁简分流中，忽略了探索诉讼分流部分案件不进入审判程序的有效路径，而这一路经是最能直接缓解"人少案多"矛盾的有效措施。

---

［1］　范祥云：《北京市危险驾驶犯罪现状分析及控制对策》，《北京蓝皮书》，社会科学文献出版社 2015 年版，第 317～331 页。

An Empirical Study on Problems of Dangerous Driving Crime Control

Niu Kehui

Abstract: When the People's Court implements the judicial governance of the crime of dangerous driving, it has been questioned in many ways and fallen into multiple trial difficulties. It is reflected in five aspects: the effect of judgment, the severity of punishment according to law, the scale of judgment, the equal application of law, and the balance of leniency and severity. The capacity of judicial governance needs to be improved. We should rely on scientific data sampling to explore and conclude the problems to be solved: first, to curb the surge in the volume of cases; second, to improve the preventive effectiveness of court judgments; third, to unify the scale of judgments; fourth, to implement the criminal policy of balancing justice with leniency; fifth, to alleviate the contradiction of "fewer cases with more than one person". The reasons for the sharp rise in the number of cases are that, the traffic police's handling efficiency has been improved, the number of motor vehicles and drivers has increased sharply, the legal awareness is weak, fluke psychology is rising, and the wine culture in ethnic areas is particularly strong. The reasons for the poor judgment effect of the court are: first, the important judgment scale is not uniform; second, the publicity of the trial is not targeted enough; third, the lack of diversion measures for special cases; fourth, the criminal policy of combining mercy with severity is not thoroughly implemented. Through optimizing the criminal trial strategy, maintaining the situation of high-pressure seizure, and strengthening the publicity and education of the legal system, the path of improving the judicial governance ability can be identified.

Key words: dangerous driving; drunken driving; governance capabilities; trouble; referee standard

孙夕庆虚开增值税专用发票疑难案例评析

王佩芬*

摘要：我国《刑法》第205条规定的虚开增值税专用发票罪，一直存在理论上的争议和司法适用上的疑难，尤其对于什么是虚开、如何判断是否构成虚开、是否所有的虚开行为都构成虚开增值税专用发票罪等基本问题，都存在严重分歧。孙夕庆案件的争议焦点在于预先开具增值税专用发票是否构成虚开、货款票不一致是否可以作为判断虚开的标准。但透过案情并不复杂的孙夕庆虚开冤案，更应当认识到造成虚开增值税专用发票罪司法不统一的根本原因在于立法上的失误。将开具发票这一必经行为单设罪名，必然会造成虚开增值税专用发票罪与其他相关犯罪如伪造增值税专用发票、非法买卖增值税专用发票、非法取得增值税专用发票、逃税、骗取出口退税、贪污、骗取贷款等犯罪的牵连或竞合。因此，建议从立法上取消这一罪名，并不会导致对打击虚开犯罪的遗漏，也可以从根本上杜绝虚开冤案的再发生。

关键词：虚开增值税专用发票；虚开的判断标准；立法误区

前　言

2019年5月9日，清华海归博士孙夕庆因涉嫌虚开增值税专用发票，在被羁押1277天、四年半历经114次庭审之后，检察机关撤回起诉。同年11月，孙夕庆获国家赔偿54万，潍坊高新技术开发区法院公开向其赔礼道歉、恢复名誉、消除影响。

---

* 王佩芬，法学博士，上海社会科学院法学研究所助理研究员。

孙夕庆创建的中微公司曾经是当地的"明星企业"。2003年,孙夕庆放弃在美国的工作机会,动员7名海归博士回国,2004年在老家山东潍坊创立了中微光电子(潍坊)有限公司。由于中微公司在行业内率先攻克了LED在应用中的散热和光衰等关键性技术难题,成为全球最早进入LED通用照明领域的少数公司之一,孙也被有的媒体称为"国内LED第一人"。2014年7月底,公司董事会发生纠纷,孙夕庆遭公司董事举报涉嫌虚开增值税专用发票与职务侵占,2015年2月被刑事拘留后身陷囹圄,四年半后方才洗脱罪名。

孙夕庆冤案的发生,暴露出当前司法中严重的"民事纠纷刑事化""重羁押轻保释"等种种弊端,也足以窥见司法不当尤其是刑法重器适用不当对民营企业和民营企业家造成的巨大损害。但是,尤其令人深思的是,是什么原因,让虚开增值税专用发票罪成为一个"莫须有"的罪名,一个并不复杂的案件需要开庭审理上百次、五次退回补侦,却难以作出无罪的判决?

《刑法》第205条规定的虚开增值税专用发票罪,自罪名设置以来,对于罪与非罪、此罪彼罪、一罪数罪、罪重罪轻的问题,一直存在理论上的争议与司法适用上的疑难,包括对于什么是虚开、如何认定是否构成虚开这些最基本的问题,也歧见纷呈,莫衷一是。从表面上来看,孙夕庆案所涉的虚开问题并不复杂,其争议焦点在于预先开具发票是否构成虚开、货款票不一致是否构成虚开的问题,但实质上,透过类似孙夕庆的虚开案件,我们更应当认识到造成虚开罪名疑难重重、司法不一的根本原因在于立法上的失误,只有通过立法修正,才能从根本上杜绝孙夕庆案件的再发生。

一、案情简介

孙夕庆,男,1964年出生于山东省安丘市,博士研究生,原中微光电子(潍坊)有限公司董事长,住潍坊高新区,持美国永久居住卡(绿卡)。2015年2月3日,被潍坊市公安局高新技术产业开发区分局以涉嫌虚开增值税专用发票、职务侵占罪刑事拘留,同年3月12日被逮捕,同年5月12日向潍坊市高新技术产业开发区检察院移送审查起诉。

2015年11月13日,潍坊市高新技术产业开发区检察院以孙夕庆涉嫌虚开增值税专用发票罪和职务侵占罪,向潍坊市高新技术产业开发区法院提起公诉。起诉书指控孙夕庆涉嫌虚开增值税发票的主要事实为:孙夕庆在担任中微光电子(潍坊)有限公司董事长期间与常州中微光电子科技有限公司总经理乐成文串通,为常州中微光电子科技有限公司分两次虚开增值税发票140份,虚开金额36838640元,用于抵扣税款5352622.73元。明细共两笔,一笔是2012年12月,以金坛项目虚开891.424万元、以上海世纪华联室内灯项目虚开454.74万元,共计1346.164万元;另外一笔是2014年1月以江苏南通海门项目虚开2337.7万元。孙夕庆涉嫌职务侵占的主要事实为:2011年10月至2012年12月,被告孙夕庆在担任中微光电子(潍坊)有限公司董事长期间,利用职务便利,通过违规转账、报销等方式,非法侵占公司财产共计1292.730386万元。

2017年7月11日,潍坊市高新技术产业开发区法院经过28次庭审,对孙夕庆作出一审判决,认定孙夕庆被指控的第一笔增值税专用发票构成虚开犯罪,判处三年六个月有期徒刑,并处罚金。同时认定职务侵占罪不成立。[1]

2017年7月24日,潍坊高新区检察院对区法院一审判决不服,向潍坊市中院提起抗诉,抗诉书认为:起诉书指控的虚开增值税专用发票罪第二笔事实清楚,证据确实、充分,足以认定;起诉书指控的被告人孙夕庆构成职务侵占罪事实清楚,证据确实、充分,足以认定;一审判决对起诉书的部分虚开增值税专用发票罪事实及被告孙夕庆职务侵占罪的事实未予认定,属于采信证据失当,导致认定事实错误。

孙夕庆坚持认为自己无罪,不服一审判决,向潍坊市中级人民法院提起上诉。

2017年11月22日,潍坊市中级人民法院作出二审判决,认为原审判决认定事实不清,证据不足,适用法律不当,诉讼程序违法,决定撤销原审判决,将案件发回重审。[2]

2017年12月5号,潍坊高新区检察院对发回重审的案件变更部分起诉,一是变更了被告中微光电子(潍坊)有限公司法定代表人;二是取消了对常州中微光电子科技有限公司的指控。但对孙夕庆的指控仍然是原来起诉的事实,认为孙夕庆已构成虚开增值税发票罪及职务侵占罪。

---

[1] 中微光电子(潍坊)有限公司、孙夕庆、乐成文虚开增值税专用发票罪、孙夕庆职务侵占罪案,潍坊高新技术产业开发区人民法院(2015)开刑初字第198号刑事判决书。

[2] 孙夕庆、乐成文虚开增值税专用发票、用于骗取出口退税、抵扣税款发票、职务侵占罪案,山东省潍坊市中级人民法院(2017)鲁07刑终345号刑事裁定书。

潍坊高新区法院对区检察院变更后重新起诉的案件,先后经过 85 次庭审,最终通知于 2019 年 5 月 10 日作出判决。

2019 年 5 月 9 日,案件在经历上百次庭审,法院即将作出判决的前一天,检察院以证据发生变化为由,依据《人民检察院刑事诉讼规则》第 459 条第 1 款第(4)项规定,向区法院提出撤回对孙夕庆等人的起诉,同日法院裁决准许。5 月 12 日,孙夕庆提出上诉,7 月 12 日,潍坊市中级人民法院裁定驳回上诉,维持原裁定。[1]

潍坊高新区检察院在案件一审起诉前,曾经两次退回公安机关补充侦查,在重审时也两次退回公安机关补充侦查。案件在历时四年三个月,经历过 114 次庭审后,再一次退回公安机关补充侦查。

庭审中,对于孙夕庆是否构成虚开增值税专用发票罪,主要聚焦于三个问题:一,增值税专用发票的开具时间问题。对于研发企业收取费用和开具发票在前,提供服务(产品)在后,货票并非同时交付,是否属于虚开增值税专用发票的情形?二,孙夕庆是否是单位虚开犯罪的主管人员和直接责任人员?三,中微光电子(潍坊)有限公司是否构成单位犯罪?

对此,孙夕庆的辩护意见为:一,由于本案施工合同存在履行期较长的特点,先提前预开发票并在之后的履行过程中完成服务内容,符合税务机关对于增值税专用发票的开具要求,不应当认定为虚开增值税专用发票的行为;不能以开具增值税专用发票需要货票同时交付作为合法开票的标准。二,相关人员的笔录和录音证据显示,孙夕庆对于本案系预开发票并不了解,也不可能在明知存在虚开的情况下作出决定、批准公司其他人员虚开发票,或明知相关人员虚开发票而授意、纵容、指挥虚开发票。三,潍坊中微光公司不构成单位犯罪。抗诉书也认为具有偷逃国家税款并造成国家税款损失的虚开行为构成犯罪,本案中潍坊中微光公司提前预开的发票中,已经缴纳了国家税款,这也充分证明公司不具有偷逃税款的故意,也不会造成国家税款损失。

2019 年 3 月 27 日,在审判长的要求下,公诉人调取并出示了两份记账凭证:潍坊中微公司 2013 年 1 月 15 日编号"55367"的记账凭证和 2014 年 2 月 28 日编号"00163"的记账凭证原件,两份记账凭证附有"完税证明"。这

---

[1] 孙夕庆、乐成文、中微光电子(潍坊)有限公司虚开增值税专用发票、用于骗取出口退税、抵扣税款发票罪,山东省潍坊市中级人民法院(2019)鲁 07 刑终 244 号刑事裁定书。

两份证据证实,对于指控的两笔虚开增值税专用发票的款项,潍坊中微企业已经向税务机关申报并足额缴纳了税款。据此,潍坊高新区检察院也以证据变化为由,向法院申请撤诉。

二、孙夕庆虚开案件中的疑难问题评析

孙夕庆案件所涉及的虚开疑难,主要表现为以下几个问题:(1)什么是虚开?(2)"货、款、物相一致"是否应当作为认定虚开的标准?(3)潍坊中微公司预先开具发票是否属于"货、款、票不相一致"的虚开情形?是否构成虚开增值税专用发票罪?

(一)对"虚开"的理解与认定分歧

对虚开标准的认定,是进行查处和打击虚开犯罪面临的首要问题。但由于立法上并未明确,理论上存在观点分歧,实践中也存在对虚开的理解与认定标准不相一致的问题。

我国《刑法》第205条"虚开增值税专用发票罪",采用了简单罪状的方式,仅规定了"虚开增值税专用发票的,处三年以下有期徒刑或拘役,并处二万元以上二十万元以下罚金……",并未明确什么是虚开。对于什么是虚开,如何认定虚开,尤其是对于一些特殊的开具增值税专用发票的情形,是否构成虚开,理论上与实务上一直都存在分歧。

对于虚开的概念表述,大多数教材是依据《刑法》第205条第3款规定,将虚开表述为:"虚开是指有为他人、为自己、让他人为自己、介绍他人开具与真实情况不符的虚假增值税专用发票或者用于骗取出口退税、抵扣税款的其他发票的行为"。但实际上,这只是针对虚开行为的一种分类,而非对虚开概念的界定。

有的将虚开表述为:"虚开是指增值税专用发票的持有人开具内容虚假的增值税专用发票,存在两种情况,一是根本不存在商品交易,虚构商品交易额和税额填开增值税专用发票;二是虽存在商品交易,但开具与实际商品交易额不符的增值税专用发票"。这一观点,仅仅将与真实交易的金额与税额不相符的情形认定为虚开,而忽略了真实交易中也存在虚开发票中的其他项目内容的情形。

还有观点认为:"虚开就是客观上没有相应的经济行为而凭空开具。其

特征是：开出的发票上所列明的内容在客观上根本不存在，纯系子虚乌有。有实际的商品交易，只是开具发票时有弄虚作假的成分，如品名、日期、单价、数量等与实际情况不符，则不是虚开，属于其他的发票违章行为"。这一观点，以是否存在真实交易作为认定虚开的标准，而将真实交易中对发票各项目内容的虚假都认为是违章行为。但实践中，存在真实交易但仍包含虚开的情况比比皆是，例如"大头小尾""鸳鸯票"等作案手段，不能因为存在部分实际交易，就将这种弄虚作假开具发票的行为排除在虚开之外。

对此，笔者认为，对于虚开的理解与认定，需要从以下几个方面把握：

1.从词语的字面含义来看，虚开就是"虚假开具"。但何为虚假开具，如何认定虚假开具，就需要有个参照的标准，这个标准就是"真实、规范"地填开发票。虚与实是相对的，属于逻辑上的排中律。非实即虚，非虚即实，并不存在非虚非实，亦虚亦实的情况。因此，要定义什么是虚开增值税专用发票的行为，首先要明确什么是真实、规范开具增值税专用发票的行为。如果在开具增值税专用发票的时候，在某一环节上或某一项目内容上出现不真实、不规范的行为，都属于虚开。

2."真实、规范"开具增值税专用发票的内涵

真实、规范开具增值税专用发票的行为，包括以下几方面含义：一、存在真实的商品交易。二、开具时所使用的专用发票真实有效。三、开具的方式、项目内容等符合相关法律法规的要求。

(1)要求开具的增值税专用发票本身真实有效，并不单单是指所开具的增值税专用发票不是伪造的，而是要求该专用发票在印制、领购、使用、取得等任何一个环节中都不存在虚假行为。如果开具的专用发票是真实的，但其是行为人通过虚假注册"皮包公司"等非法手段骗领的，或是通过非法买卖的手段取得的，或是开具并不存在真实的商品或劳务交易，或不是从实际的销售方合法规范地取得，等等，仍认定为所使用的专用发票存在虚假。可见，专用发票的真实性要求其在所有环节中都不存在虚假行为。

(2)增值税专用发票的开具方式、开具内容等必然要符合相关法律法规的规定。《中华人民共和国税收征管法》《中华人民共和国增值税暂行条例》《中华人民共和国发票管理办法》《增值税专用发票使用规定》等有关规定，对增值税专用发票在印制、领购、使用、取得、缴销等各环节进行严格规定外，还对增值税专用发票的开具方式以及所载项目内容在真实性、合法性、完整性、有效性等方面都做了详细、严格的规定。如开具要字迹清楚；项目

填写齐全;全部联次一次填开,上、下联的内容和金额一致;发票联和抵扣联加盖财务专用章或发票专用章;不得拆本使用专用发票。开具的专用发票内容要求各项目正确无误;票、物相符,票面金额与实际收取的金额相符;等等。

3.真实、规范地开具增值税专用发票,主要体现在以下几个方面:

(1)首先已存在真实的商品交易为前提。因为发票是记录商事经济活动的凭证,没有发生真实的商品交易,就没有开具发票的基础与依据,如果开具发票,就不是真实的开具行为,即为虚开。商品交易的真实性,是指作为交易所应具有的特征,所应达到的目的。具体表现在有实际的货物交割、款项划拨以及交易目的的实现。

(2)开票主体符合法律规定的要求。包括两类:一类是指经过税务机关审核通过、取得领购、开具增值税专用发票资格的一般纳税人。另一类是实行代开的税务机关。无领购、开具资格的小规模纳税人(包括个体经营者),以及国家税务总局确定的其他可予代开增值税专用发票的纳税人,在发生真实的商品交易后,需要开具增值税专用发票给购货方时,按规定由相关税务部门代为开具增值税专用发票。两类不能互相代为开具。

(3)所开具的专用发票在印制、领购、使用、取得等环节真实、合法、有效。要求所开具的发票从印制到开具前的每一个环节真实、合法。如果某一环节存在虚假,都是不合法、不规范的取得。一般纳税人不得借用他人专用发票或向他人提供专用发票。

(4)专用发票的开具范围符合相关规定。即使存在真实的商品交易,开票主体合格、开具的专用发票真实有效,但按照《增值税专用发票使用规定》不应开具增值税专用发票,如果虚构用途而开具,也不属于真实、合法开具增值税专用发票的行为。

(5)开具的专用发票各项目内容符合要求。《增值税专用发票使用规定》要求开具的增值税专用发票的各项内容是否与实际情况相符,包括出票人及其签章是否与实际相符、受票人是否与实际情况相符、发票的品名是否与实际情况相符、发票所开具的数量、金额、税额是否与实际交易相符、发票所开具的日期是否与实际情况相符等内容。

(6)开具的专用发票时限等其他事项符合要求。《增值税专用发票使用规定》还明确了一般纳税人必须按规定时限开具专用发票,不得提前或滞后,等等。

总之,《中华人民共和国税收征管法》《中华人民共和国增值税暂行条例》《中华人民共和国发票管理办法》《增值税专用发票使用规定》等相关法律法规,就是判断是否存在虚开行为的标准。如果违反上述相关规定,开具在印制、领购、取得、使用等某一环节存在虚假的增值税专用发票,或者在开具的方式、开具的项目内容等方面存在虚假,都不能称之为真实、合法、完整、有效,都构成行为上的虚开。

4.虚开行为的判断依据

判断真实、规范开具增值税专用发票的依据,就是我国有关法律法规中对于开具发票及增值税专用发票所作出的各种具体规定。主要的法律法规有《中华人民共和国税收征管法》《中华人民共和国增值税暂行条例》《中华人民共和国发票管理办法》《增值税专用发票使用规定》等。

除此之外,税务部门制定的各种相关法律法规的《实施细则》,以及对于某种具体问题所颁发的有关通知如《国家税务总局关于印发〈增值税若干具体问题规定〉的通知》《国家税务总局关于由税务所为小规模企业代开增值税专用发票的通知》等等,都是对于如何真实、规范开具增值税专用发票及其具有抵扣功能的其他发票的具体要求。如果开具的发票在某一方面或某一内容上不真实、不规范,就应当认定为虚开。

因此,除了真实、规范的开具增值税专用发票与其他抵扣功能发票的行为之外,如果不存在真实交易或虚构交易而开具增值税专用发票,或者虽存在真实交易,但所开具的增值税专用发票在印制、领购、使用、取得、保管等任何一个环节中存在虚假,或开具专用发票时填写的项目内容如购货单位、商品名称、税率、金额、税额、开具单位等其中任何一个方面与实际情况不相符合,或开具的方式不符合相关法律法规的要求,等等,都应当认定为是虚开的行为。

5.对"虚开"的定义表述

依据以上的分析,我们可以将"虚开"定义为:违反国家相关税务法律法规的规定,不存在真实商品交易或虚构交易而开具增值税专用发票,或虽存在真实交易,但所开具的增值税专用发票在印制、领购、使用、取得、保管等任何一个环节中存在虚假,或开具发票时所填写的项目内容如购货单位、商品名称、税率、金额、税额、开具单位等其中任何一个方面与实际情况不符,或开具的方式不符合规定的要求,等等,都是不真实、不规范地开具增值税专用发票,都应当认定为虚开行为。

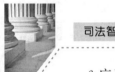

6.应当注意区分"是否构成虚开行为"和"虚开行为是否构成犯罪"

从前述各种对虚开的理解与认定的分歧观点可以看出,对于"什么是虚开"和"虚开是否构成犯罪"这两个问题,往往存在观念上的混淆。但是,这是截然不同的两个问题,应当注意加以区分。在先认定是否构成虚开的基础上,才能进一步作出这一虚开行为是否构成虚开增值税专用发票罪。如果将两个问题加以混淆,就会出现对虚开概念的理解分歧,与认定是否构成虚开犯罪的标准不一。

(二)"款、物、票相一致"能否作为判断虚开的标准?

一般来说,如果存在真实的商品交易,其款项、货物、发票的流向以及与账簿的记载相一致,但对于虚构交易并虚开增值税专用发票的情形,则存在"款、物、票"不相一致的情形。因此,有观点认为,真实、规范开具增值税专用发票的行为,其必然表现为所开具的增值税专用发票与商品交易款项的流向以及货物的移转是相一致的;在税务检查或案件侦查过程中,如果执法人员发现所开具的增值税专用发票与账、款、物不相一致的情况,就可以认定为是虚开增值税专用发票的行为,反之,则不能认定为是虚开行为。因此,"款、物、票相一致"应当作为认定是否构成虚开的标准。

对此,笔者认为:虽然通常情况下真实、规范的商品交易表现为"款、物、票"相一致,但也存在例外的特殊情形,如果将此作为认定是否构成虚开的标准,适用时就会出现问题。试举两例加以说明。

案例 1:A 企业和 C 公司签有供货合同,常年向 C 公司供应铁矿粉。B企业为小规模纳税人,想以 A 企业的名义向 C 公司供货。A 企业查看了 B企业的相关证件后,询问其是否可以开具增值税专用发票,B 企业答应可以通过税务机关代为开具。在得到肯定的回答后,A 企业同意 B 企业以 A 企业的名义直接送货给 C 公司,C 公司和 A 企业结算,B 企业凭 C 公司的过磅单和 A 企业结算。双方还签订了正式供货合同对相关事项进行了约定,并加盖了企业合同章。于是双方按照约定开始做生意,每次结算 A 企业对B 企业提供的增值税发票很慎重,总是在本地税务部门认定是真票后,才和对方结算,然后自己也向税务部门进行进项税抵扣。[1]

---

[1] 《纳税人冤吗》,安阳市北关区检察院网站,http://www.ayjcy.gov.cn/article_show.asp? articleid=3226,最后访问时间:2020 年 12 月 25 日。

案例2:甲集团为了进行融资贷款而虚增营业额,找到与其有业务往来的乙公司,要求两家对开增值税专用发票。乙公司认为,两家对开痕迹太明显,提出最好再找一家或两家企业参与进来,同时提出要将"交易"过程做得"真实、规范"。于是甲集团又找到同样想虚增营业额的丙企业,三家两两之间虚构金额为500万元左右的购货合同与销售合同,为做得真实,三家还将货物进行了实际移转,入库单、出库单手续完备,款项流动与合同一致,账簿记载事项齐全,账账相符,账证相符,所开具的增值税专用发票也都进行了正常的缴纳与抵扣,也没有造成国家税款的流失。

前述案例1中,A企业与B企业之间,存在真实、合法的商品交易,但交易形式上省略了某些环节,存在缺损,并不符合通常的正常交易所表现的"款、物、票相一致"的特点。但案例2的情况却正好相反。虽然甲乙丙三家企业的商品交易表现为"款、物、票"相一致的特点,形式上可以做到不存在瑕疵与缺损,但从其最终目的来看,这种交易是虚构的,其不具备正常交易所应当具备的交易目的。尽管这种虚构的形式并未造成国家税款的流失,但企业是通过虚构交易虚增营业额的行为达到骗取贷款等其他非法目的。

通过以上分析可以看出,如果按照"款、物、票"相一致的标准,案例1就会被认定为是"虚开",显然会伤及无辜,是不合理的。另一种情况则如案例2,虽然其在交易形式上"齐全完备",但由于从根本上其进行交易的目的就是虚构的,也是一种虚开的情形,如果以"款、物、票相一致"的标准,则不会被认定为"虚开",也会轻纵犯罪,是不合理的。

国家税务总局《关于诺基亚公司实行统一结算方式增值税进项税额抵扣问题的批复》(国税函〔2006〕1211号),也明确了这一点。对于诺基亚各分公司购买货物从供应商取得的增值税专用发票,由总公司统一支付货款,造成购进货物的实际付款单位与发票上注明的购货单位名称不一致的,不属于虚开的情形,允许其抵扣增值税进项税额。可见,不能简单地以"款、物、票相一致"作为判断是否虚开的标准。

(三)潍坊中微公司预先开具发票是否构成虚开?

在司法实务中,税务部门与司法机关仍然存在以"款、物、票相一致"作为判断是否虚开的做法。孙夕庆案件中,潍坊中微公司开具发票的时间与常见的货款票同时交付的方式有所不同,由于其提供的服务期限比较长,需要预先开具发票,等款项到账后再缴纳税款。对于这种预先开具发票的情形,司法部门不能简单机械地以"货、款、票不相一致"、发票开具时没有同时缴纳税款而认定为虚开,从而认为其构成刑法第 205 条规定的虚开增值税专用发票罪。相反,潍坊中微公司 2013 年 1 月 15 日编号"55367"的记账凭证和 2014 年 2 月 28 日编号"00163"的记账凭证原件所附的"完税证明"可以证实,对于指控的两笔虚开增值税专用发票的款项,潍坊中微企业已经向税务机关申报并足额缴纳了税款。可见,潍坊中微公司预开发票的行为并不属于虚开,因此也不能构成虚开增值税专用发票罪。

然而,由于对于如何认定虚开缺乏正确的理解与判断标准,潍坊高新区检察院与法院都纠结于开具发票但未同时缴纳税款是否属于"款、物、票不相一致"的虚开情形,对于并不复杂的案件情况却在开庭审理上百次之后仍然不敢直接作出无罪判决,可见虚开增值税专用发票罪在司法实践中的困惑之深。

三、虚开增值税专用发票罪的立法问题评析

"虚开增值税专用发票罪"是 1994 年增值税改革时通过单行刑法设置的罪名,1997 年刑法修订时被纳入《刑法》第 205 条。从表面上来看,将虚开发票的行为入罪,是从根源上加强对发票犯罪的打击,似乎是惩治发票犯罪必不可少的手段。但实质上,虚开增值税专用发票罪自设置之初,就存在罪与非罪、此罪彼罪、一罪数罪、罪重与罪轻的理论分歧与适用疑难,频频出现司法不一、轻罪重判的不合理现象,至今仍是理论上和司法中无法解决的难题。

(一)虚开发票犯罪司法适用疑难重重

1.罪与非罪的认定标准不一

1995 年单行刑法增设虚开增值税专用发票罪之后,随即在司法适用中就产生了难以解决的问题,例如企业为了销售排名而通过在两家企业"对开"或在三家以上企业之间"环开"相同金额或近似金额的增值税专用发票而虚增营业额的情形,并不会造成国家税款流失,是否构成虚开犯罪?对于存在真实交易的小规模纳税人,让其他一般纳税人"代开"增值税专用发票并"如实"缴纳税款的情形,非但不会造成国家税款流失反而存在多缴纳税款的情形,是否构成虚开犯罪?被动接受虚开的发票是否构成犯罪,等等。

对于这些特殊情形,最高人民法院1996年的司法解释与答复都认为应当按照《刑法》第205条定罪处罚,2018年《关于虚开增值税专用发票定罪量刑标准有关问题的通知》以及近年来相关判决中,才明确不以逃税或骗税为目的的虚开不构成虚开增值税专用发票罪。

2.此罪与彼罪难以界分

一般来讲,虚开发票都有其不法目的,例如利用虚开的发票逃税、骗取出口退税、贪污、职务侵占、走私、洗钱等,这样就必然存在非法目的与非法手段相关罪名的竞合。也就是说,只要是虚开增值税专用发票的行为,都涉及与"逃税罪""骗取出口退税罪""贪污罪""职务侵占罪""走私罪""洗钱罪"等相关目的罪名的竞合,或与"伪造增值税专用发票罪""非法出售、购买增值税专用发票罪""盗窃罪""诈骗罪""非法持有伪造的增值税专用发票罪"等相关手段罪名的牵连。

反映在实务中,就会造成同案不同判的司法不一现象,例如,同样是利用虚开增值税发票骗取贷款的行为,上海周正毅案是以"虚开增值税专用发票罪"定罪处罚[1],而四川刘维刘汉案则是以"骗取贷款罪"定罪处罚。[2]同样是利用虚开的增值税专用发票偷逃税款的行为,有的法院是以"逃税罪"定罪处罚,有的则是以"虚开增值税专用发票罪"定罪处罚。或以当前几起明星补缴偷逃巨额税款案件为例,有的虽然补缴高达8亿元的税款却不构成犯罪,但如果从是否存在虚开发票的角度来看,则有可能涉嫌刑法第205条或第205条之一的罪名,且面临重刑,完全不可能一罚了事。

3.一罪与数罪的判定混乱

发票的虚开行为,往往还与伪造、非法出售、非法购买或非法取得等发票犯罪行为相关联,存在一罪与数罪的判定问题。虽然《刑法》第208条第2款对"非法购买增值税专用发票或者购买伪造的增值税专用发票又虚开或者出售的"情形进行了罪数规定,但对于非法购买增值税专用发票又虚开又非法出售、使用非法购买伪造的增值税专用发票虚开后用于偷逃税款等,究竟是一罪还是数罪?

［1］《周正毅一审被判处有期徒刑16年》,《上海证券报》2007年12月1日。

［2］《刘汉原罪:虚开增值税专用发票骗取国开行等46亿元贷款》,《第一财经日报》2014年2月27日。

4.罪重与罪轻的量刑倒置

上述几个问题,必然牵涉罪重与罪轻的量刑均衡问题。尤其是虚开增值税专用发票罪的法定刑设置远重于其他相关罪名,依据牵连犯从一重处罚的原则,虚开增值税发票罪成为适用最多、量刑最重的罪名。司法实践中虚开犯罪占涉税犯罪的绝大多数,已经呈现出一罪独大的现象,都是因虚开存在牵连关系或法条竞合在司法中适用从一重处罚的结果。

(二)理论上罪名性质分歧严重,难以达成共识

对于司法认定中的种种疑难,目前理论上仍观点分歧,难以达成共识。例如,如何认定虚开增值税专用发票的性质,就存在五种不同的观点。"目的犯说"认为,虚开增值税专用发票罪在主观上应当以偷逃税款为目的,可以通过限制解释将该罪确认为目的犯。[1]"结果犯说"认为,无论出于什么目的,只要虚开造成国家税款的流失的结果就构成此罪。"行为犯说"则认为,只要实施了虚开的行为(一定数额)就构成犯罪,而不以结果或目的为必要条件。[2]"抽象危险犯说"认为,在判断是否构成虚开时必须以是否具有骗取国家税款的可能性为依据。[3]"具体危险犯说"则认为应当在构成要件中增加"造成国家税款流失的危险"为客观要件,从而作为具体危险犯严格适用。[4]

上述五种观点,各自都有其难以弥补的缺陷。发票犯罪作为一种常见的经济犯罪,显然不具备规定为危险犯或行为犯的必要性;补足为结果犯,单独设置虚开罪名就失去了意义,并且逃税罪、骗取出口退税罪法条竞合并存在量刑上轻重倒置的问题;补足为目的犯,仍然无法解决其与逃税罪等相关罪名的竞合或牵连,以及量刑倒置、轻罪重判的不合理现象。[5]

---

[1] 陈兴良:《目的犯的法理探究》,《法学研究》2004 年第 3 期;岳彩林:《虚开增值税专用发票犯罪行为的认定及法律适用》,《法律适用》2004 年第 6 期。

[2] 孙光:《浅谈虚开增值税专用发票犯罪的法律适用》,《法学天地》1995 年第 4 期;周洪波:《税收犯罪疑难问题司法对策》,吉林人民出版社 2001 年版,第 229 页;张忠斌:《虚开增值税专用发票罪争议问题思辨》,《河北法学》2004 年第 6 期。

[3] 张明楷主编:《刑法学》,法律出版社 2003 年版,第 646 页。

[4] 刘荣:《中美税收犯罪比较研究》,法律出版社 2014 年版,第 201 页。

[5] 王佩芬:《论虚开增值税专用发票罪的刑事立法误区——建议取消我国刑法第 205 条及 205 条之一》,《政治与法律》2014 年第 12 期。

(三)虚开发票犯罪量刑过重,打击面过宽,严重影响企业正常发展

由于对虚开增值税专用发票罪的性质难以把握,实践中扩大这一罪名适用的问题比比皆是。除了前面讨论的"对开、环开""如实代开"的问题近年来最高院才明确为无罪之外,虚开增值税发票案件中的善意受票人、被动接受虚开的增值税专用发票等不应当构成虚开犯罪的也被牵涉其中。大量的虚开犯罪案件的背后,会牵涉更多企业经营恶化甚至面临倒闭的状况。实践中因此而影响企业正常发展的不在少数,本文所探讨的孙夕庆案就是因司法机关困惑于虚开的认定而让企业和企业家成为无辜的受害者。

(四)虚开增值税专用发票罪的立法误区

1.罪名设置过于细密求全,罪名设置不合理

开具是发票实现其功能的一个必经环节(除了定额发票),将一个必经的行为单独设置罪名,就必然造成虚开行为与虚开的目的所指向的罪名的竞合与牵连(如利用虚开的发票逃税、骗取出口退税、贪污、职务侵占、洗钱;虚开与伪造、非法买卖、非法取得、持有伪造发票等行为并存),造成法条重叠和反复交叉的不合理现象。这种立法上的先天不足,人为制造了虚妄的冲突。

2.将入罪的必要性与增设罪名的必要性相混淆

虚开增值税发票现象严重,应当将这一行为入罪予以严厉惩治,和单独设置虚开的罪名进行惩治存在差别。在税制改革之前,对于虚开发票行为,是通过偷税罪、贪污罪、伪造票证罪、非法买卖票证罪等进行惩治,并不存在惩治的漏洞,没有专门设置新罪名的必要性。但是新设罪名之后,反而造成了理论争议与适用疑难。

3.将刑事预防与行政预防、制度预防相混淆

刑事手段不能替代行政管理与制度预防。1994年增值税制度实施之初,由于抵扣制度存在管理漏洞(当时完全可以通过增加一联给抵扣方税务部门以备核查),导致发票犯罪猖獗泛滥。单纯设置细密的罪名予以重刑打击,并不能全面遏制,反而易伤及无辜。近年来发票犯罪的趋势和增值税专用发票、其他增值税发票在管理上的逐步完善同步相关。

4.现象立法、救火式立法损害了刑法的科学性与稳定性

受"刑法万能""乱世用重典"等观念的影响,现象立法、救火式立法所表现出来的问题十分严重。如对虚开发票的分类,就分为增值税专用发票、用于骗取出口退税发票、抵扣税款发票、普通发票几个类型,但这些类型是根据当前发票犯罪的现象进行的划分,存在重叠与交叉,并不符合逻辑上的概念分类,也造成了分歧与疑难,影响刑法的科学性与稳定性。

(五)取消虚开罪名的合理性与可行性

1.取消后不存在惩治上的空白与漏洞

在虚开罪名设置之前,刑法上对于虚开发票行为的惩治并不存在空白与漏洞,但增设之后反而造成与其他罪名的竞合与牵连,属于重复设罪。因此取消这两个罪名,能够解决罪名重复造成的问题,但不会有惩治上的空白与漏洞。

2.不会影响对发票犯罪的打击

取消这两个罪名,并不意味着虚开发票的行为不构成犯罪,而是如果构成其他犯罪,则以相应的罪名定罪处罚。因此,不会因为取消罪名而影响对虚开犯罪的打击。相反,也可以解决多年来行政部门与司法部门对于虚开犯罪入罪标准不一致的问题。

3.从根源上消除了理论分歧与适用疑难

取消两个虚开罪名后,围绕着虚开发票犯罪的各种理论争议与适用疑难都将迎刃而解,不复存在,同时也会理顺刑事立法的罪名体系,符合刑事立法科学、合理、协调、公正的要求。

4.严格发票管理才是遏制虚开犯罪最有效的途径

对于发票犯罪的惩治,不能过度依赖于刑法。从我国发票犯罪的变化趋势可以看出,发票管理手段越完善,发票犯罪的可能性就越小,发票犯罪现象就会得以遏制。

四、虚开增值税专用发票罪的立法与司法建议

(一)"款、票、物相一致"是查处利用虚开发票进行犯罪的重要切入点,而不能作为认定虚开的标准

尽管在一般情形下,真实规范的商品交易都表现为"款、票、物相一致",但也存在特别的例外情形,需要加以判断分析,而不能简单地以"款、物、票"是否一致作为认定虚开的标准。但是,也并不意味着这一标准无须重视。相反,大多数的虚开犯罪还是表现出三者不一致的问题,因此,在执法与司法过程中,仍然应当重视这一问题,如果发现三者不相一致,可以作为重点查处的切入点,然后再根据现实情况进行判断,但是不能简单机械地以此作为判断虚开的标准。

(二)虚开增值税专用发票罪存在立法上的误区,应当予以删除

发票的开具作为发票实现其功能的必经环节,虚开发票是发票犯罪最为常见的形式,将虚开发票的行为单独入罪,必然会造成虚开犯罪与其他发票犯罪相关罪名的竞合或牵连。通过分析可以发现,虚开增值税专用发票在罪名设置和罪状描述方面都存在问题,在刑罚设置方面偏重,无论是修改为"目的犯""结果犯""行为犯"还是"危险犯",都不能全面解决虚开增值税专用发票罪存在竞合、牵连或量刑不均的问题,其刑事立法在科学性、合理性、必要性方面存在问题。虚开罪名的设置,是虚开发票行为的重复性入罪,人为制造了虚妄的冲突,如果予以删除,并不影响对虚开犯罪的打击,也不存在惩治上的漏洞。虚开发票罪与虚开增值税专用发票罪的区别仅仅是虚开的发票类型不同,二者的行为性质相同,因此,虚开增值税专用发票罪的立法与司法缺陷,同样体现在虚开发票罪之中。

(三)在立法上未取消虚开罪名之前,司法上应当避免适用虚开的罪名

如果从立法上取消虚开增值税专用发票罪和虚开发票罪,既能消除原有的错综复杂的疑难,也不会造成惩治上漏洞。但是,在立法上未予以取消之前,司法上可以依据虚开犯罪的目的或结果所涉及的罪名定罪,避免适用

虚开的罪名而造成定罪或量刑上的不合理。即,如果伪造、变造、非法买卖、非法取得增值税专用发票或普通发票,则可以适用刑法第 206 条至 212 条;如果使用发票偷逃税款或骗取出口退税,则可以适用刑法第 201 条、第 204 条;如果使用发票进行贪污、职务侵占、骗取贷款等,则适用相对应的刑法条文。当然,对于虚开犯罪的打击,税务机关与司法机关不能放松对虚开的查处与打击,仍要以查处虚开作为打击虚开犯罪最有力的切入点,但同时需要税务机关在其执法文书中予以内容加强,从而作为刑事认定的依据。但是一定要避免在查处和认定虚开发票过程中的种种误区。

An Analytical Study on the Difficult Case of Sun Xiqing's Falsely Making Out Special VAT Invoices

Wang Peifen

Abstract: The crime of falsely making out special VAT invoice stipulated in Article 205 of the criminal law of our country has always been controversial in theory and difficult in judicial application, especially on the basic issues such as what is falsely making out, how to judge whether it constitutes falsely making out, and whether all falsely making out acts constitute the crime of falsely making out special VAT invoice. The focus of dispute in Sun Xiqing's case is whether issuing special VAT invoice in advance constitutes false invoice, and whether the inconsistency of payment invoice can be used as the standard to judge false invoice. However, through the misjudged Sun Xiqing's case of falsely making out special VAT invoice, we should realize that the root cause for the juclicial disunity of the crime of falsely making out a special VAT invoice is a legislative error. If the act of issuing an invoice is separately charged, it will inevitably lead to the involvement or concurrence between the crime of falsely making out a special VAT invoice and other related crimes, such as forging a special VAT invoice, illegally buying and selling a special VAT invoice, illegally obtaining a special VAT invoice, tax evasion, defrauding export tax rebate, corruption, defrauding loans and so on. Therefore, it is suggested to abolish this charge in legislation, which will not lead to the omission of cracking down on falsely making out special VAT invoice crime, and can also fundamentally eliminate the recurrence of misjudging on the crime of falsely making out special VAT invoice.

Key words: falsely issuing VAT invoice, judgment standard of falsely making out special VAT invoice, legislative misunderstanding

比较法研究

美国民事诉讼中间上诉制度及其对中国的启示[*]

范卫国[**]

摘要：当案件涉及支配性法律争议、继续审理将造成司法资源浪费或法院中间裁决对当事人权益影响重大等情形时，严格遵循终局判决规则不仅有违程序正义，且有损当事人诉讼利益。自 1891 年《联邦司法法》实施以来，美国逐步确立了"中间上诉制度"，允许当事人对法院特定裁决、命令、指令等提出即时上诉，并在实践中发展出一系列判例规则。同时，为避免案件审理零碎化和不必要的诉讼迟延，中间上诉在司法实践中适用受到严格限制。我国民事诉讼实践中也长期存在对当事人程序裁决救济不足的情况，有必要借鉴美国民事诉讼中间上诉制度和实践经验，强化保障当事人程序权利理念、完善中间上诉制度规则以及合理界定中间上诉适用范围，实现对当事人程序利益的有效保障。

关键词：终局判决规则；中间上诉；程序性裁决；程序利益

一、研究缘起：美国民事诉讼中间上诉制度何以产生

在民事司法实践中，基于人的认识存在局限、法官审判能力参差不齐以

* 基金项目：2018 年度最高人民检察院检察理论研究项目"民事检察调查核实权研究"（GJ2018D45）。

** 范卫国，法学博士，西南大学法学院讲师。

及某些法外因素的存在,法院对于文书送达、财产保全、诉讼中止等程序性事项作出裁决时,难免会存在瑕疵或者错误。表面上看,法院在诉讼过程中作出的程序性裁决并非终局性裁判,且与案件的实体性争议无涉,当事人不得以提出上诉的形式请求上级法院对该裁决予以撤销或者变更。但事实上,诸如关于保全事项的裁定以及终止诉讼的裁定等程序性裁决不仅涉及程序性问题,而且会涉及当事人的实体权益,甚至会直接造成诉讼的实质性终结。在此情形下,如果法律未赋予当事人相应的救济请求权利,将会不可避免地给当事人造成利益损失,同时也会在客观上损害司法的公正性及权威性。正是由于某些程序性裁决具有关涉到当事人重大利益或者具有法律原则性争议的特点,且不给予当事人寻求及时救济机会将造成多重损害后果,世界各国在严格遵循"终局判决"的上诉规则的同时,也赋予了当事人在法律允许的特定情况下,针对法院在诉讼过程中作出的涉及当事人重大诉讼权益或者具有原则性法律争议的某些程序性裁决提出即时上诉的权利,此即为民事诉讼中间上诉制度。

作为最早确立中间上诉制度的国家,美国自 1789 年《联邦司法法》确立"终局判决规则"以来,曾经在长达 100 多年的时间里未在立法中明确承认中间上诉规则。不过,实践中美国议会和联邦法院基于某些案件的特殊性承认终局判决规则存在例外。至 1891 年,美国再次修订《联邦司法法》(The Judiciary Act of 1891),并在联邦法律体系中首次确立了"中间上诉"制度。根据该法第 7 条规定,在下级法院对案件作出终局裁决前,巡回上诉法院有权对下级法院的"禁止令"进行审查。[1] 中间上诉制度的确立,目的在于避免在某些特殊案件中,因疏于对法院无价值禁令的审查而导致诉讼进程的浪费和拖延。[2] 中间上诉制度确立后,美国国会陆续在一些特定案件中肯定了中间上诉的价值。例如,1900 年,国会将地区法院指定财产管理人的决定视为"禁止令",并允许上诉法院对其进行审查。[3]

就美国民事诉讼中间上诉制度的实质而言,其是对"终局上诉"规则的

---

[1]　The Judiciary Act of 1891,ch.517,§7,26 stat.826,828.

[2]　Alexandra B. Hess,Stephanie L. Parker,Tala K. Touanian,Permissive Interlocutory Appeals at the Court of Appeals for the Federal Circuit: Fifteen Years in Review (1995—2010),60 *American University Law Review*,p.760(2011).

[3]　Act of june 6,1900,ch.803,31 stat.660,660-661 codified as amended at 28 U. S.C. § 1292(a)(2) (2006).

突破与修正,而之所以如此,原因在于:尽管"终局判决规则"在保证案件快速审理、实现争议事项一次性处理以及维护初审法院司法权威上发挥了重要作用,但在某些情况下,过于坚持该原则不仅会给当事人造成不必要或不适当的救济困难,还会妨碍上诉法院对初审法院的指导。[1] 例如,对驳回财产保全的裁定,如果不给予当事人即时救济的途径,将有可能导致在终局判决确定时,当事人的财产权益无法得到满足,造成裁判实质不公正。基于特定案件正义实现的需要,美国议会、联邦法院及部分州法院在终局判决规则基础上创设了一些例外规则,确保某些中间性裁决能在终局判决前获得上诉机会。例如,许多州法院认为,在针对初审法院裁定能否立即上诉问题上应采取自由、宽缓、随意的态度,不应将终局判决规则作为上诉障碍,从而确保当事人能够通过寻求即时救济维护其诉讼权益。

二、制度构造:美国民事诉讼中间上诉的基本内容

美国现行的中间上诉制度始于 1958 年美国国会制定了专门的《中间上诉法》,该法最终被《美国法典》确定为第 28 卷第 1292 条(b)款,并与之前制定的第 1292 条(b)款构成了美国民事诉讼中间上诉制度构架。根据《美国法典》第 28 卷第 1292 条(b)款规定,"当地区法院所作出的裁判决定符合具有支配性的法律事实、实质性的争议焦点以及即时审查将实质推进诉讼进程这三个基本要素时,上诉法院可基于其自由裁量权允许对此类裁决提出中间上诉。"[2] 此后,伴随着 1982 年《联邦法院促进法案》、1992 年《美国联邦法院管理法案》和 1998 年《联邦民事诉讼规则》修正案等法律制度的出台,美国在《美国法典》第 1292 条(b)款的基础上又先后增加条(c)款、(d)款、(e)款和(f)款,从而使得中间上诉规则体系不断完善。此后,美国在司法实践中又逐步丰富了中间上诉的内容和形式,并在知识产权案件、国际贸易案件等案件中广泛适用。鉴于联邦制的政治体制以及判例法的法律传统,美国民事诉讼中间上诉制度的内容分布较为分散,既存在于包括《美国法典》《联邦民事诉讼规则》等在内的制定法,也散见于一些司法判例之中。

---

[1] 〔美〕杰克·H.弗兰德泰尔等:《民事诉讼法》,夏登峻等译,中国政法大学出版社2004 年版,第 595 页。

[2] See Interlocutory Appeals in the Federal Courts Under 28 U.S.C. § 1292(b).

以下，本文从立法与实践两个层面对美国民事诉讼中间上诉的内容加以评述。

（一）制定法中的中间上诉制度

《美国法典》第28卷第1292条经过多次修订后，在（a）至（e）款当中确立了中间上诉制度的基本内容，并由《联邦民事诉讼规则》进行了相应补充。总体而言，美国联邦制定法上的中间上诉主要包括以下类型：

第一，法定的中间上诉制度，该类型中间上诉以《美国法典》第1292条（a）款为代表。根据该规定，当事人可对地区法院的以下中间命令提出上诉：（1）"准许、继续维持、修改、驳回或撤销禁令，或者拒绝撤销或修改禁令"的命令；（2）"任命破产管理人或拒绝结束破产管理人接管财产之状态或为完成此目的而采取措施的命令"；（3）"决定海商案件中当事人之权利和责任的命令，且此类案件的终局裁决获准上诉的"。美国国会认为，这些法院决定所涉及的问题是如此重要，以至于不应等到终局判决作出即可进行上诉审查，并通过制定法形式明确规定可以提起中间上诉的法定情形。此外，根据《美国法典》第1292条（c）、（d）款规定，当事人可对专利侵权案件、联邦赔偿案件以及国际贸易案件当中所涉及中间裁决的中间上诉机制。而第1292条（e）款更是以兜底条款的形式，授予了联邦最高法院对于除（a）（b）（c）（d）之外的中间裁决进行中间上诉的权力。

第二，裁量型中间上诉制度。由于列举的方式不能包罗万象，法院在确定其所作的某一特殊命令是否属于中间上诉范畴时，将产生适用上的困境。基于此，《美国法典》第1292条（b）款规定："一个地区法官在民事诉讼中作出一项指令而未说明其可上诉性问题时，须认定该命令涉及支配性法律问题，存在意见分歧的实质性理由，且对该命令提出中间上诉可以实质性地推进诉讼的最终裁决，当事人应当以书面的形式针对该指令提出上诉。"根据该规定提起的中间上诉，不再是当事人拥有的天然权利，而需要由经过地区法官及上诉法官的"双重审查"后裁量决定，因而又被称为"裁量型"中间上诉。一般而言，当事人提出此类中间上诉应满足以下条件：（1）该命令涉及"支配性"法律问题；（2）争议焦点存在意见分歧的实质性理由；（3）对该命令的即时上诉可实质性地推动诉讼的最终裁决。在时限上，当事人应在地方法院作出该命令后10日内提出中间上诉申请，并接受初审法院和上诉法院的"双重审查"。

第三，非常的中间上诉事项。所谓"非常的中间上诉"，是指在诉讼过程中，当事人申请上诉法院根据法律规定或者依职权向初审法院发出执行某种命令或者停止某种程序的命令。它通常包括两种情形：第一，上级法院根据法律规定或者职权要求初审法院根据其命令行事[1]；第二，上级法院根据法律规定或者职权要求初审法院停止某种程序继续进行。两者的区别在于，前者要求初审法院实施某种行动，而后者则禁止法院实施某种行为。之所以将这两种上诉形式定义为"非常的中间上诉"，原因在于"从技术上看，它并非一种上诉形式，而是帮助上诉法院寻求一种能够指导初审法院作出或者取消某种特殊命令的一种新程序。"[2]根据《美国法典》第28卷第1651条的规定，适用非常中间上诉的事项仅为"在法院的法定义务已经被明确地确立之后且明显构成滥用自由裁量权的命令"。[3]实践中，非常中间上诉的适用仅限于"极端案件"中，即那些"具有独特性质、复杂性以及对社会公益有影响的案件，还指法官在案件处理过程中滥用了自由裁量权，且这种滥用已经达到了必须由上级法院进行干涉方能纠正的程度。"[4]非常中间上诉主要涉及两类诉讼：一类是要求撤销藐视法庭罪判决的上诉；一类是对申请命令状的上诉。

第四，集团诉讼案件的中间上诉。由于集团诉讼涉及当事人较多，严格贯彻终局判决规则将会造成因驳回某些诉讼请求或驳回某些当事人的诉讼请求导致整个案件的长期拖延。为解决该问题，美国《联邦民事诉讼规则》第54条b款规定，如果地区法院根据其自由裁量权作出了"一个延迟无正当理由的清楚认定"并且作出了"登录判决的明确指示"，那么就可以进行审查。[5]对此，上诉法院应对初审法院的命令进行复审以决定其终局判决的作出是否适当以及是否存在延迟上诉的正当理由。在该规则下，认证的失

---

[1]　Stephen C，Yeazell，Civil Procedure(5)，*Aspen Law & Business*，783(2000)．

[2]　[美]杰克·H.弗兰德泰尔等：《民事诉讼法》，夏登峻等译，中国政法大学出版社2004年版，第599页。

[3]　[美]美国联邦司法中心：《复杂诉讼指南》（第3版），郭翔等译，中国政法大学出版社2005年版，第180页。

[4]　齐树洁主编：《美国民事司法制度》，厦门大学出版社2011年版，第358页。

[5]　[美]美国联邦司法中心：《复杂诉讼指南》（第3版），郭翔等译，中国政法大学出版社2005年版，第181页。

败并未排除当事人诉诸其他中间上诉途径。[1] 此外,就集团诉讼的中间上诉而言,美国 1998 年《联邦民事诉讼规则》修正案第 23 条(f)款当中也根据集团诉讼的特殊性授予上诉法院以自由裁量权让其自由决定是否对初审法院作出的确认集团诉讼的命令进行中间上诉。根据该款规定,请求上诉审查的当事人应在审查确认集团诉讼的命令或拒绝确认集团诉讼的命令作出之日后 10 天内向上诉法院提出中间上诉申请。但是否进行上诉审查,应完全由上诉法院决定,初审法院没有审查权力,且在上诉法院审理上诉申请期间,不中止初审法院诉讼程序的进行。[2]

(二)实践中的中间上诉制度

在通过制定法确立中间上诉制度的同时,美国还在司法实践中通过具体案件办理,发展出一系列有关"中间上诉制度"的司法适用原则,主要内容包括:

第一,附属命令原则(Collateral Order Doctrine)。该原则源于美国联邦最高法院在 1949 年 Cohen v. Beneficial Industrial Loan Corporation 案中所作的判决。其基本含义为:如果法院在审判过程中作出的某项裁决可以与案件的主要争点相分离,并且该裁决是对当事人某种权利的终局性处置,无法等到整个案件被裁判后再上诉,那么,当事人无须等到终局判决作出后,可即时针对法院的该裁决提出上诉。在 Cohen 案中,大法官杰克森认为,对一项决定提起中间上诉需满足四个条件:其一,该决定并非暂时的、非正式的、或未完成的;其二,该决定与案件事实的认定是"相分离"的;其三,审查滞后将给当事人带来不可修复的法律后果;其四,所争议的事项是一个严重的且未予解决的问题。显然,Cohen 案件满足了中间上诉的上述条件。至 1978 年,联邦最高法院又通过判决明确了对附属命令进行上诉的三个条件:(1)终局性地对某一争执中的问题作出决定;(2)该裁决所解决的重大争执点能与案件中的实质问题完全分开;(3)等到终局判决作出以后,就无从

---

[1] Allan Ides & Christopher N, May, Civil Procedure Case and Problems(3), *Wolters Kluwer Law & Business*, 1112(2009).

[2] [美]理查德·D.弗里尔:《美国民事诉讼法》(下册),张利民、孙国平、赵艳敏译,商务印书馆 2013 年版,第 976 页。

作出有效的复审,即不允许立即上诉将使上诉人遭受无可挽救的损害。[1] 如果初审法院裁决或命令符合上述三个要求,当事人即有权对此提出中间上诉。[2] 实践中,被认可属于"附属命令"的事项有:(1)驳回基于诉讼中绝对豁免的请求而提出的撤销动议的命令;(2)要求披露涉及律师客户特权和工作成果保护的文件的命令;(3)撤销扣押令的命令;(4)驳回当事人请求许可诉讼救助的命令。总体而言,附属命令原则的确立实现了终局判决规则的灵活运用,保证了某些必要的立即上诉,也维护了终局判决规则的立法目的。[3]

第二,"不可弥补的后果"规则(Irremediable Consequences Rule)。该理论由联邦最高法院在 1848 年的 Forgay v. Conrad 一案中提出。它是指在某些特定情形下,如果部分判决的履行会造成不可弥补的后果,尽管该判决不是终局的,但上诉法院可通过发出特别令状(Extraordinary Writ)的方式,实现对这些部分判决的上诉审查。申言之,法院发出此类特别令状的条件为:(1)法院作出了部分判决,且判决的内容事后难以救济;(2)法院的部分判决被认为存在错误,且事后应当得到复审;(3)当事人向上诉法院作出的相关裁决提出了采取即时行动或者引导的要求。实践中,特别令状的适用情形主要为:(1)满足当事人要求陪审团审理的请求;(2)满足保密特权和工作成果保护的文件的命令;(3)撤销限制与诉讼集团成员联系的命令;(4)撤销任命特别主事官的命令;(5)支持国家主权豁免的请求。[4] 由于该规则针对的是未终局判决,因而在适用中受到严格限制。尽管如此,当适用终局规则可能引起严重后果时,该规则的适用能够确保当事人获得及时救济。

第三,"死亡之钟"规则(Death Knell Doctrine)。在集团诉讼这类特殊案件中,之所以授予某些上诉法院决定审查驳回集团诉讼的裁定,其出发点在于这些否认集团诉讼的裁定在一定程度上将导致案件的终结,因为"集体成员的单个诉讼请求是如此的微不足道以至于缺乏将诉讼进行下去的利益动因,而只有当集团诉讼得到许可后,诉讼才会继续向前推进",此即为"死

---

[1] 汤维建:《美国民事司法制度与民事诉讼程序》,中国法制出版社 2001 年版,第 526 页。

[2] Cohen v. Beneficial Indus. Loan Corp., 337 U.S. 541(1949).

[3] 齐树洁主编:《美国民事司法制度》,厦门大学出版社 2011 年版,第 477 页。

[4] [美]美国联邦司法中心:《复杂诉讼指南》(第 3 版),郭翔等译,中国政法大学出版社 2005 年版,第 180 页。

亡之钟"规则。[1] 然而,由于该规则对终局判决规则进行了扩大解释,联邦最高法院在 1978 年 Coopers & Lybrand v. Livesay 案中拒绝该规则的适用。此后,学界对集团诉讼许可的持续关注和讨论,最终使《联邦民事诉讼规则》咨询委员会将集团诉讼许可裁决的上诉地位问题列入讨论议程,并于 1998 年通过在《规则》中增加第 23 条(f)款的形式授予上诉法院在其自由裁量权范围内对地方法院所作的集团诉讼许可命令进行中间上诉审查。不过,由于联邦最高法院未对第 23 条(f)款进行解释,上诉法院对其在何时应当行使其自由裁量权产生分歧。最终,美国第七巡回法院在 1999 年 Blair v. Equifax Check Servs. Inc.案中确定了三类允许中间上诉的案件:(1)对集团地位的否定将敲响诉讼"丧钟"的案件;(2)对集团地位的承认将使被告因过大的压力而寻求和解的案件;(3)立即上诉将促进集团诉讼法律的发展的案件。对于前两种案件,其还要求起诉人必须证明地方法院的认证决定是"有问题的"。[2] 至此,美国通过判例明确了"死亡之钟"规则在联邦法院的适用。

三、实践样态:美国民事诉讼中间上诉的实施情况

(一)中间上诉的适用案件类型

据统计[3],自 1995 年至 2010 年期间,美国巡回法院共收到中间上诉案件 117 件,其中案件的类型和占比主要归纳如下(表1所示):知识产权案件所占比例为 72 件,占比为 61.54%;合同案件为 12 件,占比为 10.26%;贸易案件为 7 件,占比为 5.98%;法律解释案件为 4 件,占比为 3.42%;征收条款案件为 4 件,占比为 3.42%;未知案件为 4 件,占比为 3.42%;管辖权案件为 3 件,占比为 2.56%;民事权利案件为 2 件,占比为 1.71%;证据开示案件

[1] Eisen v. Carlisle&Jacquelin, 370 F.2d 119 (2d Cir. 1966), cert. denied386 U.S. 1035.

[2] Linda J, Silberman& Tobia Barrington Wolff, Civil Procedure Theory and Practice (3),*Aspen Law & Business*, 1059(2009).

[3] Alexandra B. Hess, Stephanie L. Parker, Tala K. Touanian, Permissive Interlocutory Appeals at the Court of Appeals for the Federal Circuit: Fifteen Years in Review (1995—2010),60 *American University Law Review*, 764-770(2011).

为2件,占比为1.71％;其他案件依次为律师—当事人权利案件、律师事务所的资质案件、正当程序案件、陪审团指示的案件、主体资格案件、诉讼时效案件以及条约案件,占比均为0.85％。从中可见,这些案件中既包括涉及实体争议的中间上诉,也包括涉及程序问题的中间上诉。从案件占比来看,知识产权方面的诉讼在中间上诉中占据了主导地位,其原因在于,近年来地区法院受理的知识产权案件数量呈上升趋势,鉴于该类案件较为复杂且下级法院缺乏专业化的法官,所以在重要事项上往往需要求助于上级法院进行中间裁决。

表1　中间上诉的案件或争议类型

Type of Case or Issue on Appeal(中间上诉的案件或争议类型)	No. of Cases (案件数量)	Percentage of Total No. of Petitions(案件比重)
Intellectual Property(知识产权)	72	61.54％
Contract(合同)	12	10.26％
Trade(贸易)	7	5.98％
Statutory Interpretation(法律解释)	4	3.42％
Takings Clause(征收条款)	4	3.42％
Unknown(未知事件)	4	3.42％
Jurisdiction(管辖权争议)	3	2.56％
Civil Rights(民事权利)	2	1.71％
Discovery(证据开示)	2	1.71％
Attorney-Client Privilege(律师—当事人特权)	1	0.85％
Disqualification of Law Firm(律师事务所的资质)	1	0.85％
Due Process(正当程序)	1	0.85％
Jury Instructions(陪审团指示)	1	0.85％
Standing(主体资格)	1	0.85％
Statute of Limitations(诉讼时效)	1	0.85％
Treaty(条约)	1	0.85％

（二）法院对中间上诉申请的采纳情况

就美国巡回法院所收到的 117 个中间上诉案件来看，仅有 40 个案件的中间上诉申请获得准许，获准比例占案件总数的 34.2％。在其余案件中，有 60 个案件的中间上诉申请被否决，14 个案件的中间上诉申请被撤销，还有 3 个案件的中间上诉申请最终由当事人自行撤回。（见图 1）这表明，在美国司法实践中，当事人中间上诉申请获得法院采纳的比例相对较低。

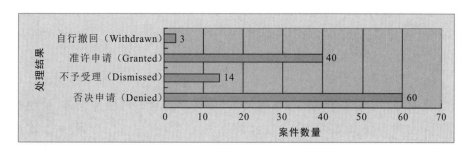

图 1　美国联邦巡回法院对中间上诉申请的处理情况

（三）法院对中间上诉申请作出裁决的理由

第一，准许中间上诉申请的理由。在 15 年间获得中间上诉许可的 40 个案件中，获得许可的理由包括：(1)能够解决其他悬而未决的案件，此类案件有 6 件；(2)上诉的申请未受到反对，此类案件有 4 件；(3)能促进效益和节约司法资源，此类案件有 4 件；(4)单纯的法律问题，此类案件有 4 件；(5)基于第一印象，此类案件有 3 件；(6)案件管辖上的分离，此类案件有 3 件；(7)能够加快诉讼处理的进程，此类案件有 2 件；(8)如果决定的合法性得不到支撑将带来资源的浪费，此类案件有 2 件；(9)实质性的不同争议，此类案件有 2 件；(10)对案件具有决定性意义，此类案件有 2 件。此外，还有多达 16 个案件为法院未明确说明理由而作出了准予中间上诉的裁决。

第二，否决中间上诉申请的事由。相比之下，美国联邦巡回法院否定中间上诉的理由也较多，主要体现为以下几类：(1)问题不值得立即审查，此类案件有 10 件；(2)对整个案件的支配性不强，此类案件有 5 件；(3)未决的审判马上就会到来，此类案件有 4 件；(4)诉讼可以在《联邦民事诉讼规则》54 (b)的诉讼规则之下进行处理，此类案件有 4 件；(5)诉争问题是实体和法律的交织，并不明确，此类案件有 3 件；(6)争议未在下级法院进行处理，此类

案件有 2 件；(7)争议未受到下级法院的审查，此类案件有 2 件；(8)争议很快就将被其他法院进行决定，此类案件有 1 件；(9)将会给已经消耗的诉讼资源带来浪费，此类案件有 1 件；(10)不会对案件的最终处理起到促进作用，此类案件有 1 件；(11)不具有时效性，此类案件有 1 件。此外，仍有 26 件中间上诉申请在没有明确理由下就被法院否决。

第三，撤销中间上诉申请的事由。在被撤销中间上诉的 14 件案件中，联邦巡回法院所给出的理由主要有以下几个：(1)对诉争问题没有上诉的权利；(2)没有进行认证的命令；(3)不具有时效性；(4)诉讼案件的归档错误；(5)已经得到了解决；(6)当事人撤诉。此外，还有 1 件中间上诉申请在没有任何实质性解释的情况下被法院撤销。

通过分析法院对中间上诉申请裁决的事由，可以发现，基于处理案件法律争议或诉之合法性问题、管辖权问题、促进诉讼程序的快速推进、避免司法资源浪费等事由准许中间上诉的案件总数为 19 件，占案件总数的 47.5%。这表明，如果中间上诉不会加快诉讼的进程或如果存在其他替代性的途径使得争议问题得以及时处理，联邦巡回法院将不会根据法律规定准许相关申请。此外，16 件中间上诉申请案件未给出明确理由而被准许，26 件中间上诉申请案件未给出明确理由而被否决以及 1 件中间上诉申请案件未给出明确理由而被撤销的情形，也直观反映了法院在是否准许中间上诉申请问题上具有较大的自由裁量权。

四、取长补短：美国民事诉讼中间上诉制度对我国的启示

就我国而言，尽管现行《民事诉讼法》及司法解释等对于程序性裁决规定了异议、复议、上诉以及再审等多种程序救济制度，但各救济制度同时或分别存在着救济范围有限性、救济方式行政化、救济时限滞后性、救济效果不理想等问题，当事人难以通过现有救济措施获得及时合理的救济。同时，在"案多人少"办案压力的影响下，实践中某些法院还存在将简易程序随意转为普通程序、动员当事人撤诉或"假撤诉"以及滥用诉讼中止裁定等游离于正式民事诉讼法律制度之外的隐性程序违法现象，法院程序裁决违法现象的普遍性与救济制度不充分之间的矛盾，迫切需要新的理论和制度予以应对。基于此，结合美国民事诉讼中间上诉制度具体内容与实践情况，建议我国从以下层面完善程序性裁判救济制度。

（一）注重强化保障当事人程序权利理念

民事诉讼的设置在于解决当事人的私权争议,基于主客观因素的影响,法官在民事诉讼过程中的程序性裁决难免会出现一些结构性错误或者严重侵害当事人权益的情形,在此情形下一味坚持"终局判决规则"的救济原则,难免会使当事人的诉讼权益得不到及时维护,也会在客观上使得诉讼效率的提升变得毫无意义。事实上,如果法官单纯地追求诉讼效率的提升而随意违反法定的诉讼程序,将极有可能会造成难以查明案件真实情况,进而无法作出合法、公正的裁判。毕竟,正如德国学者奥特马·尧厄尼希所说,"谁想加快程序,就必须忍受错误判决数目的增长。"[1]

就我国而言,为保障法院"依法独立公正行使审判权",我国自 2014 年开启了以"员额制"和"责任制"为主要内容的新一轮司法体制改革,为法官依法自主行使审判权给予充分的制度保障。但不能忽视的是,在我国民事诉讼立法未对法院程序性错误提供充分救济制度,而司法实践中诸如任意延长审限、任意作出诉讼中止或者随意将简易程序转为普通程序等违法的程序裁决长期存在的情况下,单纯提升法官办案主体地位、强化法官司法程序控制权,难免会为更多的程序裁决违法现象的发生提供制度空间,而这也使"让审理者裁判、由裁判者负责"在实践层面面临质疑。有鉴于此,为优先保障当事人诉讼权利,我国有必要借鉴美国民事诉讼中间上诉制度的设置理念,对诉讼进程中的程序性裁判违法行为进行及时、有效的救济,以确保法院审判权力的正确行使。

（二）完善民事诉讼中间上诉制度规范

在论及程序性裁定特点时,我国有学者认为,"民事裁定数量庞大,类型复杂,各种民事裁定之间既存在共同共性,也存在各自个性,而且几种民事裁定还会构成某类裁定进而产生局部共性和局部个性。"[2]事实上,鉴于民事程序性裁决的繁杂性特点,有必要通过专门的制度设计对程序性裁决问题予以规范。就美国民事诉讼中间上诉制度发展历程而言,其最初便以《中

---

[1] ［德］奥特马·尧厄尼希:《民事诉讼法》(第 27 版),周翠译,法律出版社 2003 年版,第 148 页。

[2] 胡思博:《民事裁定研究》,社会科学文献出版社 2014 年版,第 206 页。

间上诉法》(1958年)的形式出现,并最终确立于《美国法典》第28卷第1292条,且在经过多次修订后,形成了从(a)至(e)款的完整的中间上诉制度体系。同时,为解决是否可对"集团诉讼确认命令"进行上诉审查的长期争议,美国在1998年《联邦民事诉讼规则》修正案第23条(f)款中,明确授予上诉法院对初审法院给予或者拒绝集团认证的命令进行上诉审查的权力,并由其自主决定是否允许该中间上诉。此外,美国还通过司法判例的形式,确立了附属命令原则、"不可弥补的后果"规则、"死亡之钟"规则等中间上诉的适用规则,使中间上诉制度体系更为完备。

相较而言,尽管我国立法对回避、送达、期日、保全等事项设置了裁定、命定、决定、通知等多种类型程序性裁决方式,但仅对部分程序性裁决规定了上诉、再审、异议或者复议等救济措施,且这种分散性立法设计难免会存在立法不周延和实践不便利等弊端,具体而言:一方面是由于普通上诉、再审制度等所具有的程序繁杂性、救济滞后性等特点不利于实现对此类程序性裁定的及时、快速审理;另一方面,相比实体诉讼请求裁判,法院对于程序性事项的裁决和指挥等较为多样和繁杂,如果不设置独立的救济制度将难以对此类程序性采掘给予完善的救济。鉴于此,未来我国在设置程序性裁判救济制度时,应当充分考量此类裁定所具有的复杂性、独立性特征,对现有的异议、复议、上诉等相关制度进行综合调整,设置专门化的中间上诉制度,实现民事程序性裁判的专门化救济。

(三)合理界定中间上诉制度的适用范围

与法院的终局性判决只针对一个或者较少的事项进行裁断不同,民事诉讼审理过程中涉及中间性裁决的事项较为广泛,甚至"可能会有数百个中间裁决。例如,允许修改诉答文书的命令、准予任意加入诉讼之命令、要求回应披露请求之命令、确定审判日期之命令、限制交叉询问之命令、庭审中推翻或准许对证据提出异议之命令等等,都是中间裁决。"[1]不过,基于司法资源的有限性以及费用相当性原理,在民事诉讼中间上诉制度适用对象的设置上,不可能将所有的程序性裁定均纳入中间上诉的范畴。因此,如何对程序性裁决涉及的事项进行判断和甄别,并合理确定能够提起中间上诉

---

[1] 〔美〕理查德·D.弗里尔:《美国民事诉讼法》(下册),张利民、孙国平、赵艳敏译,商务印书馆2013年版,第961页。

的事项范围,就成为民事诉讼中间上诉制度设计必须考量的重要问题。

在此方面,美国民事诉讼法和司法实践要求中间上诉制度的适用,须以诉讼过程中相关裁定、命令或法律适用问题对当事人权益造成实质性损害为条件,即:只有存在即时救济必要性,法院才准许当事人提出中间上诉。例如,根据《联邦民事诉讼规则》第 61 条,证据采纳或排除错误,裁定或命令中的瑕疵或错误,以及基于法院或当事人作为或不作为产生的瑕疵或错误等,不能作为案件重审理由,法院亦不能据此撤销、变更陪审团的裁决,或作出中止执行该裁决的裁决。不过,如果法院认为不采取这些措施将违反实质正义要求的不在此限。如此规定,既实现了对当事人程序权利受损事项的合理分类和充分救济,也避免了将所有涉及程序性裁决争议纳入中间上诉范畴可能带来的司法资源紧张和救济制度设置不相称性等问题。就此而言,我国未来在确定中间上诉适用范围可充分参考美国经验,将适用范围限定于实质性影响当事人诉讼权益的程序性裁决。当然,至于实践中何为对当事人诉讼权益有实质性影响的程序性裁决,可以交由法官结合法律规定和实践经验加以确定。

The Study on Interlocutory Appeal System of American Civil Procedure and Its Enlightenment to China

Fan Weiguo

Abstract: When the case involves the dominant legal disputes, the continuing trial will cause the waste of judicial resources, or when the intermediate ruling of the court will have a significant impact on the interests of the parties, the strictly following the rules of final judgment will not only violate the procedural justice, but also damage the interests of the parties. Since the implementation of the Federal Judiciary Act in 1891, the United States has gradually established the "interlocutory appeal system", which allows the parties to lodge immediate appeals against specific court rulings, orders, instructions, etc. and developed a series of case rules in prad-Meanwhile, in order to avoid the fragmentation of trial and unnecessary litigation delay, the application of interlocutory appeal in judicial practice is strictly restricted. In the practice of civil judicature, there is also a shortage of relief for China's civil action procedure, therefore it is necessary to draw lessons of interlocutory appeal system and practical experience from the United States, then we can strengthen the concept of protecting the litigant's procedural rights, perfect the interlocutory appeal rules and define the applicable scope of the interlocutory appeal to have an effective guarantee of the procedural interests for the clients.

Key words: final judgment rules; interlocutory appeal; procedural ruling; procedural interest

美国著作权小额纠纷行政裁判庭的制度特色

陈识远[*]

摘要：美国司法系统费用昂贵，难以处理著作权小额纠纷，因此美国决定在国家版权局内部设置专门的行政裁判庭以处理著作权小额纠纷。裁判庭有审理人员专业化、程序简化、与司法衔接紧密等特点。裁判庭以自愿参加为运作基础，不仅使裁判庭获得了美国宪法上的正当性，也使得著作权人的索赔要求趋于理性化。该裁判庭的行政特点明显，一方面审理官在审理过程中必须遵从版权局的政策，另一方面审理官可以对事实进行主动调查。当事人在裁判程序中仅享有极少的程序性权利。为了兼顾公正，裁判结果会受到版权局局长与司法的有限审查。美国的这项程序为我国合理利用行政资源解决私人纠纷提供了借鉴。面对日益增长的知识产权纠纷，我国也可以考虑设立行政裁判庭实现程序的简化，充实现有的纠纷解决渠道，并将程序选择权交还当事人，形成纠纷处理的新格局。

关键词：著作权小额纠纷；行政裁判；制度特色；设计理念

在美国，高昂的诉讼费用一直令著作权小额纠纷望而却步。为妥善处理著作权小额纠纷，美国于 2020 年 12 月 27 日正式颁布了《著作权小额索赔替代法案》，决定在美国国家版权局内部增设行政裁判庭（以下简称"裁判庭"），用以裁判自愿提交至裁判庭的著作权小额纠纷。裁判庭由相对独立的著作权索赔委员会（以下简称"委员会"）负责运作，仅受理两类著作权纠纷：1.由著作权专属权引发的侵权纠纷；2.由故意虚假通知导致作品被删除或下架而引起的损害赔偿纠纷。

---

* 陈识远，上海师范大学硕士研究生。

美国的这项法案自提案到通过经历了 4 年时间,其间已有我国学者进行过介绍,并从效率角度指出裁判庭相比于传统司法审判的高效性。[1] 遗憾的是,目前尚未有学者从法案的程序设计角度分析新设裁判庭的制度特色与设计理念。效率固然是重要考量,但如何在行政机关内部构建兼顾效率与公正的裁判程序是法案面临的另一个难题,美国此举开创了以行政裁判处理小额私人纠纷的先河。因此本文将从程序特点入手,结合美国立法过程及美国学者的争议,以求更为深刻地揭示该制度的运作机理,并在此基础上探讨对我国的借鉴意义。

一、立法缘由

(一)著作权所有人与使用人均面临困境

数字时代不仅方便了作品的传播,也便利了侵权,侵权行为呈现多发但轻微的现象。然而美国的司法救济途径过于昂贵和费时,利用司法救济处理这类小额纠纷往往得不偿失。著作权人往往难以调集足够的资源向法院寻求救济,即使赢下诉讼,著作权人在减去各种诸如寻找证据及公证费的开支后,获得的收益甚至可能是负数。为加强作者的自助能力,美国于千年数字版权法中增设了"通知和下架"制度。著作权人可以向网络中介商发出下架通知,使涉嫌侵权的作品下架。立法者期望该制度能增加著作权人对作品的管控能力,但该制度却未能充分发挥作用。著作权人遭遇的现实状况是,一旦侵权内容在网上传播,便很少再能成功地永久性删除这些内容。[2]下架的作品又会从另一个地方重新上架。由于诉讼费的"庇护",通知删除程序也沦为一种治标不治本的"打地鼠"游戏。

著作权使用者的处境也并不乐观,他们往往需要冒极大的法律风险方能使用作品。一方面,作品在进行多次网络传播后,往往不再记载作者详细

---

[1] 杨绪东:《美国行政性著作权小额索赔制度革新及借鉴》,《电子知识产权》2020 年第 2 期。

[2] Morgan E. Pietz, Copyright Court: A New Approach to Recapturing Revenue Lost to Infringement: How Existing Court Rules, Tactics from the Trolls, and Innovative Lawyering Can Immediately Create a Copyright Small Claims Procedure That Solves Bittorrent and Photo Piracy, 64 *J. COPYRIGHT Soc'y U.S.A.*, 1 (2017).

的信息,使用者在实践中经常难以准确找到作者并支付作品使用费。尽管有关"孤儿作品"(指著作权人身份不明或著作权人身份确定但无法联系的作品)的立法大大限缩了赔偿责任范围,可如果一旦被起诉侵权,使用者在诉讼程序中依旧面临着证明责任的风险与出庭参诉的诉累。美国诉讼程序采取对抗式辩论模式,使用者即使事实上占理,也必须积极与著作权人积极对抗,否则仍可能承担败诉的风险。面对这种情况,继续放任市场自主博弈显然并非明智之举,需要政府创新救济途径以破解当前的困境。

(二)版权局与创作者团体共同推动立法

为了呼吁政府帮助众多自由创作者维护合法权益,视觉艺术团体早在2005年就曾建议国会考虑设置合理渠道处理著作权小额纠纷。美国国家版权局在经过充分研究和听证后,向国会提出建议:由政府出资外聘专家在版权局内部设立专门的小额裁判庭。核心要点包括:1.美国版权局聘请资深著作权律师组建常设的著作权小额索赔委员会,该委员会接受版权局的一般领导,专门负责裁判著作权小额纠纷;2.政府应补贴委员会的运作成本并降低受理费,裁判费用的基准建议设为 100 美元;3.双方以自愿参与为原则;4.程序将完全于线上运作以便纠纷的快速处理;5.裁判结果经有限的司法审查后可以强制执行。[1] 许多受访创作者团体都对版权局的设想表达支持,并强烈建议该程序应以"选择退出"模式构建——被告若不明确声明退出,则视为被告同意提交委员会进行裁判。美国版权局的调查报告中记载:著作权人经常处于侵权通知书被忽略的尴尬境地,他们对新设的纠纷解决程序表示忧虑,因为如果遵循"选择加入"为标准,该程序极有可能因被告的忽略而落空。[2]

在布鲁克林法律与技术研究中心同加州大学黑斯廷斯法学院共同举办的研讨会上,与会学者对"选择退出"模式表达了担忧:如果被告法律风险意识不强,或者根本没有收到通知,那么这种不包含任何意思表达的"沉默"会被推定为自愿。出于谨慎的考量并类比于仲裁程序,与会学者认为这种放

---

[1] U.S. Copyright Office, Copyright Small Claims: a Report of The Register of Copyrights, 4-5 (2013), https://www.copyright.gov/docs/smallclaims/usco-smallcopyrightclaims.pdf.

[2] U.S. Copyright Office, Copyright Small Claims: a Report of The Register of Copyrights, 98 (2013).

弃应是明示的。但同时,与会学者也赞同版权局搜集到的立法意见,即现实生活中当事人面对纠纷时的回复意愿总是很低,若采用同意加入模式,则新设立的程序使用率会大幅下降,纠纷会重新回到法院系统。最终,研讨会选择仅向立法发出警告——"选择退出"模式必须更为谨慎地保护被告的程序选择权才能通过正当程序的检验。[1]

经过不断搜集立法意见并反复权衡,法案最终选择了"选择退出"模式,但同时也按照学界建议采取了严格的措施保护被告的退出权,包括 1.严格规范送达程序,原告要么亲自将程序通知送给被告本人,要么遵守州法院关于传票的送达规则,确保被告有机会行使退出权;2.被告选择退出的期间从 30 日延长至 60 日,给予被告充分的考虑时间;3.如果被告基于可原谅的疏忽而未能参加程序造成缺席裁判,则被告可以请求法院撤销裁判庭的缺席裁判结果。

(三)著作权侵权案件的处理与美国国家版权局固有的"公权力"目标有关

尽管版权局与众多协会团体都支持在行政机构内部设立裁判庭,但设立行为还必须经受合宪性检验,因为在美国三权分立体制下,法官历来单独享有处理私人间纠纷的权力。[2] 如何论证设立裁判庭的合宪性基础成为困扰大家的难题。最高法院一直采用"公权力"与"私权利"理论检验政府内部设立裁判机构的正当性。该理论认为,宪法仅授予法院审理私人纠纷的权力,因此行政机构应对调整私人领域保持克制,否则行政权便可能乘机不正当地干预司法权。按照该理论,国会仅有权在涉及政府"公权力"的相关事务上批准于政府内部设立裁判组织,否则便有违宪之虞。

起初,美国最高法院对"公权力"理论的内涵做了非常严格的解释,仅包括"政府和受其管辖的人之间,因政府履行宪法职能有关的事项"。[3] 但2011 年,美国最高法院在斯特诉马歇尔一案中态度发生了缓和,虽然该案

---

[1] Pamela Samuelson & Kathryn Hashimoto, Scholarly Concerns about a Proposed Copyright Small Claims Tribunal, 33 *BERKELEY TECH. L.J.* 689 (2018).

[2] 虽然美国的行政机关内部设立有诸如版税委员会、专利审判与上诉委员会、商标审理与上诉委员会等机构处理事务,但其裁判对象都与政府管理职能息息相关,例如决定著作权的强制许可、专利是否有效、是否禁止注册商标等。

[3] Crowell v. Benson, 285 U.S. 22 (1932).

的判决结果认为私人间的诽谤行为不涉及"公权力",但约翰·罗伯茨法官重新阐述了"公权力"的判断标准:某项事务必须与特定的联邦政府行动有着内在的联系。[1] 根据这一判断标准,具有公共属性的事务不再局限于政府作为一方当事人,并且私人权利与公共权利不再截然对立,一项私人权利可能因为与政府行动目的存在内在联系而被认为属于"公权力"调整范围。保罗·巴托尔教授为这一转变动机提供了一个实用主义的注脚,他将原因归结为历史的经验:"两百年来,我们的立法机关一直假定它有权建立这些机构……由此产生了大量非常有用和成功的机构;这些机构现在深深地扎根于我们政治和经济生活的结构之中。总之,大量的先例和经验证明我们的立法和行政机构内的裁判庭是有效的。"[2]

那么为何发生于私主体间的著作权侵权案件会与政府的"公权力"有内在联系?总的来说是因为侵权行为频发破坏了市场秩序,损害了国家著作权战略。事实证明,仅依靠司法系统不足以破解网络时代著作权维护面临的困境,著作权侵权行为屡禁不止,导致许多著作权人未能得到应当享有的利益。大量自由创作者对著作权制度产生怀疑,甚至批评美国著作权是专为大公司服务的制度。[3] 这不仅打击了创作热情,而且许多作者开始减少作品注册(因为注册会产生成本),并谨慎地传播作品。这种现状与美国版权局的目标——"促进创造力和自由表达"正好相左。所以,为让版权局更好地实现其目的,应当准许版权局实施相应的措施以纠正目前的不良现象。在版权局内部设置委员会不仅是为了帮助著作权人有效实现权利;同时它通过著作权小额纠纷的集中裁判,加强了国家对著作权保护的关切,有力地震慑了侵权行为。总之,美国希望通过设立该制度维护著作权市场秩序,保护创作热情。值得注意的是,这也奠定了裁判庭的行政化属性,为了实现对市场的调整,版权局必然会以裁判庭为手段贯彻某些政策。

---

[1] Stern, Executor of the Estate of Marshall v. Marshall, Executrix of the Estate of Marshall, 564 U.S. *Prelim. Print*, 462 (2011).

[2] Paul M. Bator, The Constitution as Architecture: Legislative and Administrative Courts under Article III, 65 *IND. L.J.* 233 (1990).

[3] See Sandra M. Aistars, *Ensuring Only Good Claims Come in Small Packages: A Response to Scholarly Concerns about a Proposed Small Copyright Claims Tribunal*, 26 *GEO. Mason L. REV.* 65 (2018).

二、制度特色

(一)组建专业化审理团队

裁判庭由常设的著作权索赔委员会负责运作,委员会由 3 名全职的审理官和 2 名全职的协助律师组成,3 名审理官负责案件审理并作出裁判,2 名协助律师负责协助审理官的日常工作并引导当事人正确地提出诉求。每位审理官的任期为 6 年,可以连任。委员会的办公室设在版权局内部,由版权局出资维持其日常运作。

1.审理官的任职资格

美国版权局局长负责推荐 3 名审理官,由国会图书馆馆长任命。审理官不能从版权局原有工作人员中选任,而必须是具有 7 年实际工作经验的律师担任。其中 2 名审理官应在著作权侵权索赔案件的评估、程序开展或裁判方面具有丰富的经验;并且其中之一曾代表或主持不同类型的著作权权利纠纷;第 3 位审理官应在替代性纠纷解决领域具有丰富的工作经验并熟悉与正式司法程序的衔接。

2.合议制审理模式

进入裁判庭的案件原则上必须经 3 名审理官共同参与审理并合议得出裁判结果。立法者期待可以由 3 名审理官的专业性带动纠纷的快速解决,因此对 3 名审理官的履历要求各不相同,并让其形成互补之势。美国司法程序之所以昂贵烦琐,是因为其诉讼构造采取对抗式辩论模式,并且陪审团制度更加大了双方的说服难度。为确保适宜由陪审团审理,法官与当事人还需花费大量的时间进行证据资料的前期处理。为了避免裁判庭程序重新陷入程序烦琐的泥沼,法案决定组建专业团队进行听审,让多个裁判官共同参与审理过程,充分发挥他们的专业知识和经验,保障审理过程的高效和结果的公正。

3.审理官有权自由裁量"法定赔偿金"

基于审理官的专业性,法案允许委员会根据案情自由裁量"法定赔偿金"。每件及时注册的作品可最高授予 1.5 万美元的赔偿,未及时注册的作品则为 7500 美元。"法定赔偿金"是计算赔偿数额的一种替代措施,当著作权人无法证明自身受到的实际损害和侵权人因此获利时,著作权人可以请求法院判给法定赔偿金作为替代。法定赔偿金在委员会的裁判程序中得到适用,一方面减轻了著作权人的举证责任,另一方面也有利于充分发挥委员会与版权局的专业性,可以大大加快程序进程。

(二)简化审理程序

1.集中争议,避免无效辩论

法案赋予审理官程序管理权,并禁止当事人提起正式的程序性动议。在双方都确认参与程序后(包括被告默示的参与),审理官有权根据案件情况进行期日安排,并决定如何听审以及证据如何提交。

为尽快集中争议焦点,审理官将与当事人共同承担发现案件真实的权能与责任。审理官可以直接要求当事人就案件的某些事实问题作出说明;同时,法案仅为当事人保留了两项传统的发现手段——"书面请求对方表态"与"书面质询"。"书面请求对方表态"是指一方当事人书面发出的,请求对方对事实的真实性、法律的可适用性、证据的真实性作出认诺;"书面质询"是请求对方回答己方尚不知晓,但与案件有关事实的真实情况。如果一方经提醒后仍拒绝响应发现事项,则委员会可以依据案件情况直接作出不利于未响应方的推定。

2.简化事实认定过程

法案摒弃司法审判时需要遵循的正式证据规则,将证据资格和证明力的判断完全交由审理官。规定两类证据无须经过正式的证据规则即可采纳:(1)与索赔及答辩相关的文件材料及其他非证词证据材料;(2)以书面形式作出并承诺接受伪证罪处罚的言辞证据。一方面,裁判程序简化了证据的形式要求,当事人可以直接提交诸如网页截图、聊天记录截图等非原始证据,这些证据的证据资格将由审理官根据案件实际情况决定;另一方面,如果案件事实简单,审理官可以不必开庭进行言辞质证,直接依据书面证据作出裁判。

为了减少争议并降低裁判风险,法案同时也规定委员会在裁判程序中不考虑被告是否为故意侵权,也不考虑适用惩罚性赔偿。

3.利用互联网技术线上庭审

委员会的裁判程序将完全线上进行,此举将降低程序运作成本并方便当事人参与。按照设想,智能案件管理系统将引导当事人正确提出索赔诉求,对当事人上传的证据资料进行分类整理,从而提高案件管理效率。若存在线上递交困难的证据,法官应在确保对双方公平的前提下确定替代措施。听证及会议也将利用网络视听技术线上进行。

(三)与司法程序的衔接

1.裁判程序与司法程序的一般关系

一般情况下,委员会的裁判程序优先于普通法院的管辖权。如果美国地区法院发现案件早已被委员会受理,那么法院应发布中止诉讼程序的命令或其他适当措施。若当事人同意,美国地区法院也可将符合条件的案件交由委员会审理。

2.裁判程序可以被视为诉讼程序

裁判程序可以视为寻求限制用户从事侵权活动的诉讼程序。为平衡权利人与使用人的利益,美国著作权法建立了"通知删除"制度。若认为网络上传播的作品侵犯自己著作权,那么著作权人可向网络中介商发出删除、下架的通知。但为了平衡权利,法律同时赋予了上传者反通知的权利,即通知网络中介商该作品不侵权。网络中介商在收到反通知后必须于10日内恢复被下架的材料,同时应告知原通知方,否则将会承担错误下架的责任。此时,原通知方可以向法院提出诉讼以阻止反通知的效力。为了强化裁判程序与诉讼的衔接,提高裁判庭的适用意愿,法案特以规定著作权人向委员会提出的裁判请求同样可以阻却反通知的效力。

3.司法审查是版权局自我复查的补充

若当事人对裁判结果不服,当事人选择两条路进行救济——版权局自身提供的救济或者司法救济。如果当事人指出明显的法律适用错误,或对结果具有重要意义的事实错误,或者技术性错误,则可以在30日内向委员会书面提出复议请求。在向其他当事人提供陈述机会后,委员会应该,或拒绝该请求,或发布一份修正的最终裁判。如果委员会否决了一方的复议请求,则该方还可在30日内请求版权局局长进行复审。复审范围限于委员会在拒绝复议时是否滥用了自由裁量权。

相比而言,司法审查是有限的。当事人仅能基于以下三种严重违背委员会裁判目的的情形向相应的美国地区法院请求撤销或修改委员会的裁判:(1)该裁判的形成是基于欺诈、腐败、虚假陈述或其他不当行为的结果;(2)著作权索赔委员会越权或未能就争议的主体问题作出最终裁判;(3)当作出缺席裁判时,如果证实缺席是由于可原谅的疏忽所致。

4.裁判书的强制执行

一方当事人可以独立地向法院提出申请将裁判书转化为判决书,从而获得强制执行力。具体而言,若一方当事人未支付裁判书确认的赔偿款,或违背裁判书确定其他救济措施,受损害方可以在一年内向美国哥伦比亚特区法院申请转化裁判书。申请人应当以接受伪证罪处罚来宣誓该申请是诚实的。在通知裁判书涉及的各方当事人后,法院应准许申请并径行将裁判书转化为判决书,当事人可以依据转化后的判决书申请强制执行。

另外,裁判书的自愿履行还受费用杠杆的保护。如果美国哥伦比亚特区法院决定准许当事人的申请,则法院还应向未支付损害赔偿的一方,施加额外的惩罚措施——支付为取得该确认所支出的合理费用(包括律师费)。

(四)裁判结果公开

著作权索赔委员会的每一份裁判书都应在公众可访问的网站上公布。涉及保密信息的可以做适当处理,但裁判书的其余部分仍应向公众披露。作为一项新设并可获得强制执行效力的裁判制度,委员会必须解释其裁判的理由,并在网上提供这些有效的裁判文本,这样才能建立公众对法庭的信任,并确保法庭的使用者能够更准确和有效地提出其主张和辩护。[1]

三、制度的设计理念

在版权局内部设立裁判庭处理私人纠纷是美国一次全新的制度尝试,作为一项自愿参加的非诉讼程序,它在诸多方面呈现出既区别于仲裁又区别于诉讼的特点。它强调自愿,但却并不是为了排除公权力介入;它是一种居中裁判,但审理官又可以依自己的意愿介入纠纷并提出解决措施。因此,有必要进一步厘清它的设计理念,如此方能理解这种"行政裁判"的本质。

(一)自愿原则是裁判庭运作的基石

1.自愿原则是裁判庭的合宪基础。在美国三权分立的政体下,各方都

---

[1] Sandra M. Aistars, Ensuring Only Good Claims Come in Small Packages: A Response to Scholarly Concerns about a Proposed Small Copyright Claims Tribunal, 26 *GEO. Mason L. REV.* 65 (2018).

享有将私人纠纷提交法院进行审理的权利,除非各方当事人都自愿放弃这项权利,否则裁判庭作出的裁判将无法被法院承认并转化为判决。

2.自愿原则是促使当事双方达成初步妥协的工具。为减轻当事人的举证责任并加快纠纷的处理过程,法案授予著作权委员会在1.5万美元额度以内自由裁量"法定赔偿金"的权力。美国有学者对此曾表示担忧,认为该额度设置过高,极有可能导致被告的战略退出,这样一来程序设置的目的会落空。[1]但这种想法是错误的,因为原告应当非常清楚,要价太高会引起被告的选择退出,后果是他将不得不重新面对高昂的正式诉讼。因此,当原告提出索赔请求时,便会充分考虑市场价格。当然,该程序对被告而言也具有吸引力,因为被告不仅获得了一次与著作权人理性协商价格的机会,而且免除了正式庭审中高昂赔偿金的风险,最为吸引人的是,协商平台由政府买单搭建不必再花费诉讼费用。总之,权利人以合理的赔偿额换取被告的自愿应诉;被告为追求相对低廉且确定的赔偿放弃将纠纷提交法院;而政府出资建立的专业裁判庭将成为对双方形成妥协的鼓励。

3.自愿原则是保持政策灵敏度的工具。审理官作出裁判不仅依据法律与先例,还依据版权局制定的政策。法案中有很多地方都留下了巨大的解释空间,例如根据什么标准把握法定赔偿金的尺度,如何处理当事人提出的专家证人作证申请,什么时候应当召开会议等,这些都留待版权局与裁判庭在实践中通过政策去完善。正如前文立法缘由所述,裁判庭不仅承担着解决私人权益纠纷的功能,它还作为版权局的一项工具,用以改善独立创作者的经济处境。政策制定必然包含试错的过程,自愿原则将是版权局探寻著作权市场需求的渠道,著作权人与使用者可以通过"用脚投票"来表达自己的意愿,版权局可以据此不断修正政策以提供适应需求的著作权保护。

4.自愿原则是裁判程序突破司法审判基本构造的正当性基础。为加快纠纷处理效率,法案全面限制当事人的程序权利,并对程序做了相当程度的简化。如果用诉讼的理念来看,有些做法甚至违反了一些基本原则,例如审理官有权自行要求当事人提交材料违反了处分原则;证据不经证据规则即可采信违反了辩论原则。但基于自己意志自己负责的基本法理,作为著作

---

[1]　See Ben Depoorter, If You Build It, They Will Come: The Promises and Pitfalls of a Copyright Small Claims Process, 33 *BERKELEY TECH. L.J.* 711 (2018).

权人与使用者自行选择的结果,该裁判庭的裁判行为仍可以基于双方自愿参与而获得正当性。

(二)程序运作的行政化色彩

同样是专门处理私人间纠纷的公权力机关,法院的程序必须坚持一些基本原则,否则人们会怀疑法院是否具有公正性:一是独立裁判,法官在双方都充分陈述意见后,应独立地作出结论;二是尊重当事人的主体性,法官必须以当事人提出的证据作为裁判,不能超越当事人的请求主动搜集证据;三是亲历性与直接言辞原则,法官应通过听取和观看双方的言辞辩论来形成心证。

新设的裁判程序却很大程度上突破了这些基本原则:首先,审理官不仅需遵照政策审理案件,甚至在审理过程中也可就一般法律问题向版权局局长咨询;其次,审理官可以直接要求当事人就相关事实或法律问题作出说明;最后,审理官可以根据案件情况自行决定进行线上会议还是直接依据书面审查作出裁判。之所以有上述这些不同寻常的规定,我们固然可以从效率上进行解读,但这种解读无助于深入理解该程序,笔者认为,上述这些突破都可以归结为行政化改造的结果。

1.著作权索赔委员会与版权局的关系是一种科层关系,委员会只能行使弱化的独立裁判权。尽管法案为独立裁判设置了一定隔离措施,例如审理官不能直接咨询具体案件的意见,以及禁止版权局将裁判结果与绩效挂钩,但这些措施不足以改变科层关系的本质。毕竟从最开始,裁判庭的设立就以版权局的促进创作职能息息相关,因此版权局必须有足够的能力影响委员会的具体运作。委员会成员的任免权仍很大程度由版权局局长掌握,若委员会成员履职不称职,则版权局局长可以提请图书馆馆长予以撤换。此外,审理官可以就法律的一般适用咨询版权局局长。由此看来,委员会与版权局的关系远比上下级法院的关系紧密,版权局局长完全有能力使审理官按照其政策意志作出裁判,审理官也有动机将疑难案件向版权局局长咨询。因此,委员会的裁判很大程度上也将展现国家版权局对著作权维护的立场。

2.著作权索赔委员会的实际运作过程与具体行政行为的作出过程相似。审理官在具体索赔请求呈递给他们时就开始进行实质审查并形成初步心证,为了印证心证,法案授予审理官要求当事人提交书面意见或者召开听证的权力。这些规定看似与司法程序类似,但究其设计理念,乃是印证心证的辅助措施。对于案情简单的案件,双方可以根据委员会预先制作的审理要素表进行自查,并按照其中要求提交材料,审理官在收到材料后便可形成内心确信,从而直接基于书面审查授予金钱救济。

(三)委员会提供的是最低限度的救济

法案中的"小额"具有深刻的内涵,不仅是数字的绝对值小,更是指一种最低限度的救济。国家能够提供的资源毕竟是有限的。对于众多小额纠纷,再以完善的程序保障当事人的程序权利不仅没有必要,而且不可能。程序的简化是降低程序运作成本的重要手段,但在简化程序的同时,必须避免委员会涉入复杂的法律风险,否则程序的正当性也就不复存在。美国学者也建议审理官采取谨慎的态度对待赔偿额,以著作权授权费用为基准裁量金钱赔偿额。[1] 由此可以看出,委员会提供的救济并非完全的救济,而是一种最低限度的救济。司法系统由于其自身性质需要尽量维护其权威性,因此并不适合作出这种突破与让步。因此脱离了司法系统后,以行政来承载这种极端的程序简化,或许是无奈之下的优良方案。法案最后还为委员会避免法律风险留下一道后门——拒绝裁判权。如果审理官发现案件涉及的法律争议极大,或者案情复杂,则可以在审理程序的任意阶段以"不适合委员会裁判"为由驳回裁判程序(与实体权利无涉)。

(四)行政与司法双通道纠错确保结果公正

作为一项裁判程序,若公正无法保证,则效率价值也会化为虚无。正是基于这样的担忧,美国为这项自愿选择的纠纷解决渠道设计了精巧的纠错程序。审理官必须回应当事人任何的涉及审理错误的复议申请;若被审理官拒绝,当事人还可以请求版权局局长对委员会的决定再进行一次审查;除此之外,当事人还可以请求法院审查缺席判决的合理性,以及委员会程序是否存在虚假与欺诈。委员会自身的审查免费而版权局局长与法院的审查将会收费;委员会自身的审查全面且广泛,后两者的审查范围则相对狭窄。如果真的可能存在裁判结果错误,那么经过如此精密的复查程序后也足以纠

---

[1] See Pamela Samuelson & Kathryn Hashimoto, *Scholarly Concerns about a Proposed Copyright Small Claims Tribunal*, 33 *BERKELEY TECH. L.J.* 689 (2018).

正错误,保障了裁判结果的公正性。

当然,必须指出该设计仍然以版权局的内部审查为主,法院并没有获得全面的审查权。因为如果允许广泛地请求法院重新审议决定,那么简化程序的优势也会消失殆尽,败诉方可以任意在联邦法院重新提起诉讼。若如此,那么经裁判庭处理的纠纷就并没有获得终局性解决,背离了设计初衷。

四、对我国的启示

中国也面临网络侵权案件频发的困扰,但与美国不同的是,我国面临的最大困难是司法系统接收大量案件导致运作压力极大。据最高法工作报告显示,2018 年全国法院审结一审知识产权案件已达 28.8 万件,同比上升41.8%。[1] 可以合理推测,未来案多人少的困境将会进一步加剧。有鉴于此,笔者认为我国也可以借鉴美国的做法,于行政机关内部设立常设裁判机构用以裁判某些类型知识产权的小额纠纷,帮助化解法院的审判压力。

(一)行政机关解决小额纠纷应"以裁代调"

行政机关由于其专业性,可以高效且廉价地处理纠纷已渐渐成为共识,但目前我国行政机关解决私人间纠纷的两种方式——行政裁决与行政调解,都不适宜处理小额纠纷。行政裁决需临时抽调人员进行裁决,实践中也仅受理影响重大的案件,因此本文不作讨论。有学者认为行政调解可以发挥行政机关专业性、高效率、低成本等优势,具有处理大量的民间纠纷的潜力。[2] 但笔者认为设立专门的行政调解机构会因为以下三大致命缺陷而阻碍其运作:1.调解过程中无法发挥专业人员对纠纷处理的引导作用。由于在调解过程中必须照顾当事人的实际需求,调解员将花费大量精力探寻当事人的实际需求,并积极引导促使当事人达到妥协,这在小额纠纷领域是得不偿失的。2.调解无法给予当事人明确的预期。由于调解结果往往是保密的,因此当事人无法准确预估收益,由于缺乏信息做比较,调解过程很难带给当事人公平的感觉,并且对未知的担忧常常会阻止人们进行尝试。

---

[1] 周强:《最高人民法院工作报告——2019 年 3 月 12 日在第十三届全国人民代表大会第二次会议上》,https://www.chinacourt.org/article/detail/2019/03/id/3791943.shtml,最后访问时间:2021 年 6 月 17 日。

[2] 倪静:《论我国知识产权争议行政调解机制的完善》,《法律适用》2010 年第 9 期。

3.调解会面临行政身份与调解身份的冲突。行政调解必然面临"从执法主体向服务主体发生转换的问题"。[1]我国版权局承担着查处违法行为的职能,很难在行政权力与调解服务之间建立隔离墙,容易形成压制性调解。

为解决行政调解面临的难题,笔者认为我国可以借鉴美国的做法,将纠纷处理的理念由调解改为裁判。如此一来,原本行政调解的缺陷能获得解决:1.设立裁判庭意味着裁判员可以掌握纠纷处理的主动权,可以充分发挥其专业性并快速厘清权利义务关系,避免当事人陷入讨价还价的苦战,可以加快纠纷处理效率;2.裁判书与调解书相比更具有可公开性,可以为潜在的著作权人提供合理预期,使得纠纷处理获得了指引公众行为的公共价值;3.由于以法律为准绳进行裁判,裁判庭与行政机关的科层关系不会再导致压制调解的风险,而从外部聘任专家可以实现裁判庭与行政职权保持相对的独立,防止裁判出现不公正的现象。就具体措施而言,美国已提供了一个良好的蓝本,笔者不再展开论述。

(二)设置类似裁判庭可以充实现有的纠纷解决体系

在行政机构内部增设裁判庭可以缓解法院压力,将程序选择权交还当事人。面对民事诉讼案件居高不下的状况,我国司法改革的重心逐渐移向繁简分流与简化程序方面,为提高纠纷处理效率优化司法资源配置,多地基层法院已开始探索更符合处理小额纠纷的民事速裁程序。然而面对审判压力,民事司法实践中已存在不当简化程序环节,片面追求结案率的情况。[2]可以想见未来如果不拓宽纠纷处理渠道,类似情况还将进一步加剧。于行政机构内部增设裁判庭处理私人纠纷不仅可以拓宽纠纷处理渠道,并且可以承担起突破司法理念进一步简化程序的任务。如此一来,当事人可以根据纠纷实际情况选择处理渠道,程序简化也可以因此获得正当性来源。

设置新的裁判庭可以承担继续简化程序的任务,而脱负后的司法可以还原其性质定位,通过构建完善的程序承担起"守护公平正义的最后一道防线"的职责。司法的性质决定了它不能随意突破当事人主义与辩论原则,否则其权威性与程序正义无从实现,一味简化程序追求效率反而降低了法院

---

[1]　何炼红:《论中国知识产权纠纷行政调解》,《法律科学(西北政法大学学报)》2014年第1期。

[2]　李峰:《小额诉讼制度完善的进路分析——对民事诉讼法第162条的解读》,《河南师范大学学报(哲学社会科学版)》2013年第5期。

化解纠纷的实效。因此,司法程序能对程序作出的简化是有限度的。司法改革应继续坚持朝着保障当事人的程序主体地位的方向前进,如此方能增进程序正义,更好地利用程序化解当事人的不满。

总之,设立裁判庭可以承担进一步简化纠纷处理程序的任务,帮助化解司法渠道的审判压力,保护司法渠道朝着继续加强程序保障的观念方向发展,法院与裁判庭将共同开创纠纷处理的新格局。

五、结语

著作权制度的初衷在于授予著作权人合理的利润以促进创作,数字时代的到来极大地促进了作品传播,但也冲击着原有的救济途径。这不仅是美国面临的挑战,也是我国的挑战。美国极具创新地在国家版权局内部设立裁判庭用以处理私人间的著作权小额纠纷,迈出了创新救济途径的第一步,背后包含了美国理论界与实务界对著作权制度、司法程序运作的深刻反思。在未来,或许它的运作并不会一帆风顺,而是会在不同的政策间来回徘徊,但不可否认的是,它带给我们一个不同于司法审判、仲裁与行政调解的全新纠纷解决思路,能够为我国未来的司法改革及构建多元化纠纷解决机制提供丰富的借鉴意义。

The System Characteristic of Administrative Tribunal for Copyright Small Claims in America

Chen Shiyuan

Absrtact：The U.S. judicial system is too expensive when dealing with copyright small claims，so America decided to set up a new administrative tribunals within the U.S. Copyright Office to deal with petty copyright disputes. The Tribunal has the characteristic of specialization，simplification，and close connection with the judiciary. The Tribunal operates on the basis of voluntary participation，which gives the Tribunal constitutional legitimacy，and guides parties to assert their claim rationally. The administrative characteristic of the division are obvious，on the one hand，the officers must abide by the policy of the Register of Copyrights，on the other hand，the adjudicator can actively investigate the facts. The parties have few procedural rights. In order

to balance justice, it is subject to limited scrutiny by the Register of Copyright and the judiciary. This procedure in the United States provides a reference for our country to reasonably use administrative resources to resolve private disputes. In the face of growing intell-ectacal property dispectes, our country may make use of the administrative tribunal to further simplify procedures, enrich the existing dispute resolution channels, and return the procedural option to the parties concerned, forming a new pattern of dispute resolution.

Key words: copyright small claims, administrative adjudication, system characteristic, design concept

人才培养

法律硕士实践教学机制的思考

环建芬[*]

摘要: 法律硕士实践教学机制是法律硕士人才培养的一项重要内容,它注重实践教学的环节,根据法律硕士培养要求设计具体内容。目前我国法律硕士实践教学机制的问题是共性明显,特色呈现不足;内容深入性欠缺,形式界限不分明;课程固化,"实训"效果有待提升。为此,本文提出,应在满足共性化要求的同时重视特性化机制的探索;培养过程应不断置入新内容,摸索新模式;优化课程内容,将其与"实训"环节有机结合。

关键词: 实践教学机制;共性与特性;内容与形式;课程与"实训"环节

法律硕士是"有特定法律职业背景的职业性学位",旨在培养从事立法、司法、行政执法、法律服务、法律监督以及经济社会管理部门的高层次、应用型、复合型法律专门人才。这个定义,在历次的全国法律硕士教育指导委员会(以下简称"全国法硕教指委")指导性法律硕士培养方案[1]中一直沿用,包括1999版、2006版、2009版、2017版。以最新版的2017年全国法硕教指委颁布的《法律硕士专业学位研究生指导性培养方案(适用于法学专业毕业生)》《法律硕士专业学位研究生指导性培养方案(适用于非法学专业毕业

---

[*] 环建芬,法学博士,上海师范大学副教授。

[1] 全国法律硕士教指委一直提供法律硕士指导性培养方案供法学院校参考制订自己具体的实施方案,目前有非法本法硕和法本法硕两类,最新版本是2017年修订并由国务院学位办转发实施。

生)》两类为例,分别明确法律硕士研究生的培养目标是"本专业学位主要培养立法、司法、行政执法和法律服务领域德才兼备的高层次的专门型、应用型法治人才""本专业学位主要培养立法、司法、行政执法和法律服务以及各行业领域德才兼备的高层次的复合型、应用型法治人才"。可见,无论是法硕(法学)还是法硕(非法学)的研究生,其培养目标均强调"应用型法治人才"的培养。所谓"应用型法治人才"是指具有较强实践能力的法治人才,即实践性法治人才。实践性法治人才的培养除了满足一般教学要求外,还特别强调实践教学机制的建设,该机制的建设对于完成教学目标具有重要意义。

一、法律硕士实践教学机制的一般认识

何谓法律硕士实践教学机制,即法律硕士培养的实践教学体系机制。作为法律实践教学机制,可以从其特点和内容上进行认识。

(一)法律硕士实践教学机制的特点

笔者认为,法律硕士实践教学机制具有以下几个特点:

第一,属于法律硕士研究生培养专门的教学机制。教学机制是教学过程中的制度和方法,或者说制度化了的方法,属于学校人才培养的重要环节。教学机制缺位、教学机制内容不充分、教学机制未紧扣办学要求都将难以真正实现学校人才培养的目标。

同时,因为是专业学位研究生的培养机制,所以,这类学生培养的教学机制需要紧紧围绕这一特点设计制度、确立研究方法,其特点是法律内容的实践性和高端性。所谓实践性,即注重法律规范的实务应用;所谓高端性,即学生必须具有一定研究能力,而不是一般的应知应会。

第二,注重实践教学的环节。法学是世俗的学问,甚至很多是实践性的、技术性的内容,因此法学教育仅仅靠课堂讲授是远远不够的。[1] 同时,从培养目标看,作为专业学位的法律硕士与学术学位硕士最大的区别是,前

---

[1] 苏力:《当代中国法学教育的挑战与机遇》,《法学》2006年第2期。转引自董娟、赵威:《从法律人才到法治人才:法律硕士培养目标的新转变》,《学位与研究生教育》2019年第5期。

者以培养实践性人才为目标,后者以培养研究性人才为目标。法律硕士作为实践性人才培养的一类,其培养过程必须重视实践环节,该实践环节应该贯穿在整个培养过程,而培养过程的重要环节是教学环节。为此,在教学环节中,必须充分体现实践教学的特点,将该特点渗透在整个教学环节。如课程设计应关注法律实务的规范内容,且保持在一定数量,占据所有课程总量的一定比例。

第三,根据法律硕士培养要求设计相关内容和环节。法律硕士研究生培养要求是法律实践的高端人才,这些人才未来的职业趋向是公、检、法司法机关、政府机关和企业事业单位的法务部门。[1] 为此,法律硕士研究生的教学实践机制必须根据专业的特点和学生的就业趋势设计相关制度和方法,以实现培养目标。这些制度和方法应蕴含在相关内容和环节。如根据不同的就业领域需要,设计不同的法律专业课程,让学生在校期间可以了解这些领域基本的法律规范内容。

(二)法律硕士实践教学机制的内容

根据法律硕士培养的特定,目前法律硕士实践教学机制的内容主要包括专业课程体系、实践教学与训练(以下简称"实训")体系、学位论文环节三个部分。[2] 这里需要关注两个问题:首先,法律硕士实践教学机制不是单一的一个实践阶段或环节,它是指整个培养过程,只不过法律硕士基于专业学位这一类培养目标的特点,注重实践性,故将教学机制称为实践教学机制,是从实践教学角度关注其机制;其次,既然为整个培养过程,不能离开学位论文环节,学位论文环节也是实践教学的一个方面。一般而言,认识实践教学可以从广义和狭义上理解,广义的实践教学包括整个培养过程,只是该培养过程要充分体现实践的特性,即便是专业基础课程也需要注重这一特点;狭义的实践教学主要体现在实训阶段。本文从广义上讨论,因为作为法律实践人才的培养不是一个孤立的阶段,它与专业课程、学位论文是一个完

---

[1] 参见 2017 年 7 月 20 日国务院学位办颁发、全国法律硕士教育指导委员会制定的《法律硕士专业学位研究生指导性培养方案(适用于法学专业毕业生)》《法律硕士专业学位研究生指导性培养方案(适用于非法学专业毕业生)》中"一、培养目标与要求"。

[2] 参见 2017 年 7 月 20 日国务院学位办颁发、全国法律硕士教育指导委员会制定的《法律硕士专业学位研究生指导性培养方案(适用于法学专业毕业生)》《法律硕士专业学位研究生指导性培养方案(适用于非法学专业毕业生)》中"四、培养内容与学分"。

整的链条,专业课程是基础、实训是运用基础理论、学位论文是前两者成果的汇总,它们都是属于实践教学过程。所以仅从狭义上讨论范围过于狭隘,难以全面完整地展现其内容。

根据2017年全国法硕教指委制定的《法律硕士专业学位研究生指导性培养方案(适用于法学专业毕业生)》《法律硕士专业学位研究生指导性培养方案(适用于非法学专业毕业生)》内容,教学课程见表1:

表1　法律硕士专业学位研究生教学课程统计表

专业	必修课 (单位:门)	推荐选修课 (单位:门)	特色方向 选修课	实训 (单位:门)	学位论文	共计课程 (不包括 学位论文) (单位:门)
法硕 (法学)	6 (不低于 18学分)	10 (不低于 16学分)	无	5 (不低于 15学分, 包括专 业实习)	(5学分)	21 (未包括 特色方向 选修课) (不低于 54学分)
法硕 (非法学)	13 (不低于 32学分)	9 (不低于 13学分)	(不低于 8学分)	5 (不低于 15学分, 包括专 业实习)	(5学分)	27 (未包括 特色方向 选修课) (不低于 73学分)

由以上表格发现,2017年全国法硕教指委制定的《法律硕士专业学位研究生指导性培养方案》将基本课程体系(包括必修课和选修课)、"实训"体系(包括4门课程和专业实习)、学位论文环节三个部分清晰罗列,它们构成了目前我国法律硕士研究生培养的基本内容,这些内容也是目前法律硕士研究生培养的实践教学的内容。

在上述表格展示的法律实践教学内容中,课程门数和学分方面,法硕(法学)共计54学分,其中基本课程体系共计16门课,34学分,占比63%;"实训"体系占5门课(项),15学分,占比28%;论文5学分,占比9%。法硕(非法学)共计73学分,其中基本课程体系共计22门以上(包括特色方向选修课),53学分,占比73%;"实训"体系占5门课(项),15学分,占比20%;论文5学分,占比7%。据此显示,法硕(法学)与法硕(非法学)两类培养类型中,法硕(非法学)的基本课程的学分高于法硕(法学);"实训"部分的学分,虽然两种类型的法律硕士一样,但是占比却是法硕(法学)比法硕(非法学)高,即前者的实训所占的比重更高,由此反映,对法硕(法学)实践能力的要求更高。

二、法律硕士实践教学机制的现状和目前存在的问题

笔者通过对我国法律硕士实践教学机制现有内容的梳理,归纳出该机制的状况和主要存在的问题。

(一)法律硕士实践教学机制的现状

目前,我国法律硕士实践教学机制呈现的主要状况如下:

第一,共性与特性相结合。自1995年我国设置法律硕士教育制度后,经过历次学位授权审批,到2020年全国已批准253个法律硕士学位点,其中有三所高校被暂停或撤销,至今尚有250个高校等培养单位的法律硕士学位点。目前,该250个法律硕士学位点都是根据全国法硕教指委的指导性培养方案设计课程,这些课程属于共性的课程,主要指必修课、实训体系。另外,不少法律硕士学位点还根据自己的需求设计了相应的选修课。作者所在的上海师范大学法律硕士学位点,将选修课分为限选课(基本是全国法硕教指委培养方案中的推荐选修课)和任选课,任选课便是全国法硕教指委公布的法律硕士(非法学)培养方案中的"特色方向选修课"。根据上海师范大学法律硕士研究生就业岗位类型梳理,我们将任选课分了四个板块,即"司法实务方向""企业法务方向""政府法治方向""涉外法务方向",每个板块包括四门课程。至2015年开设至今,为学生就业提供了一定的帮助,为此获得学生的好评。

第二,内容与形式相结合。作为法律实践教学机制,一般包括内容和形式。其内容是将法律硕士顶层设计的要求转化为具体一门门的课程,除了常规的法律基础课程,如民法、刑法、行政法与行政诉讼法、民事诉讼法、刑事诉讼法、经济法、国际法等之外,注重在课程名称上偏重实务,如针对法律硕士(法学)研究生开设的课程中多门课程名为"原理与实务",即"民法与民

事诉讼法原理与实务""刑法与刑事诉讼法原理与实务""行政法与行政诉讼法原理与实务";注重将基础课程的内容延伸开设更加接近实务某一领域的课程,如"证据法专题"。

除了内容外,与学术学位研究生培养不同的是,法律硕士研究生培养的教学机制除了一般的教学课程外,还采用了多元化的课程形式,即除了选修课、必修课外,还增加了"实训"的环节,且该环节包括课程和实习,学分为15分。"实训"课程和实习都是在基础课程完成之后进行,即基础课程在前、实训在后。这样既保证了专业基础的学习,又突显了法律实践教学的特点。据此,通过实践教学内容与形式的结合,使法律硕士学生的专业基础能力和法律实践能力均获得提升。

第三,课程与"实训"相结合。即法律硕士的课程与实训之间有一定的衔接。上文已述,2017年全国法硕教指委的指导性培养方案,要求将专业基础课程和实训结合起来。该结合主要表现在以下几方面:

一是专业基础课在前,实训在后。两者顺序不能颠倒;不能重视前者,忽视后者。这方面,各个学校基本都做得比较好。

二是"实训"要充分运用之前所学习的专业基础课程。如"模拟法庭"课程便是将之前所学的民法和民事诉讼法、刑法和刑事诉讼法、行政法与行政诉讼法等内容放入模拟法庭中演练;还有上海师范大学开设的"民事判例分析""刑事判例分析""行政判例分析"等方向课中的课程便是之前专业基础课程的民法、刑法、行政法等的基本理论和原理在实务中的充分运用。

三是"实训"板块中包括了即将进入实习阶段需要的能力通过一定的课程进行基本能力训练。"实训"板块中的课程包括"法律写作""法律检索""模拟法庭""法律谈判"等,这些课程内容都是法律实务中常规涉及的项目。作为法律实务工作,与人交流是常态化,学会说话,该说什么,不该说什么,怎样说有利于协调意见、利益不同的人群,这就需要有良好的口头表达能力,为此法律职业训练内容和方式需要强化"法律写作""法律谈判""模拟法庭"等课程。一名合格的法律职业人,包括合格的法官、检察官或者律师,必须有良好的语言文字能力和水平。因此在法律硕士课程体系设计中,"法律写作"是一门不可或缺的课程。另外,法律实践能力的培养,实习实践也是法律硕士训练过程中一个特别重要的环节,学生必须到法律的场景中去观察、体验、练习,实质性地参与到法律实务环境中去。在现实法律场景中,学生可以看到、听到、感受到许多法律教科书中能看明白、但未必真正能够理解的东西。所以,"实训"板块中的实习环节必不可少,而且规定必须保证有6个月的时间[1]。"实训"的过程,是法律硕士研究生将之前所学的专业基础课程的知识学会运用到实践的过程,也是检验他们知识学习效果的重要形式。

(二)法律硕士实践教学机制目前存在的问题

目前,全国各个法律硕士教育机构经过多年努力,在法律硕士法律实践教学机制建设方面取得了一定成效,但是依然存在一些问题,值得关注。

第一,共性明显,特色呈现不足。原因是共性课程挤压了特色课程的时间,而特色课程往往是法律实践课程的不可忽视的重要方面。从全国法硕教指委公布的指导性培养方案罗列的课程发现,无论是法硕(法学)16门、还是法硕(非法学)22门,这里还不包括"实训"版块和学位论文环节,在法律硕士培养的二年或三年时间内,16(22)门以上课程已经占据较多时间,能顺利完成已属不易,如果再加上特色方向选修课程,时间非常紧张。于是,不少学位点便出现以下几种情况:要么放弃大部分推荐选修课,如此做法,易导致学生的专业基础不足;要么压缩课时,如一学期的课程上半学期,一些课程有名称但内容不多,讲个大概即结课;要么大容量上课,学生疲惫不堪。

另外,全国教指委指导性培养方案中,将法硕(非法学)的培养方案中的选修课分为推荐选修课和特色方向选修课,给人感觉所谓推荐选修课实质上就是限选课,特色方向选修课才是可以自己涉及的。如此这般,一定程度上特色方向选修课的范围变小了。因为三年时间,13门必修课加上9门推荐选修课,那么多的课程已经挤占了大量的学习时间,特色方向课程的容量不可能很多。这样,最终特色课程的容量占比较小。

第二,内容深入性欠缺,形式界限不分明。法律实践课程机制可以表现为专业基础课程、选修课程、实训课程、学位论文环节,这四个方面都与法律实践教学有密切关系。专业基础课程是法律实践培养的基础,基础掌握不足或较差,后续的过程难以获得提升;选修课程中可以包含较多法律实践课

---

[1] 参见2017年7月20日国务院学位办颁发、全国法律硕士教育指导委员会制定的《法律硕士专业学位研究生指导性培养方案(适用于法学专业毕业生)》《法律硕士专业学位研究生指导性培养方案(适用于非法学专业毕业生)》中"四、培养内容与学分"。

程,是专业基础课程学习的深入和细化,一些特色方向课程可以在此类型的课程中推动;"实训"课程是法律实践能力培养较直接的课程体系,注重技术和方法的体现;学位论文环节是学生法律实践活动的总结和思考。

由于法律硕士研究生培养方案的多课程状况,所以重数量,轻质量,内容呈现一般,课程设计属于传统法律课程和实务操作课程,课程内容虽然比本科生深入一些,但是深化程度一般。不少法硕(法学)学生因为在本科阶段已经学习过绝大部分课程,为此进入研究生阶段学习热情不高。另外,专业基础课程、选修课程、实训课程、学位论文环节,除了实习和学位论文环节外,其余形式的界限不突出、识别性不强,即从教学机制形式上观察,如何从法律实践能力培养的角度将专业基础课、选修课、实训课三类课程的区分度充分体现出来,这是个值得研究的课题。

第三,课程固化,"实训"效果有待提升。法律实践课程如何根据市场需求优化而非固化? 如何从法律实践能力增长的角度去设计法律实践课程机制? 需要我们加以特别关注。例如,研究生实习与本科生实习区别在哪里? 之前各类课程如何与"实训"课程有机衔接? 实习应该作为实践教学的一个方面即属于实践教学活动,而不是简单地在实习单位混时间、混实习证明。这些问题都是需要在建设法律实践教学机制中加以关注的。

目前,不少法律硕士教育机构的课程都比较固定,一方面是为了教学秩序的稳定性;另一方面,各个学位点的校内师资基本是专业学位和学术学位两者兼跨,加上教师自身发展的科研压力,无法把更多精力投入专业学位教学中去。所以过于强调稳定又缺乏必要人力的投入,必然会带来课程内容的发展性不足。

另外,作为法律实践能力培养,法律硕士研究生在校训练的最后一个环节——学位论文,选题必须是目前法律实践中的真实问题,需要解决实际问题的题目,这也是法律硕士培养方案中所提的选题要坚持实务导向的意思。学位论文选题如何注重实务性,这是一个非常需要关注的问题。目前,根据全国法硕教指委指导性培养方案要求,法律硕士学位论文除了专题研究外,可以是案例分析、研究报告、专项调查。但是,据笔者了解,大部分学生还是写专题研究,即选择纯学术性、理论性强的题目。近几年开始有一部分学校鼓励法律硕士研究生写案例分析,但是研究报告和专项调查几乎是个位数。其原因在于,一是不少导师非专业学位出身,对这两种写作题材不熟悉,由此也反映了目前作为专业学位的师资队伍跟不上现有人才培养的节奏,即因为缺乏应用性师资力量已经成为了法律硕士生实践能力提升的一个瓶颈[1];二是导师担心盲审专家与自己一样不熟悉此类论文,学生会被关;三是说明了法律实践教学机制没有进行深入的探索,学生对法律实务问题不熟悉,想不出问题作为选题。由此从一个方面反映了目前我们国家法律硕士实践教学机制实施后并没有达到预期效果。

三、完善法律硕士实践教学机制的建议

基于上述问题,本文认为,完善目前法律硕士实践教学机制,可以关注以下几个方面:

第一,满足共性化要求,探索特性化的机制。作为法律实践人才的培养,从规范性讲,既需要完成共性化课程体系的教学达到国家法治人才培养的基本要求;同时,基于各地区、各个学校的原有基础和发展需求,应当给予法律硕士学位点探索法律硕士实践教学机制特性化和特色化的空间。如海事大学强调海事特色、师范大学强调教育法特色、中西部地区根据相关学校服务当地发展需要可以设立相关特色方向,等等。这其中,必修课课程为共性化课程,各学位点不得做删减;选修课课程,教指委可以推荐一部分课程,各个学位点可以选择一部分课程,也可以根据培养目标的需要自设相关课程,不选择教指委推荐课程,只要保证所有选修课程达到规定最低学分即可。这样,真正让各个法律硕士学位点根据人才培养的目标有设立法律实践课程的空间。在这方面,我们已经看到不少法律硕士学位点都在积极探索并取得成效。[2]

第二,置入新内容,摸索新形式。法律实践教学课程机制的完善需要有探索的过程,这里包括根据社会发展的需要进行的调整。例如,基于人工智能的发展、个人信息保护的重视,一些课程可以随之进行调整。如上海师范大学的"政府法治实务"板块中将原来的"外国行政法专题"调整为"网络与信息法专题"。除了内容的变化,形式也可以调整,如请实务专家固定来校讲课而非开讲座。这一点不少高校,如华东政法大学、上海财经大学法学院

[1] 董娟、赵威:《从法律人才到法治人才:法律硕士培养目标的新转变》,《学位与研究生教育》2019 年第 5 期。

[2] 宗婷婷:《新时代法律硕士教育的制度性困境与创新逻辑》,《中国法学教育研究》2020 年第 2 辑。

都已经做了很好的尝试,取得了一定的效果。上海师范大学法律硕士学位点自2018年开始便开设了"审判实务课程",每年秋季学期固定请几位资深法官来校开设课程,非常受学生欢迎。总之,法律实践课程机制建设中,应该既注重校内教师的必修课和一部分选修课的教学,同时一部分选修课和"实训"课可以借助实务部门的资源来校开设课程,将校内师资和校外专家的教学两者有机结合,学生既注重专业基础知识的培养,又可以及时了解司法实务部门的信息及其法律的运用状况。

第三,优化课程内容,将其与"实训"有机结合。首先,法律实践课程机制设计中需要关注课程及其内容须不断优化,根据市场需求及时调整。如目前娱乐市场的法律问题不少,实务中已经有一些律师事务所专人做娱乐法方向的业务,法律实践课程是否可以考虑将此内容放入课程中。其次,法律实践课程机制需要与"实训"环节有机结合,一是梳理"实训"环节尤其是教学实践活动即实习中的问题,将这些问题进行分析,由此找出之前的必修课、选修课以及"实训"部分课程中的不足以及需要增设的课程;二是教学实践活动即实习与前期课程的紧密结合,即实习的前置课程为必修课和选修课、准备课程即"实训"的四门课程应当与实习加强关联度,形成一个有机整体,从而形成有成效的法律实践课程机制。

综上,本文对目前法律硕士实践教学机制提供了一些思考,其目的是希望在原有基础上推进法律硕士实践教学机制的发展并取得成效。而提高法律硕士实践教学机制的工作成效,加强对法律硕士师资队伍培训必不可少,包括实践课程培训和学位论文指导培训等。如果全国以及各省市教指委对此进行一定程度的指导,各法律硕士学位点作出积极探索,这对于提高整个法律硕士的培养质量具有积极意义。

Thinking on the Practice Teaching Mechanism of Master of Law

Huan Jianfen

Abstract：Practical teaching mechanism of Master of Law is an important part of legal masters talent training, it pays attention to the link of practical teaching and designs specific content according to the requirements of legal master's training. At present，the problem of the practical teaching mechanism of our national master of law is obviously common and has insufficient characteristics; Lack of in-depth content, and unclear form boundaries; Course solidification, the "Practical teaching and Training" effect needs to be improved. Therefore, this paper proposes that the characteristic mechanism should be explored while meeting the requirements of commonness; The training process should constantly put the new content and explore the new mode; Optimize the course content, and organically combine it with the "Practical teaching and Training" link.

Key words: practical teaching mechanism; generality and characteristics; content and form; course and "practical teaching and training" link

原典选读、案例分析与批判能力之养成

——以"宪法学"教学实践为例

蒋　奰*

摘要：法学本科教育的模式和理念有待更新，在宪法学教学中，除了基础知识之外，还承担着思维、知识和理论三层教学任务。有必要在宪法学教学中适当地引入原典选读和案例分析，以期能够达到更好的教学效果。

关键词：原典选读；案例分析；本科教学；批判能力

宪法是我国的根本大法，"宪法学"则是教育部规定的法学学士学位专业必修课之一，在我国大部分法学院（系）均安排在大一秋季学期讲授。在笔者看来，如此安排，"宪法学"教学就至少承担着三重任务：其一在思维层面，让学生通过对宪法学基础知识的学习完成高中式学习方式向大学式学习方式的转换；其二在知识层面，让学生知晓宪法学基本理论和我国宪法的主要规范；其三在理论层面，让学生经由前两个层面的学习而开始具备一定的法学思维方式和批判能力。这三重任务彼此关联，层层递进，以具备一定的理论批判能力为最终归宿。

一、单纯注重知识传授的不足与现有教材的缺陷

尽管学者们已经对包括宪法学在内的法学专业教育方式作出了深刻的理论研讨和实际的教学改革，然而，作为面向大一秋季学期开设的"宪法学"课程，其主要的教学方式，仍然是以知识之传授为主。

---

*　蒋奰，法学博士，上海师范大学讲师。

我们以林来梵教授的《宪法学讲义》为例。[1] 选取该例基于以下理由。其一,诚如作者在三个版本的序言中所言,该书的出版以及诸版本的修订,皆吸收了作者在浙江大学法学院、清华大学法学院的实际教学内容,行文口语化特征明显,且贯以"讲义"为名,我们在某种程度上可以从对教材的阅读中来"反推"实际的课堂教学活动。其二,该教材已经是在本文所着重强调的"原典选读"和"案例教学"方面做得非常优越的教材了。[2] 但是,通过阅读全文,对于基础知识的传授,依然是最重要的教学目标。

笔者不否认,针对低年级本科生的法学专业课程教学,最基本的教学目标肯定是基础知识的传授,但是,笔者反对那种"单纯"注重知识传授的教学目标设计,概而言之,乃是基于以下几点理由。

其一,法学在本质上是"规范"之学问,现代法学学术,是以对"规范"的解释为核心来展开的专业学科。[3] 即便在方法论的自觉上,让低年级本科生意识到法学作为一门规范科学,有意识地区分"规范与对规范的评价"和"规范与事实",区分"应然与实然",对于法学思维的形成具有重要意义。然而,如果单纯注重对基础知识点的讲授,则有可能让法学专业在学生眼中成为一门"背诵之学"。记诵规范的基本内涵是法学的基本要素之一,但是法学在本质上不是一门背诵之学,而应当是一门解释之学和思辨之学。对于法学学习来说,不仅要通过教学活动让学生"知其然",更应当注重让学生"知其所以然",这就决定了包括宪法学在内的法学专业教学,在以基本知识讲解为基础上,还应当"超越"基础知识和基本概念,通过"解释"与"思辨"阐释"规范"的精确要义。

其二,前文已述,尽管"探究规范之精确含义"的法教义学乃是现代法学教学与科研的基本范式,但在诸法学思想流派中,从规范之评价角度出发的

---

[1] 林来梵:《宪法学讲义》,清华大学出版社 2019 年第 3 版。

[2] 尤其是《宪法学讲义》(第二版),在第二版中,林来梵教授有意识地在各知识点处"品评"了作为官推教材的马工程宪法学教材,从而造成了基本概念和理论之间必要的张力,并且在这些"张力"处,对原点和案例的引入,设计了制度上的入口。

[3] 法学是一门古老的学问,何谓法学学问的"古今之别"?笔者倾向于认为现代法学学术发端于 19 世纪,以德国潘德克顿法学(代表大陆法系)和英国奥斯丁"分析实证主义法理学"(代表英美法系)两大迄今仍有重要影响的法学流派的诞生为标志。因为这两个法学流派,都自觉地将"规范"从自然法和诸社会事实中分离出来,将法学演化成对规范之解释的学问。类似的论断参见强世功:《法律的现代性剧场》,法律出版社 2006 年版;郑戈:《法律与现代人的命运》,法律出版社 2006 年版。

"自然法学"和从规范之实际适用与生成角度的"法社会学"一直构成对法教义学的学理批判。在某种意义上,我们可以说,法教义学、自然法学和法社会学三大法学流派共同形塑了以"规范"为核心的法学教学和科研体系。对于以高校一线教师和博士研究生为主的法学科研队伍来说,大致区分上述法学流派及其所针对的问题、使用的概念和分析框架,问题不大;对于低年级本科生来说,要对上述区分有方法论上的自觉则难度颇大。然而,我国目前流行的宪法学教材恰恰在方法论和法学流派的自觉上注意不够。[1]

笔者在实际的宪法学教学中,以胡锦光、韩大元著《中国宪法》为教材,以马克思主义理论研究和建设工程(以下简称"马工程")教材为辅助。[2]我们以前者为例。《中国宪法》共计3篇22章,涵盖宪法学基础理论(上篇)、公民基本权利总论和各论(中篇)和国家机构(下篇)三部分。仅以第三章"宪法的基本原则"为例,教材配合案例依次讲解了人民主权原则、基本人权原则、权力制约和监督原则和单一制原则。问题并不是教材的讲解不充分不精要,而在于这些原则既可以作为宪法法哲学的基本原则构成对某国具体宪法规范的批判,也可以成为某国具体的宪法规范本身,而遗憾的是,教材并没有在法哲学和法教义学领域作出必要的区分。"宪法学"领域尚且如此,其实在"法理学"学科,教材在体系上更加如此。比如在很多高校都使用的张文显教授主编的《法理学》(第五版)中[3],第二编"法理学基本概念"颇有法教义学色彩,是对法学各基本概念的规范解释;第三编"法的起源和发展"和第六编"法治与法治中国"则是明显的(历史)法社会学,因为是从法学发展的历史(作为事实)和当代中国政法实践(作为事实)来展开法理学的阐述的;第五编"法的价值"则有明显的自然法色彩,因为对法学诸价值的描述必然构成对法律规范的法哲学批判。

---

[1] 前文提到的林来梵教授的宪法学教材是一个重要的,也有可能(但愿不是)是唯一的例外。

[2] 胡锦光、韩大元:《中国宪法》,法律出版社2018年第4版;马克思主义理论研究和建设工程重点教材宪《宪法学》,高等教育出版社2011年版。值得注意的是,因为2018年第十三届全国人大颁布了新的宪法修正案,对包括宪法序言在内的诸多宪法规范进行了26条多处修正,这导致2018年之前出版的教材,在相应宪法规范的讲解上有不适宜之处。《中国宪法》(第四版)针对最新宪法修正案作出了必要的修订,"马工程"宪法学教材迄今仍未推出修订版。所以,笔者的实际教学以《中国宪法》为教材,为"马工程"宪法学教材为辅助。

[3] 张文显主编:《法理学》,高等教育出版社2018年第5版。

前文按序提及的林来梵、胡锦光等皆为我国著名的法学家,他们对所撰写教材内容有精深的理解,但是受制于我们目前通用教材的写法和教材希望求全的性质,如果再加上单纯地以知识点的讲授为教学目标的话,在实际的教学活动中,看似让学生知道了围绕该学科的基础知识的诸方面是什么,然而,学生对这些知识的理解是平面化和碎片化的,这反而不利于知识体系的建构,以及经由知识体系的建构而形成法学思维上的自觉。

那么,在教材编写领域短时间内很难有实质性突破的前提下,为了完成有效的教学目标,笔者在实际的教学活动中,尝试从原典选读的角度,作为突破口。

二、原典选读的实例与意义

我们以"制宪权"基础知识为例。制宪权概念的重要性毋庸置疑,陈端洪教授称其为"宪法学的知识界碑"。[1]

《中国宪法》第四章"宪法的变迁"第一节为"宪法制定权",考虑到篇幅,我们这里仅摘录教材中的"定义"部分。"宪法制定权是制宪主体按照一定程序创造作为国家根本法的宪法的一种权力。对宪法制定权的概念,各国学者们有不同的表述……"[2]。"马工程"《宪法学》的表述则更为简易:"宪法制定权,简称制宪权,是指创制宪法的权力。法国大革命时期的政治家和思想家西耶斯最早系统地提出'宪法制定权'并建立了制宪权主体、制宪权性质等理论体系。"[3]

无疑,定义在化简复杂性,让低年级本科生能够对制宪权概念有一个直观性的同时,也是以失去其复杂性为代价的。在这样的定义之下,其实很难对制宪权理论作出必要的深入性理解。第一,制宪权作为概念是哲学家和法学家的抽象,其必然要和各国具体的制宪活动相区别,但又不止于此。第二,笔者认为,学者们之所以要抽象出作为"知识界碑"的"制宪权"概念,其意并非在对各国作为事实的具体制宪过程作为抽象,而是解决对"宪法至上"理念的理论论证。作为事实,不论是宪法典,抑或基本法律,在一般意义

---

[1] 陈端洪:《制宪权与根本法》,中国法制出版社 2010 年版,第 10 页。
[2] 胡锦光、韩大元:《中国宪法》,法律出版社 2018 年第 4 版,第 80 页。
[3] 马克思主义理论研究和建设工程重点教材《宪法学》,高等教育出版社 2011 年版,第 33 页。

上,都是由统治阶级占主导地位的议会制定或通过的。那样一部写着"宪法"字样的法典何以能够宣称自己是"诸法律的法律""具有最高的法律效力";其他所有的法律何以都认可"宪法的最高性""一切与宪法相抵触的条款皆无效"? 除了在合法性意义上赋予说明外,还需要有正当性的论证,而"制宪权"理论,便是正当性论证的起点。第三,也正因为如此,对于"制宪权"理论的解释说明,名家辈出,历来是政治哲学和宪法学学术攻防之重镇,西耶斯[1],卢梭[2],施米特[3],凯尔森[4],芦部信喜[5]等法政哲学家皆有精辟之论述。既然是攻防之重镇,就意味着对"制宪权"的理解,在不同的政治哲学传统和宪法学流派中,乃是充满了歧义,其根本不能简单归结为教材中明白晓畅的定义。第四,深挖"制宪权"理论的内涵,对于理解制宪权与修宪权的关系[6],对于理解《共同纲领》的性质等重要的宪法学问题[7],尤为重要。

在上述意义上,就必须打破教材中对"制宪权"明白晓畅的论述,在教学课堂中还原"制宪权"理论必要的复杂性就尤其重要。

笔者在实际的课堂教学中,采用的方式是选读西耶斯《论特权,第三等级是什么》中的选段,即第五章"本应做的事——有关的原则"。[8] 笔者作出如此选择是基于以下理由。

第一,尽管自近现代以来,"制宪权"理论是宪法学学术攻防之重镇之一,但正如教材中所言,对制宪权之研究,都大致认可西耶斯的首创性。正如《中国宪法》中写道:"在宪法学发展史上,最早系统提出宪法制定权概念并建立理论体系的学者是法国大革命时期的著名哲学家西耶斯。他在《论

---

[1] [法]西耶斯:《论特权,第三等级是什么》,冯棠译,商务印书馆 2019 年版。

[2] [法]卢梭:《社会契约论》,何兆武译,商务印书馆 2003 年版。

[3] [德]施米特:《宪法学说》,刘峰译,上海人民出版社 2016 年版。

[4] [奥]凯尔森:《法与国家的一般理论》,沈宗灵译,商务印书馆 2013 年版。

[5] [日]芦部信喜:《制宪权》,王贵松译,中国政法大学出版社 2012 年版。

[6] 结合中国宪法发展实例,就制宪权理论之分歧所引发的问题,可参见李忠夏:《宪法变迁与宪法教义学》,法律出版社 2018 年版,第 118 页。

[7] 陈端洪:《第三种形式的共和国的人民制宪权》,载陈端洪:《制宪权与根本法》,中国法制出版社 2010 年版,第 183~255 页。以及韩大元、翟志勇等对陈文的学术批判。参见韩大元:《论 1949 年〈共同纲领〉的制定权》,载《中国法学》2010 年第 5 期;翟志勇:《从〈共同纲领〉到"八二宪法"》,九州出版社 2021 年版。

[8] [法]西耶斯:《论特权,第三等级是什么》,冯棠译,商务印书馆 2019 年版,第 57~70 页。

特权,第三等级是什么》一书中提出了制宪权主体、制宪权性质等理论。"[1]在这个意义上,现代以来施米特等对制宪权理论的阐发,皆是对西耶斯问题和理论的回应与批判,所以,精读西耶斯《论特权,第三等级是什么》其实构成了对制宪权理论理解的开端和关键抓手。但马上就会引出新的问题,其适合面向本科低年级学生展开吗?

第二,相对于 20 世纪施米特、凯尔森等学者高度抽象化和体系化的公法学和法哲学论著,西耶斯的著作,不论在文本的长度上,还是阅读的难度上,都较为适合。《论特权,第三等级什么》是一本论战性质的小册子,类似于今天发表于报刊媒体上的杂文,富于激情(不是体系性的学术论著),因此阅读门槛较低,而且篇幅较短(中译本全文仅 70 页)。其中,集中说理部分的第五章仅 14 页,在规定的课时数中可以完成。

第三,在课时数相对固定的情况下,通过对西耶斯相关著作的精读,可以阐明"制宪权"概念及其理论背后真正的问题意识,在此基础上,笔者在课堂上对施米特等经典学者理论的概述,和对陈端洪等当下中国宪法学相关领域代表性学者论文的说明,才能做到有的放矢,便于选课学生加深对该理论,以及围绕该理论代表性论文的理解。

以上仅仅是就"制宪权"理论为例,来展示笔者在实际教学活动中的选择,下面,我们在一般层面上讨论本科低年级法学专业课程中有意识地设置原典选读的意义。

第一,应当有意识地培养低年级本科生直面法学原典的问题意识,打破教材对相关知识的垄断。让低年级本科生尽快完成从高中式学习方式向大学式学习方式的转换应该是大一各专业课的通用教学目标之一。在两种学习方式之间,笔者认为有一个重要差异就是破除背"标准答案"的思维方式。因为高考从公平公正角度出发,对政治课、历史课等考题是必须要设置标准答案的,但实际上,对于包括法学在内的诸人文社会科学来说,除了基础的事实问题(如中国现行宪法含序言和 143 条正文)和大是大非的原则问题(如必须坚持中国共产党的领导,坚持社会主义,坚持人民当家作主)以外,绝大多数问题,就是没有标准答案的。在这个意义上,我国的现行教材,要么是对其中一种理论的阐释,要么是对其中几种理论的简单阐释。对于前者,有必要超越"教材的视界",给学生以更广阔的理论视野;对于后者,则有

---

[1] 胡锦光、韩大元:《中国宪法》,法律出版社 2018 年第 4 版,第 81 页。

必要对教材平行式阐述的各种理论予以区分,让学生能够"知其所以然"。

第二,原典选读能够促进低年级学生专业知识体系的重述与更新。我国现行教材在整体上的编写是偏保守的,仅以宪法学为例,学术界近年来颇具知识增量的重要研究成果,几乎都没有被吸收进教材中。例如,在政治宪法学与宪法解释学的学术争论背景下诞生的宪法学方法论之研究[1],以及中国百年来法政变迁之研究[2];例如,十九大以来中国宪法学界对中国合宪性审查制度以及备案审查制度的探讨[3];例如,近年来中国宪法学界对"监察法"的讨论;等等[4],这些构成当下中国宪法学研究前沿的重要学术成果,基本上都没有被吸收进统编教材中。就此而言,我国目前教材中所阐述的宪法学基本理论与我国宪法学界实际上研究的宪法学理论,是有着明显的滞后性的。将这些相对前沿的研究成果吸收进课堂中是有必要的。问题是如何吸收?原典选读的意义就在于此。学术研究,尤其是偏理论的学术研究,在某种意义上就是对原典的解释、说明和运用研究,只有自觉地培养其阅读原典的读书和科研习惯,才能够尽快进入学术状态,才能够评判、分析中国当下宪法学研究诸重要成果所凭靠的理论资源,也在这个意义上,才能够真正地读懂相关论文。

三、案例分析的实例与意义

案例教学法是法学院课程的常规教学方法。传统上认为,其可以给予抽象的理论直观化,以及展示抽象理论的运用本身。本文有限度地肯定传统观点的"理论—案例"二元观点,本文欲指出,案例教学法一方面不仅仅是对理论的运用,案例有时候可以成为对既有理论的批判,甚至成为理论的必要组成部分。

我们以"平等权"基础知识为例。我国主流的宪法学教材在处理"平等权"问题时,通常会从宪法规范上的平等与社会现实的不平等这一对显而易见的张力的出发,论述平等权的两个方面。第一是平等与合理差异(或反歧

---

[1] 李忠夏:《宪法变迁与宪法教义学》,法律出版社2018年版。

[2] 高全喜:《政治宪法学纲要》,中央编译出版社2014年版。

[3] 胡锦光:《合宪性审查》,江苏人民出版社2019年版。

[4] 秦前红:《监察法学教程》,法律出版社2019年版。

视),第二是形式平等与实质平等的关系问题。[1]

2018 年上海市改革本科应届毕业生落户办法,先期以北京大学、清华大学两所高校应届本科毕业生来沪工作开设"绿色通道",2020 年又将上海四所著名高校也纳入其中。其中 2018 年的户籍政策改革还入选了中国宪法学研究会评选的 2018 年度全国十大宪法性事例。

我认为这是一个现代中国的非常好的涉及平等问题的案例。首先笔者在上海师范大学法律系工作,讨论上海市落户政策对选课学生天然地具有吸引力,可以让选课学生明白,宪法学就在我们身边。其次,也是最重要的,我个人认为,本案例对于"平等权"理论的深化非常有意义。

首先,上海市从招揽人才的角度出发,给予北京大学等少数高校(可以预见的是,在现行 6 所高校基础上,应该还会进一步增加)本科应届毕业生落户绿色通道,符合上海市公共利益[2],且不涉及对于其他高校的歧视,属于合理差异。所以用"平等与合理差异"的平等权理论无法有效分析该事例。

其次,户籍政策也不涉及"实质平等与形式平等"问题,因为当我们探讨这一对平等问题时,有一个不言自明的前提乃是给予弱势群体以优待。很显然,我们在任何意义上都不可能将北京大学等极少数高水平高校的本科应届毕业生视为弱势群体——尤其是和其他高校的本科应届毕业生相比时。所以平等权理论的第二个分析框架也不能很好地分析该政策。

问题是现实的——宪法学研究会认为该政策是 2018 年全国十大宪法事例;理论却是可以更新的。面对该政策是否有违背平等权嫌疑时,我们之所以莫衷一是,其实是因为现有理论的局限。笔者认为,该政策其实涉及平等权理论的第三个面向,也是我国目前给予较少关注,即"平等与特权"的关系问题。给予北京大学等极少数高水平高校的本科应届毕业生来沪工作"绿色通道"其实并没有减损其他应届毕业生的权利。因为其他应届毕业生

---

[1] 胡锦光、韩大元:《中国宪法》,法律出版社 2018 年第 4 版。

[2] 在上海市 2018 年户籍改革之前,国内所有高校应届毕业生(不论学士、硕士和博士)来沪工作,统一实行积分落户政策,上海市有非常细致的评分标准,达到 72 分可以直接落户,未达到则走"居住证"通道。本科毕业生因为相较于硕士和博士毕业生学历较低,几乎所有的本科毕业生来沪工作都不可能得到 72 分,所以这一户籍政策,使得上海市在吸引本科批次人才方面非常不利。

统一走"打分落户"通道,在评分标准和 72 分不变的情况下,其他应届毕业生落户与否,同前述"绿色通道"无关。这里的"绿色通道"其实是一种"特权",是在不减损其他人权利的前提下,给予一部分人以"特权"是否违背平等权的平等问题。

由此我们可以看出,案例分析的意义并不局限于直观地展示抽象理论,以及理论的运用,在很多情况下,对案例的分析,本身就构成对教材中基础理论的反思和批判,是更新理论的重要契机和窗口。案例和理论之间,绝非简单的"理论—应用"线性单向关系,而是你中有我、我中有你的复杂关系。

而且,笔者认为,我们之所以要强调案例分析的重要性,还有一个很重要的原因,就是有限度地吸收普通法思维进入我们的本科教学中。中国立法呈现出的法典化趋势,颇具大陆法系法治和法学思维色彩。这一点从民法、刑法等传统法律的法解释学,以及坚守"规范—事实"二分的法教义学思维体系中就能窥见一二,无须多言。在大陆法系的法律推理中,案例(待决案件)乃是位于"小前提"的位置上,是需要被规范来涵摄的事实,是不能参与规范的建构和更新的。也正是在这一思路下,传统的教学方法更多地将案例作为"理论的展示和运用"来对待。但如果以普通法思维观察之,则每一个案例(待决案件)都是更新并完善规范的契机,规范和案件之间不是大前提和小前提的关系,而是经由待决案件和先例的细致比较,从"规范甲到规范甲$^+$"的关系。由此可见,在不同的法系传统中,理论和案件之间则构成了相当不同的关系。

笔者做此论述,绝非以普通法立场来批判大陆法系传统,反之亦然。笔者认为,我国现行法学的本科教育中,普通法思维的训练和教育是相对较为薄弱的,普通法通常只出现在"外国法制史"或者"比较法"的部分章节中,其与包括宪法内在的诸部门法教学是脱节的。在法律全球化的今天,大陆法系传统和普通法传统不是二选一的关系,而是我们都需要有所掌握的法学技艺。

以上是笔者结合自身教学实践活动,就面向低年级本科生的法学专业教学所做的部分探讨,笔者在这里将其公布出来,以求方家指正。

Selection Reading of Original Classics, Case Analysis and Cultivation of Critical Ability

—Taking the Teaching Practice of "Constitutional Law" as an Example

Jiang Yan

Abstract: The mode and idea of law undergraduate teaching need to be updated, in the teaching of Constitutional law, in addition to basic knowledge, it also undertakes three teaching tasks: thinking, knowledge, and theory. It is necessary to introduce the selection readings of original classics and case analysis into the teaching of constitutional law to improve the teaching effect.

Key words: selection reading of original classics; case analysis; undergraduate teaching; critical ability

实践教学导向下法律竞赛活动的
参与模式探索[*]

崔志伟^{**}

摘要: 现有教学模式对于实践教学的理解偏表层化,需要深化法学实践教学探索。法学本科教育的核心目标在于培养应用型法律人才,而非一味讲求各部门法面面俱到的通识型教育。就以往指导法律竞赛的经历,已经总结出了若干实践教学的有益经验,但不足之处仍较为明显。为了建立健全以学生为主导的法律竞赛参与模式,需要从以下几个方面着力:完善相关的参赛激励机制;适当压缩非必要课程的占比;打破二级学科限制、加大指导教师投入力度;积极引入实务部门"师资"力量;加强上下届参赛学生的"传帮带"衔接。

关键词: 知识教学;实践教学;法律竞赛;应用型法律人才

2017年5月3日,习近平总书记在中国政法大学座谈会的讲话中强调"法学教育要处理好法学知识教学和实践教学的关系"。[1]这便为全面推进依法治国新时期的高校法学教育提出了总体的指导要求。高校法学教育者应当努力探索深化实践教学的新模式,以对接德才兼备的高素质法治人才培养的现实需要。随着人才培养水平的提升,法科学生在求学期间接触司法实践的机会也越来越多元化,尤其是各式各类的法律竞赛活动在校园生活中扮演了重要的角色。但是,竞赛活动的成绩导向色彩较为明显,尚未凸显出其促进实践教学的价值。在实践教学的导向下,法律竞赛活动的核

＊ 基金项目:上海市浦江人才计划资助"刑事公正司法与'反向排除'犯罪认定模式研究"(2020PJC096)。

＊＊ 崔志伟,法学博士,上海师范大学讲师。

[1] 习近平:《论坚持全面依法治国》,中央文献出版社2020年版,第177页。

心意义在于强化学生的知识转化能力,深化对司法实务现象、规律以及司法现实需求的认知,提升学法以致用的技能。本文主要站在学生的立场以本人所指导过的法律竞赛活动为经验总结,探索法律竞赛与实践教学目标有效衔接的活动参与模式。

一、深化法律实践教学探索何以必要?

法学教育的前提在于明确育人目标,在宏观层面,该目标在于推进法治专门队伍正规化、专业化、职业化,提高职业素养和专业水平;在微观层面,该目标在于提升未来法律人具体的析法明理能力,将所学知识致力于解决现实案件问题。深化法律实践教学,既是弥补现有法学教育模式不足的现实需要,也是培养应用型法律人才的迫切要求。

(一)现有教学模式对于实践教学的理解偏表层化

当下的法学教育者几乎无一不认识到学究式教育模式的弊端以及实践教学的意义,但在贯彻实践教学之实践中却较为普遍地存在高高举起轻轻落下现象,显示出对于实践教学的理解偏于表层化。在笔者看来,这主要体现在以下两个方面。

其一,潜意识中认为教学限于课堂之上,未充分体认到教学更在课堂之外。无论是高校教育管理者还是一线教师,往往将关注的焦点集中在课堂教学之上。对于教师的既有评价指标一般分为教学、科研、人才培养等几个方面,指导学生参加大创项目、技能大赛等活动一般被划入人才培养的范畴,教学则限于课堂上知识传授。这种潜在认知的主要弊端在于使教师们认为自身的职责主要在于站好三尺讲台,而不热衷于指导学生们参加各类竞赛活动。其实,对于"教学"应当作广泛的线性化理解而非将其局限于课堂之上的一个"点"。只要是向学生传授技能都应属于"教学"的范畴。课堂之上主要是理论知识技能的传授,课堂之外通过指导学生参加各式各类的竞赛活动则是帮助提升学生的实践技能。就此而言,课堂之外便是课堂之上的自然延伸。实践教学要求老师们不仅仅关注学生课堂上的知识接受状况和期末的成绩所得,更关注所教授的学生是否善于将所学知识用以解决现实问题。

其二,现有的所谓实践教学近似"浅尝辄止"。据本人观察,目前大多数

法学教师对自身的要求不再局限于照本宣科、讲授纯粹的理论知识,而是注重以现实案件作支撑,通过案例分析使学生提升分析法条、适用规范的能力。这种做法固然可嘉,但仅此尚不能等同于实践教学。因为,囿于紧张的课程时间安排,课堂上所分析的案例往往是经过事实情节极度概括的案件,老师引导学生基于概括好的事实点进行法律分析,这显然无法训练学生从复杂案件事实中提取关键事实的能力,这种能力反而是司法实践必需的。可见,提取重要信息的能力客观上是无法由课堂教学来训练的,只能借助于课堂之外的专门训练。[1]模拟法庭、法学案例分析大赛等活动则有助于弥补这种局限。此外,为了提升学生的实践技能、实现校内与职场的顺利过渡衔接,绝大多数高校安排了法科生专业实习活动,这当然也属于实践教学的范畴。但这种活动一般设置在本科四年学习中的后半段中,由此,实践教学与理论教学便基本上割裂开来[2];由于缺乏教学的约束,学生在假期的所谓的实习实施状况难以保证,因而造成实践教学成为不可控的空谈。

(二)法学本科教育的核心目标在于培养应用型法律人才

对于法学教育的定位存在着较大争议,职业教育论者认为法学教育的使命在于培养未来的法官、检察官等法律职业者,通识教育论者认为法学教育的目的应当是培养国民的法律素质,研究型教育论者认为法学教育在于培养学者和法学专家等理论人才。[3]在笔者看来,法学教育虽然在以上三个方面均有促进作用,但法学本科教育的最重要目标还应当是培养应用型的法律职业人才。如果将法学教育定位为通识教育,那么中学阶段的法治教育或者大学阶段将法学列为一种辅修课程便完全可以达到其效果;而培养理论型人才应当是法学研究生阶段的重点任务,本科生最终走向学术研究的毕竟是极少数,绝大多数会走向具体的法律实践岗位。作为用人单位,最切实的需求是学以致用的能力,为了满足这种"用户体验"、更好地实现法

---

[1]　刘冰:《论中国法学本科人才实践教学模式的优化》,《法学教育研究》第23卷,法律出版社2018年版,第215页。

[2]　胡光杰:《法律职业教育视野下法学实践教学体系的反思与完善》,《课程教育研究》2019年第5期。

[3]　焦富民:《"法治中国"视域下法学教育的定位与人才培养机制的优化》,《法学杂志》2015年第3期。

科生的自我价值,在本科教学中就应注重以服务司法实践为根本目的。正因此,中国政法大学原校长黄进教授也主张,法学教育不是通识教育,而是专业教育。[1]

法律人都熟悉美国曾任法官霍姆斯的至理名言"法律的生命在于经验,而不在于逻辑"。每一个法律人在解决具体法律问题时都会面临应然与实然、一般性法律规范与繁复的具体案件事实间的鸿沟。纯粹的知识型教学使学生能够学到的仅仅是一连串概念,充其量仅仅停留在注释法学的层面,并不能满足司法实践实用性的需要。除了法条的相关概念,法律人更需要案件事实归纳能力、类案检索能力、文书写作能力以及基于法感觉的经验判断能力,这些却是课堂上无法训练的。类似法律案例分析大赛、模拟法庭竞赛等活动,可以使学生们接触现实案例或者全方位感受诉讼流程,对于应用能力的提升无疑是有很大助益的,因此,此类活动应当成为法律实践教学的重要组成部分。

二、以法律竞赛促实践教学的经验总结

本人曾经指导过本科生参加上海市大学生法律案例分析大赛(以下简称"上海市案例分析大赛")以及国际刑事法院模拟法庭竞赛中文赛(以下简称"ICC"),通过全程指导,真实感受到了参赛学生们能力的提升。案例分析大赛系一种市级比赛,由上海市人民法院、检察院、司法局作为顾问指导单位,市律协作为主办单位之一,基本覆盖了上海市所有法律相关行业,如能在大赛中取得优异的成绩对以后的求职就业助益良多。该比赛以"经改编的真实卷宗"为题,向参赛者提供解密处理后的案卷材料,由学生从卷宗中提炼事实,分析涉案人员的法律责任,能够有效锻炼法科生的精细化思维模式以及提取关键事实的能力、文字表达能力、以理论解决实际问题的能力等。ICC为国际性赛事,赛事准备周期一般为当年 11 月至次年 6 月,实行选拔制,只有中国区前三名有资格参加在海牙举行的国际赛,中国区国内选拔赛由则由国际法促进中心承办。参赛队伍均划分为辩方、控方、政府方三个角色,组委会先通过各方提交的文书遴选出正式参与庭辩的队伍,在第一轮庭辩中再选拔出 24 支队伍,再按照 24 进 12、12 进 6、6 进 3 最终确定入

---

[1] 黄进:《新时代高素质法治人才培养的路径》,《中国大学教学》2019 年第 6 期。

围海牙国际赛的人选。该比赛得到了北京大学、武汉大学、复旦大学、吉林大学、澳门科技大学等高校的广泛参与,可谓竞争激烈。参赛方围绕组委会发布的赛题归纳争议论点,检索《罗马规约》等国际法律法规以及国际刑事法院(ICC)、国际前南刑事法庭(ICTY)、卢旺达国际刑事法庭(ICTR)等作出的相关裁判先例,模拟法庭的真实程序进行论辩,并当庭接受对方的反驳以及法官的提问。ICC参赛赛题虽然并非出自真实案例,但借此能够很好地锻炼学生文献搜集、文书写作、口头表达、临场应变等方面的能力。在以上两个法律竞赛活动的组织指导当中,本人在不同环节总结出了相应的实践教学经验。

(一)宣传及组织动员环节

在目前应试教育占主导的背景下,许多高校学生对自身的定位还是专业课的学习、成绩绩点以及各种考试等,对于参加专业实践活动的热情不强。这就要求学校及老师引导创造这种实践教育的氛围,一旦这种氛围形成,继后的学生便会增加了解和兴趣。在本人指导下,我校法科学生系第二次参加上海市案例分析大赛,初次参加ICC,虽然之前有其他类型的模拟法庭、辩论赛等实践活动,但学生的参与度并不高,加上对这两种竞赛缺乏了解,做好宣传及组织动员至关重要。一般来说,学生参与度越高,选拔至参赛的队员能力便越优越,自然就更容易取得好的成绩;学生们广泛踊跃报名参加竞赛,也会有效形成实践教学的师生合力,多形式的实践活动可以最大阴度为学生们提供参与机会。

一方面,在宣传动员上,我们首先在系科老师间做好宣传,使各任课教师在课堂上向学生们做好说明,辅导员和学委也配合做好宣传工作,此外,还在学院官网、微信公号上做好推送,最大限度保证每一个同学知悉竞赛报名信息。另一方面,从学生的角度,最关心的除了在校的成绩,还有将来毕业的就业,在宣传动员上要紧紧结合这点,使同学们能够体认到参与实践活动对自身求职方面的助益。例如,有人做过统计,很多红圈所把是否参加过高水平国际模拟法庭竞赛以及所取得的成绩作为招收新人的一个非常重要的考量因素。[1] 对于参赛的学生,学院需承诺为其提供赛事所需求的基本保障。

---

[1] 廖诗评:《对北师大法学院参与国际模拟法庭竞赛情况的回顾与思考》,《京师法学》第12卷,中国法制出版社2019年版,第360页。

(二)选拔环节

对报名参赛的同学进行选拔以产生正式赛队是法律竞赛至关重要的一环,这直接关系着参赛队员的水平以及后续工作的顺利开展。如果选拔了相应能力(如口头表达)不强的学生参与,或者使那些意志不坚定或杂事繁多的学生入围而导致中道退出,显然会影响到整个赛事的推进。在选拔上,我们一般会采取"试题测验＋平时学习表现＋导师推荐"的方式。例如,在上海市案例分析大赛的选拔中,我们会给报名参赛学生一个加工过的篇幅在 1000 字左右的案例,让学生围绕这个案例进行法律分析;在 ICC 选拔中,我们会将上一年度的赛题经凝练后发给学生,让学生自选角色进行分析。测试提交后由两名老师平行分别打分。在测试结果差别不大的情况下,平时学习表现便是我们重点参考的因素。另外,每位本科生都配备了专业导师和班导师,他们对学生的平时状况相对更加了解,我们在选拔时也会征询他们的意见。拟定参赛人员后我们会让学生签署承诺书,保证在完成日常课业任务的情况下,优先将精力付诸比赛、不中途退场。

(三)培训及赛前准备环节

专业的培训是法律竞赛的核心,我们本着"重在参与、享受过程"的理念,重在使学生从备赛中学有所得,而不仅仅是追求最终成绩本身。在上海市案例分析大赛准备过程中,指导老师先进行统一的培训,重点说明案例分析的步骤、技巧、分析问题的角度。例如,2019 年的案例分析大赛赛题主要涉及刑法上的因果关系判断以及主观上的预见可能性判断,围绕这两点向学生们事先说明撰写案例的重点方向,传授事实与法规范相衔接的方法,鼓励学生们认真阅读卷宗、提炼每一个关键信息。学生们在撰写分析报告初稿后,指导老师逐一审阅,总结共通的问题、单列个别的问题,就共通问题通过腾讯会议、微信群语音的方式统一讲解说明,个别问题则通过微信私信联系。指导后督促学生就相关问题作出纠正,最后就二次提交的报告再进行审阅。案例分析大赛是一种个体比赛,并未体现团队协作色彩,ICC 则要求队员间加强合作,对团队整体培训的要求更高。ICC 启动动员会我们会邀请沪上高校中往年获得一等奖的赛队指导老师前来说讲,主要对往年赛事的状况、当年赛题的主要考点、团队角色分工、备赛议程安排等向学生们作出详细讲解。接下来会进入正式的文书写作阶段(见图 1),由三位庭辩人员围绕辩、控、政府立场撰写初稿,初稿完成后再由一对一搭配的研究员予以补充修改,再互换角色修改补充,最后由指导老师统一审阅,如此进行多轮修改完善,最终形成文书终稿向组委会提交。在这个过程中,学生们能够多角度地思考问题,不仅能从本身持方角度思考问题,也会发现对方的思考进路,进而能够对自方观点及说理论证予以完善。这对训练法律人的思维是十分有利的。譬如,多数本科生毕业后会从事律师工作,尤其是刑辩律师,不能仅局限于自方的立场而自说自话,还要"想对方所想",才能取得良好的庭辩效果。

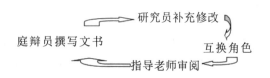

研究员补充修改

庭辩员撰写文书　　　　　　　　　　互换角色

指导老师审阅

图 1　文书写作流程

(四)正式比赛环节

法律案例分析大赛随着文书的提交便意味着赛事的终结,ICC 比赛中提交文书仅仅意味着正赛的开始,组委会从提交的文书中择优选拔队伍进入正式的庭辩比赛。确定进入庭辩比赛阶段后,我们指导学生进行了多轮的线上线下模拟,按照之前确定的角色以及正式的赛事流程进行庭辩发言,指导老师模拟法官提问,通过多轮的模拟不断发现己方薄弱之处,增加对赛题事实细节、相关判例以及国际法律法规的熟悉程度,提前了解对方可能提出的新问题并做好应对准备。我们赛队成员有参加过上一届 ICC 比赛的,也有参加过其他辩论赛的,在模拟庭辩过程中,由他们讲授参加正赛庭辩需要注意的事项、法官提问情况等以及应对对手方需要把握的关键节点。在参加庭辩比赛的当天,参加当轮庭辩之外的同学在等候室通过组委会提供的庭辩直播链接,认真观摩本持方其他赛队的发言要点,做好经验总结以为自己的正式上场做好准备。

三、完善法律竞赛式实践教学的模式探索

通过全程参与以上比赛,我们也深刻认识到自身在法律竞赛方面的

不足,自当更加凸显法律竞赛在实践教学中的地位。法律竞赛这种实践教学不同于课堂知识教学,后者是以老师为主导,学生在老师的主讲下进行专业知识的学习,并且本科生不同于研究生已经具备相关的专业功底,尚不具备课堂展示的能力,因此,老师的单方面传授在教学中仍然占据主导。在实践教学中,参与的主体是学生,老师仅仅起到指导、点评等方向引领作用,以法律竞赛为例,毕竟参赛的是学生本人,需要学生全身心地投入其中,可见由知识教学转向实践教学意味着需实现老师主导向学生主导的转变。

(一)完善相关的参赛激励机制

上文已述,在许多学生的认知中,仍然会以课堂知识的学习为核心,而对课堂之外的实践活动缺乏足够的兴趣。此外,很多同学对若干年后的就业形势缺乏认知或者目光较为"短视"而不关心将来的就业问题,即便向其宣传法律竞赛对就业择业的助益,这种吸引力也是有限的。为此,学校应当将学生参与法律竞赛活动情况视为实践教学部分学分,或者凸显实践活动获奖情况在学期评奖评优乃至毕业评价中的比重。现实情况是,大部分的综合性高校为了协调好各个学院专业,往往仅仅将诸如大创项目等少部分实践活动作为评奖评优的考虑因素,而对其他活动不予考虑。在笔者看来,这种现象不利于激发学生实践参与的活力。如果参赛获奖可以获得学业评价上不同程度的认可,学生们由此获得的就不仅仅是荣誉,这有助于创造良好的实践参与氛围,无疑也有助于实践教学的推进。

(二)适当压缩非必要课程的占比

学生们参与法律竞赛的比重不大与较为繁重的课业压力也不无关系。毋庸讳言,在我国当下,法学教育大都还被定位为通识教育,[1]在此总体定位下,许多高校往往将各法学分支学科均列入本科生的学习计划,如非常细化的刑事执行法学、公司法律事务等等。本科生在前三学年安排了很满的课程,而在最后一学年又有实习、毕业论文等重头任务,这在客观上一定程度上也压挤了学生们参与法律竞赛的时间。在笔者看来,高校甚至国家可

---

[1] 刘湘琛:《法学实践教学的本土化探索:三段六步全程参与式庭审实战教学法》,《时代法学》2019年第2期。

以探索压缩非必要课程的占比,使得学生们能够有更充裕的时间参加各种实践活动,真正做到知识教学与实践教学并重。

(三)打破二级学科限制、加大指导教师投入力度

我国法学教育的学科界限比较清晰,实体法与程序法分裂明显而缺乏知识上的交流,这就导致了培养出的学生虽然具备了各法学分支学科的知识却难以将这些知识有效贯通。在我们既往的法律竞赛中,往往以涉及的学科知识分配一个指导老师,如 ICC 便分配刑法学老师,上海市案例分析大赛由于系刑法、民法案例轮换举行,便分配刑法学或民法学老师。其实,仅仅由某一学科的老师作指导能力有限,例如,刑法学老师不一定熟悉国际法知识或程序法知识,这便需要国际法或程序法老师共同参与指导。这样能够实现实践所需知识的融合,"使受教育者在其中获得实体法与程序法以及不同部门法之间协同作用、共同解决问题的真实体验。"[1]

(四)积极引入实务部门"师资"力量

在既往的法律竞赛指导中,任课老师固然可以在所涉及的理论知识上作好指导,但毕竟不谙熟实践规则和相关注意事项。以 ICC 为例,其本质上仍然是一种法庭辩论,控辩双方在争锋中如何避免己方的破绽而力图抓住对方陈述的不足,这并不是理论知识可以训练完成的。在实践活动培训中,邀请公、检、法、司、律师行业的实务人士参与指导,不仅有助于帮助参赛者更好地准备比赛,也有助于使这些用人单位提前近距离接触了解在校生的专业水平,无疑有助于学生将来的顺利就业。积极引入实务部门的"师资"力量并不限于竞赛指导,在日常的授课讲座中,均可邀请实务人士传道授业,为学生们打开一扇了解实务的窗户。当然,主干课程的知识教学不宜由实务人士代劳,其主要传授的是实务方面的经验。

(五)加强上下届参赛学生的"传帮带"衔接

在以往的法律竞赛中,我们的不足之处还在于未形成上届对下届学生的"传帮带"衔接机制,参赛学生止于赛事的终结和成绩的取得。对于

---

[1] 蔡立东、刘晓林:《新时代法学实践教学的性质及其实现方式》,《法制与社会发展》2018 年第 5 期。

法律竞赛的意义应当放置在整个实践教学的大格局下去理解,这种竞赛的意义不仅在于一时的成绩取得,更在于有效贯穿入学校法学实践教学的整体脉络当中。这种实践教学的目标不在于具体问题的解决,而是知识应用模式的经验展示和分享。在继后的法律竞赛活动中,我们会要求参赛者保存好每个环节的所需资料、做好每个环节的经验备忘录,以便于对下一届参赛队员的指导。另外,也要加强上届队员对下届队员的面对面指导,使参赛学生从上级学长那里获取动力和能力。此外,我们也会以获得好成绩的优秀队员为榜样,在宣传动员环节"现场说法",分享其参赛的收获。

四、结语

深化法学实践教学首先要使师生们树立"教学更在课下"的理念,破除"实践教学就是课上案例教学"的狭隘思维。课堂上的案例教学固然重要,但仅此显然不能满足培养应用型法律人才的需要。2018年教育部与中央政法委联合发布的《关于坚持德法兼修实施·卓越法治人才教育培养计划2.0的意见》指出,"要着力强化法学专业知识教育,将中国法治实践的最新经验和生动案例、中国特色社会主义法治理论研究的最新成果引入课堂、写进教材,及时转化为教学资源。要着力强化实践教学,进一步提高法学专业实践教学学分比例,支持学生参与法律援助、自主创业等活动,积极探索实践教学的方式方法,切实提高实践教学的质量和效果。"可见,课上案例教学仍然属于知识教学的范畴,真正的实践教学需要丰富的实践活动作支撑,法律竞赛在法科学生综合素质的养成方面扮演着至关重要的角色。高等院校需要为学生开辟更加丰富的实践参与途径,并不断总结经验,以形成一种成熟的学生参与模式,使学生们真正做到学以致用、践行实践教学的初衷。

The Exploration of the Participation Mode of Legal Competition under the Guidance of Practice Teaching

Cui Zhiwei

Abstract：The understanding of practice teaching in the existing teaching mode is superficial，which needs to deepen the exploration of law practice teaching. The core goal of law undergraduate education is to cultivate applied legal talents，rather than the general education that emphasizes all aspects of law in all departments. Based on the experience of guiding legal competition in the past，we have summed up some useful experience of practical teaching，but the shortcomings are still obvious. In order to establish and improve the student-oriented participation mode of legal competition，we need to focus on the following aspects：improving the relevant incentive mechanism；appropriately reduce the proportion of non essential courses；breaking the restrictions of secondary disciplines and increase the investment of instructors；actively introduce "teachers" from practical departments；to strengthen the connection of "helping and guiding" between the previous and next students.

Key words：knowledge teaching；practice teaching；law competition；applied legal talents

域外文献

《欧盟关于保护消费者集体利益的
代表人诉讼的指令》述评

范雨婷*

摘要:为了给消费者公共利益提供有效保护,《欧盟关于保护消费者集体利益的代表人诉讼的指令》于 2020 年 11 月颁布,其核心机制在于诉诸代表人诉讼制度使得相应的社会公益组织能够成为适格诉讼主体,对发生在欧盟境内的损害消费者利益的不当经营行为加以司法矫正。作为欧盟层面系统规定消费者集体救济机制的前沿性规定,指令中关于代表人诉讼适格主体的认定标准,确认之诉和损害赔偿请求权的确立,对惩罚性赔偿采取的立场,信息公开制度,证据披露制度,判决效力扩张和时效中断规则等规定,对我国消费者集体救济程序机制的建构和完善有颇多值得借鉴之处,可以从诉讼适用范围、原告资格标准、诉讼管辖、判决效力范围等程序运行机制和周边制度着手展开比较法分析并从中获得启示。

关键词:代表人诉讼;消费者集体救济;适格主体;补救措施;禁令措施

每个人都是消费者,一个人一生当中进行最多的法律行为无疑就是消费行为。[1]"现代型"消费之特色可以说是大规模生产、大规模销售及消费,而大量消费纠纷的特性则往往表现为损害数额相对偏低、利益受损者人

---

　*　范雨婷,上海师范大学硕士研究生。

　[1]　于颖、克里斯托福·霍金斯:《消费者纠纷解决的 CDR 机制》,《政策研究简报》,2014 年,第 3 页。

数众多、受损害人群散布广泛以及双方当事人所拥有的"武器"不对等。在很多时候,经常有成千上万的普通消费者大面积受害的现象发生。[1] 因此,消费者权益保护体系的一个重要分支应为消费者集体救济机制。

当前,为消费者群体利益提供司法救济的程序模式较为多样化,有学者将其分为了代表人诉讼、团体诉讼、示范型诉讼和美国式集团诉讼四类。[2] 2020年欧盟颁布的《关于保护消费者集体利益的代表人诉讼的指令》(以下简称《欧盟指令》)[3]采取了代表人诉讼模式,规定了代表人诉讼适格主体的指定标准,救济措施中的确认之诉和损害赔偿请求权,对惩罚性赔偿的否定,以及信息公开、证据披露令、判决效力扩张与时效中断规则等有助于代表人诉讼高效运行的周边制度等内容,为被侵权消费者提供一种现实可行的解决群体性消费纠纷的诉讼救济途径以维护其合法权益。

一、《欧盟指令》的颁布目的及背景

(一)制定缘由

1.顺应消费市场发展变化

经济全球化和数字化导致大量消费者受到类似违法行为伤害的风险显著增加,若缺乏有效手段制止违反欧盟法律的行为,给消费者造成损害,会降低消费者对境内市场的信心;也可能导致境内或跨境经营的经营者之间公平竞争的扭曲,进而妨碍境内市场的顺利运作。

2.与欧盟法律文书相互呼应、协同、补充

---

[1] 邱惠美:《我国民事诉讼法中有关团体诉讼制度之研究》,《法学丛刊》2004年第193期。转引自:杨严炎:《共同诉讼抑或群体诉讼——评我国代表人诉讼的性质》,《现代法学》2007年第2期。

[2] 参见 Mateja Durovic, Hans W. Micklitz, Internationalization of consumer law: a game changer, SpringerBriefs in Political Science, 2017, p.81. https://link.springer.com/content/pdf/10.1007/978-3-319-45312-5.pdf,最后访问时间:2021年6月8日。

[3] Directive (EU) 2020/1828 of the European Parliament and of the Council of 25 November 2020 on representative actions for the protection of the collective interests of consumers and repealing Directive 2009/22/EC. https://op.europa.eu/en/publication-detail/-/publication/b5ff45c2-35f4-11eb-b27b-01aa75ed71a1/language-en/format-PDF/source-215391064,最后访问时间:2021年6月8日。

根据《欧盟运作条约》第 26 条第 2 款,欧盟境内市场应包括一个能够确保货物和服务自由流通的,没有边界限制的领域。境内市场应以商品和服务更高质量、更多样化,价格合理和安全标准严格的形式为消费者提供附加值,从而提高消费者权益保护的水平。《欧盟运作条约》第 169 条第 1 款和第 2 款 a 项规定,欧盟将通过根据《欧盟运作条约》第 114 条规定所采取的措施,促成高水平的消费者权益保护。《欧洲联盟基本权利宪章》第 38 条规定,欧盟的政策是加强消费者权益保护。

3.进一步完善欧盟层面的消费者集体救济机制

2009 年出台的《欧盟关于消费者利益保护禁令机制的指令》(以下简称《2009 年禁令指令》)[1]授权适格主体提起诉讼,以终止或禁止违反欧盟法律并且危害消费者集体利益的行为,却没能充分地应对与执行消费者法有关的挑战。为了在日益全球化和数字化的市场中提高对非法行为的威慑力并减少对消费者的损害,有必要完善保护消费者集体利益的程序机制,涵盖禁令措施以及补救措施。由此,以《欧盟指令》替换《2009 年禁令指令》。

4.督促成员国加强交流合作并健全国家层面的法律

当前,有关消费者集体救济的诉讼程序机制在整个欧盟范围内各不相同,一些成员国甚至尚未确立通过诉讼途径寻求集体救济的程序机制。这些情况削弱了消费者和经营者对境内市场的信心以及他们在境内市场消费或经营的能力,阻碍了欧盟有关消费者权益保护的法律的有效施行。因此,欧盟立法者为了督促成员国加强交流合作并健全国家层面的法律,确保所有成员国的消费者在欧盟和国家层面都能够依法获得至少一种有效的代表人诉讼机制,以寻求相应的禁令措施和补救措施。

(二)发展脉络

欧盟对消费者集体利益保护的关注始于 1996 年《关于消费者诉诸司法

---

[1] DIRECTIVE 2009/22/EC OF THE EUROPEAN PARLIAMENT AND OF THE COUNCIL of 23 April 2009 on injunctions for the protection of consumers' interests. https://op.europa.eu/en/publication-detail/-/publication/9f4748ef-f612-41cb-bc89-b2a7a2a64949/language-en/format-PDF/source-214489562,最后访问时间:2021 年 6 月 8 日。

和解决内部市场消费者纠纷的行动计划建议》[1],20多年来,从引入"消费者集体利益"这一概念开始,欧盟通过各种形式的行政文件或法律文件对消费者集体利益救济机制加以完善。总体看来,关于诉讼救济途径的探讨可以分为三个阶段:

第一阶段,欧盟关于消费者集体救济的首部正式法律文件为1998年颁布的《关于消费者利益保护禁令机制的指令》(以下简称《1998年禁令指令》),主要对通过诉讼寻求禁止或终止经营者侵权行为的禁令措施进行了规定。[2] 2008年,欧盟先后颁布了《关于违反反垄断规则的损害赔偿诉讼的白皮书》[3]以及《消费者集体救济绿皮书》[4],前者提出了建立代表人诉讼和选择加入的团体诉讼两种司法救济机制并使二者互为补充的建议;后者提供了继续在欧盟层面完善消费者救济机制的四种方案,其中包括成员国建立代表人诉讼、集体诉讼或示范性案例程序等群体性诉讼机制。[5]

第二阶段,《2009年禁令指令》出台后,《1998年禁令指令》随即被废除。

---

[1] Communication from the Commission "Action Plan on consumer access to justice and the settlement of consumer disputes in the internal market". https://op.europa.eu/en/publication-detail/-/publication/4eb327bd-d609-4d76-b509-a5af180b51ec/language-en/format-PDF/source-214486336,最后访问时间:2021年6月8日。

[2] 参见 DIRECTIVE 98/27/EC OF THE EUROPEAN PARLIAMENT AND OF THE COUNCIL of 19 May 1998 on injunctions for the protection of consumers' interests. https://op.europa.eu/en/publication-detail/-/publication/32ccd7e9-cbf5-4852-88f1-7baba5adc482/language-en/format-PDF/source-214531908,最后访问时间:2021年6月8日。

[3] White Paper on damages actions for breach of the EC antitrust rules European Parliament resolution of 26 March 2009 on the White Paper on damages actions for breach of the EC antitrust rules. https://op.europa.eu/en/publication-detail/-/publication/181189da-a2db-4b77-8c92-2fbcac45311b/language-en/format-PDF/source-214483739,最后访问时间:2021年6月8日。

[4] GREEN PAPER On Consumer Collective Redress. https://op.europa.eu/en/publication-detail/-/publication/d2decd19-bf60-4e34-aeac-227729d3b3f1/language-en/format-PDF/source-214477086,最后访问时间:2021年6月8日。

[5] 范晓亮:《我国消费公益诉讼实证分析——兼论〈欧盟集体救济建议〉之借鉴》,《苏州大学学报(法学版)》2016年第3期。

2013 年,欧盟先后发布《迈向欧洲集体救济的横向框架建议》[1]和《成员国关于违反欧盟法律赋予的权利的禁令措施和赔偿性集体救济机制的共同原则》。[2] 前者表明欧盟层面的集体救济机制不支持惩罚性赔偿,认可败诉方负担诉讼费用原则,并建议采取禁令性救济和损害赔偿性救济;后者建议成员国建立以团体诉讼和代表人诉讼为形式的禁令措施和赔偿性集体救济机制。2017 年公布的《对消费者法和市场法的适应性检测报告》[3]指出了欧盟层面消费者集体救济遇到的障碍,如诉讼成本高昂、诉讼程序冗繁、判决效力适用范围过小等;报告还提出了建议,如扩张禁令措施的适用范围,统一成员国关于禁令性集体救济机制的规定,对不遵守生效禁令措施的,规定制裁措施等,其中很多建议在《欧盟指令》中均有所体现。

第三阶段,在上述基础上,2018 年 4 月,欧盟发布一揽子"消费者新政"[4],包含一份对消费者权利相关指令的更新修改文件,以及一份专门针对消费者集体救济的新政——2018 年代表人诉讼提案,因为此前的"初始

---

[1] COMMUNICATION FROM THE COMMISSION TO THE EUROPEAN PARLIA-MENT, THE COUNCIL, THE EUROPEAN ECONOMIC AND SOCIAL COMMITTEE AND THE COMMITTEE OF THE REGIONS "Towards a European Horizontal Framework for Collective Redress". https://op. europa. eu/en/publication-detail/-/publication/d65346fe-eaa6-4655-83d4-fc7196637df8/language-en/format-PDF/source-search,最后访问时间:2021 年 6 月 8 日。

[2] COMMISSION RECOMMENDATION of 11 June 2013 on common principles for injunctive and compensatory collective redress mechanisms in the Member States concerning violations of rights granted under Union Law. https://op.europa.eu/en/publication-detail/-/publication/bfae6994-0c12-11e3-8d1c-01aa75ed71a1/language-en/format-PDF/source-215480381,最后访问时间:2021 年 6 月 8 日。

[3] COMMISSION STAFF WORKING DOCUMENT EXECUTIVE SUMMARY OF THE FITNESS CHECK. https://ec.europa.eu/info/sites/default/files/swd2017208f1staffworkingpaperenv3p1889270.pdf,最后访问时间:2021 年 6 月 8 日。

[4] COMMUNICATION FROM THE COMMISSION TO THE EUROPEAN PARLIAMENT, THE COUNCIL AND THE EUROPEAN ECONOMIC AND SOCIAL COMMITTEE A New Deal for Consumers. https://op.europa.eu/en/publication-detail/-/publication/78c4215c-b5a9-11e8-99ee-01aa75ed71a1/language-en/format-PDF/source-215481138,最后访问时间:2021 年 6 月 8 日。

影响评估"[1]指出消费者集体救济是规范经营者行为的最优办法。[2] 2018 代表人诉讼提案作为《欧盟指令》的前身,最终 2020 年《欧盟指令》颁布,提案中的许多内容被采纳进《欧盟指令》中,但将提案与指令相比较可知,除被保留采纳的内容外,《欧盟指令》序言较之提案增加 32 条,正文较之提案增加 4 条且具体内容与排列均有改变。

二、消费者权益保护代表人诉讼制度的程序要件

(一)代表人诉讼的适用范围

消费者正处在一个日益广泛的、数字化的市场中,其中较难获得集体救济的部门是金融服务(39%)、电信(12%)、运输(8%)以及旅游业(7%),且消费者越来越有可能在这些领域从事跨境活动。[3] 因此《欧盟指令》将数据保护、金融服务、旅游、能源、通信等领域纳入适用范围,尤其重点改进金融服务和投资服务这两个消费者需求显著增加的领域。为了保护这些新增领域的消费者的合法权益,不应因其被称作消费者、旅客、用户、客户、散户投资者、散户客户、数据主体或其他而有所区别或限制。

此外,对于代表人诉讼致力于保护的"消费者的群体利益"(collective interests of consumers),《欧盟指令》给出了明确的定义——"消费者的普遍利益(the general interest)",并指出特别是在寻求补救措施时是指"消费者群体的利益(the interests of a group of consumers)"。2018 年代表人诉讼

---

[1] COMMISSION STAFF WORKING DOCUMENT IMPACT ASSESSMENT Accompanying the document Proposals for DIRECTIVES OF THE EUROPEAN PARLIAMENT AND OF THE COUNCIL (1) amending Council Directive 93/13/EEC，Directive 98/6/EC of the European Parliament and of the Council，Directive 2005/29/EC of the European Parliament and of the Council and Directive 2011/83/EU of the European Parliament and of the Council as regards better enforcement and modernisation of EU consumer protection rules and (2) on representative actions for the protection of the collective interests of consumers, and repealing Directive 2009/22/EC. https://op. europa. eu/en/publication-detail/-/publication/0517ceba-3f06-11e8-b5fe-01aa75ed71a1/language-en/format-PDF/source-214490803, 最后访问时间:2021 年 6 月 8 日。

[2] 苏号朋、姚敏:《欧盟消费者集体救济的最新发展及其对中国的借鉴意义》,《西藏民族大学学报(哲学社会科学版)》2009 年第 1 期。

[3] 参见 Green Paper On Consumer Collective Redress,第 8 条。

提案使用了"the interests of a number of consumers"对其进行界定。无论是哪种表达，都可见其对于预设的《欧盟指令》需要保护的消费者数量之庞大与未知的强调，凸显了代表人诉讼适用于某一经营者的侵权行为侵犯广大消费者利益的情形。

(二)代表人诉讼的适格主体

《欧盟指令》第 3 条第 4 款将"适格主体"定义为"代表消费者利益，已被成员国指定为有资格提起代表人诉讼的任何组织或公共机构"；第 4 条明确要求成员国应确保代表人诉讼可由成员国为此指定的适格主体提起，包括消费者组织（包括代表多个成员国成员的消费者组织）在内的各主体，有资格经指定成为境内或跨境代表人诉讼的适格原告。

《欧盟指令》对成员国指定适格主体规定了统一的标准：(1)其是根据指定其为适格主体的成员国法律设立的法人，并且能够证实其在提出指定请求前 12 个月内从事过保护消费者利益的公共活动；(2)其法定目的证明其能够合法地根据附件一所列欧盟法律保护消费者利益；(3)其具有非营利性质；(4)其非破产程序的主体，也未被宣布破产；(5)其是具有自主性的主体，并且即使是在第三方提供资金的情况下，也不应受到除在代表人诉讼中有经济利益的消费者之外的其他个人的影响，尤其是经营者；其能通过已制定的内部规范防止这种影响，并规避其本身、资金方和消费者利益三者之间的利益冲突；(6)其能够以通俗易懂的语言，通过适当的手段，特别是在其网站上进行信息公开，以表明他们符合成为适格原告的标准并展示其资金来源，编制，管理架构和成员结构，法定目的及法定活动。成员国被允许指定提出请求且符合标准的某实体为临时境内代表人诉讼的适格主体，也仍然允许成员国指定公共机构（包括被废除《2009 年禁令指令》中已指定的公共机构）为适格主体。为了最大限度地在诉讼提起资格方面为代表人诉讼的提起提供便利，允许成员国指定提出请求且符合标准的某实体为临时境内代表人诉讼的适格主体，也仍然允许成员国指定公共机构（包括被废除的《2009 年禁令指令》中已指定的公共机构）为适格主体。

可见，欧盟的代表人诉讼对适格主体的审查，不仅限于其从事过与消费者有关的活动，而在于其必须在提出成为适格主体的意向前一年内从事过以保护消费者利益为目的的活动；对于适格主体的自主性的认定具体到了受资助情形下的状态；对于信息公开的具体内容也作了细致规定。以列举

式替代描述式,体现了欧盟对适格主体资格标准的规定的细致与严格;允许指定临时适格主体以及一些概括性表达又体现了最大限度为增加诉讼便利及提高代表人诉讼适用率的目的。适格主体并非一经选定则其适格主体资格具有永久性,而是要经历清单公示、定期评估以及对关于其质疑的调查,不再符合最低标准的,会被成员国酌情撤销适格主体资格。

虽然代表人诉讼的适格主体代表的是广大个体消费者,但为了实现程序效率并保障适格主体的程序性权利,在任何情况下,个体消费者都不得干预适格原告作出程序性决定,不得在诉讼程序中单独提出证据请求,或者针对法院或行政当局作出的程序性裁定单独提出上诉。基于对消费者集体救济中个体消费者数量与身份的不确定性以及适格原告寻求禁令措施的便利的考虑,代表人诉讼能否被提起,不应以个体消费者是否表示其希望由适格原告代为寻求禁令措施为限制条件,并且,适格原告无须证明个体消费者的实际损失或损害,或者侵权行为系经营者的主观故意或过失。

(三)代表人诉讼的被告

《欧盟指令》第3条第2款将"经营者"界定为"为其贸易(trade)、商业事务(business)、手艺(craft)或职业(profession)而应诉(包括他人以其名义或代表其利益)的任何自然人或法人(无论私有或公有)"。以"贸易、商业事务、手艺或职业"概括经营者可能涉及的领域,能够最大限度囊括所有可能发生经营者侵犯消费者利益的情形,且不对经营者应诉的方式及其为公有或私有做过多限制,尽可能将有侵权行为的经营者涵盖入指令的效力范围,从而最大限度地保护消费者的合法权益。

(四)代表人诉讼的程序主张方式

1.禁令措施

代表人诉讼中适格主体可寻求的禁令措施有两种形式,一是临时性措施(provisional measure),包括暂行措施(interim measure)、防范和防止措施(precautionary and preventive measure);二是终局性措施(definitive measure)。其中,终局性措施即旨在通过确认以终止或禁止侵权行为的确认之诉,包括确认某一行为属于侵权行为,以及通过公布作出的禁令措施决定或纠正声明的形式确认经营者应负的责任。《欧盟指令》采纳了2018年代表人诉讼提案的内容,使得确认之诉首次出现在正式的欧盟关于消费者集体利益保护的正式法律文本中,具有重大意义。

2.补救措施

《欧盟指令》对于补救措施最重要的完善便是明确增加损害赔偿请求权并拒绝适用惩罚性赔偿。其一,《欧盟指令》第9条第1款规定"补救措施应要求经营者根据欧盟法律或国内法的规定,向涉诉消费者提供如赔偿、修理、更换、减少价款、终止合同或偿还已支付的价款等救济"。损害赔偿之诉的缺失使消费者集体救济失去了力量,变相允许经营者保有不法收益,制度的预防、威慑和补偿功能难以实现。[1] 欧盟立法者摆脱资本的阻碍力量,将"赔偿"明文规定于代表人诉讼可寻求的补救措施中,是消费纠纷解决机制的应有之义。其二,《欧盟指令》明文规定"不允许对侵权经营者施加惩罚性赔偿"。这充分体现了欧盟一直以来对消费纠纷中惩罚性赔偿的拒绝态度,从而避免滥诉风险以及可能给欧盟境内经营者们造成的未知且不可控的损失。

在个体消费者受益于补救措施的问题上,《欧盟指令》允许成员国根据国内法向个体消费者提供直接受益于已公布的补救措施的可能性,而不受事先参与代表人诉讼相关要求的约束。为了使个体消费者获得救济,应当可以要求其采取某些行动以证明自己的适格身份,如告知负责执行补救措施的主体其为可获得救济的适格消费者。如此宽松且灵活的告知原则,充分体现了欧盟欲尽可能使代表人诉讼的补救措施实现对涉案消费者的全覆盖,以促进代表人诉讼有效执行。

(五)代表人诉讼的跨境管辖

1.由于欧盟组织结构的特殊性,《欧盟指令》的一项重要内容便是涉及各成员国相互之间的管辖权的跨境代表人诉讼。在《2009年禁令指令》中作出相关规定的前提下,跨境起诉率依然未有上涨。在实践中,由于涉及适用外国法而使得诉讼成本增加,消费者参与跨境诉讼除了法院的诉讼费用高、耗时长等问题之外,还存在语言和长途差旅的现实问题,更难以想象根据冲突规范要到外国法院进行诉讼会对消费者造成多大的额外压力跟负

---

[1] 杜乐其:《消费民事公益诉讼损害赔偿请求权研究》,《法律科学(西北政法大学学报)》2017年第6期。

担。[1] 报告表明,至2008年,只有来自英国的一个适格主体——公平贸易办公室(the Office of Fair Trading)在两个案件中使用了这一机制,向比利时和荷兰法院提起了寻求禁令措施的诉讼。[2] 在2008至2012年间,出现了大约70个跨境的寻求禁令措施的诉讼和总共5632项其他相关诉讼,但其中大多数都不是基于《2009年禁令指令》中规定的概念。[3] 一些经营者虽然在案件管辖法院所属国以外的国家设立注册,但均是在其进行商业活动的国家即消费者国籍国被起诉的,因为这样适格主体能够避免如语言障碍、识别问题和评估并提供海外经营者相关数据等困难。

2.欧盟对此进行了完善,《欧盟指令》规定成员国应确保跨境代表人诉讼可由事先在另一成员国指定的符合原告资格的适格主体向其法院或行政当局提起;若侵权行为影响或可能影响到不同成员国的消费者,则来自不同成员国的若干适格原告可以向某一成员国境内的法院或行政当局提起代表人诉讼,以保护不同成员国消费者的集体利益;并且如前文所述,可称为适格主体的消费者组织中包括代表多个成员国成员的消费者组织,为跨境代表人诉讼的提起提供便利。在诉讼费用、判决效力等问题上,《欧盟指令》也都一一对跨境情形进行了"同样适用于跨境代表人诉讼"等总结性阐述。

报告显示,跨境诉讼没有很好地落实的另一个原因是来自不同成员国的合格实体之间没有充分合作,进行良好交流或制定共同战略以打击广泛的侵权行为。[4] 针对这一情形,《欧盟指令》第20条第2款制定规则要求成员国和委员会应当支持和促进适格主体之间的合作,并传播它们在处理

---

[1] G. Howells, S. Weatherill, *Consumer Protection Law*, Ashgate Publishing, 2005, pp.651-652.

[2] Report from the Commission concerning the application of Directive 98/27/EC of the European Parliament and of the Council on injunctions for the protection of consumers, interest. https://eur-lex.europa.eu/legal-content/EN/TXT/PDF/? uri=CELEX:52008DC 0756&from=EN,最后访问时间:2021年6月8日。

[3] Report from the Commission to the European Parliament and the Council concerning the application of directive 2009/22/EC of the European Parliament and of the Council on injunctions for the protection of consumers' interest. https://op.europa.eu/en/publication-detail/-/publication/4552f544-6ddf-49d9-8d7b-7d699ccceb4f/language-en/format-PDF/source-215485307,最后访问时间:2021年6月8日。

[4] 参见 Commission Staff Working Document Executive Summary of the Fitness Check. https://ec.europa.eu/info/sites/default/files/swd201720 8f1staffworkingpaperenv3p1889270.pdf, 最后访问时间:2021年6月8日。

境内和跨境侵权行为方面的最佳做法和经验。虽然此条款缺乏对具体内容的规定,但将支持和促进适格主体交流设为成员国和欧盟委员会的义务,体现了欧盟立法者持续关注弥补这一不足的意愿。

三、消费者权益保护代表人诉讼运行的周边制度

(一)庭前调解与和解

调查数据显示:接受调查的欧盟消费者中,一年之内因购买商品或服务而产生问题的高达 21%,但仅 2% 会选择诉讼途径解决问题。不选择诉讼途径的原因,扣除 40% 从经营者处直接得到满意答复,26% 是因为涉案金额太小不认为值得诉讼,16% 是诉讼太劳神,13% 是诉讼费用太高,12% 是时间成本过高,9% 是不知道如何诉讼。[1] 可见,诉讼以外的其他途径进行集体救济在消费者中的接受度依然有很大空间,加之 ADR 等制度的确为消费者提供了更高效、高质量的法院外纠纷解决机制,因此,在代表人诉讼制度中依然需要这些机制。

《欧盟指令》序言第 41 条对代表人诉讼的庭前调解作出了规定。成员国应当能够要求欲提起代表人诉讼的适格原告进行庭前调解,从而给被诉经营者一次停止代表人诉讼所诉侵权行为的机会。成员国应当能够要求与他们指定的独立公共机构共同进行庭前调解,调解期间为自收到调解请求后的两周。在寻求禁令措施的代表人诉讼中,《欧盟指令》允许成员国自主决定是否将已进行庭前调解作为适格原告提起代表人诉讼的前提条件。《欧盟指令》序言第 53 至 57 条明确鼓励在寻求补救措施的代表人诉讼中适用集体和解制度,法院与行政当局应邀请经营者和提起诉讼的适格原告进行协商,以便就向代表人诉讼所涉消费者提供的补救达成和解。

为了确保消费者得到应有的救济,《欧盟指令》针对调解或和解未果的情形作了进一步规定。庭前调解期间届满后,侵权行为尚未停止的,申请人有权立即向管辖法院或行政当局提起代表人诉讼。考虑到各方特别是涉诉消费者的权利和利益以及不得以协议形式损害消费者的利益,和解协议只

---

[1] Special Eurobarometer 342: Consumer Empowerment,204(2011). 转引自于颖、克里斯托福·霍金斯:《消费者纠纷解决的 CDR 机制》,《2014 政策研究简报》,第4页。

有经法院或行政当局批准才具有效力，和解协议未被批准的，应当继续审理有关的代表人诉讼。

（二）信息公开与传达

欧盟立法者意识到代表人诉讼成功的关键是确保消费者知晓代表人诉讼的存在，因此对此作了具体规定。首先，适格主体应在其网站上告知消费者其决定向法院或行政当局提起的代表人诉讼、其已经提起的代表人诉讼的进展情况和这些诉讼的判决结果，从而使消费者能够就其是否希望参加代表人诉讼作出明智决定并及时采取必要行动。其次，成员国可创建国家电子数据库并通过网站向公众开放，以提供事先指定的符合原告资格的境内或跨境代表人诉讼适格主体的信息，以及正在进行的和审结的代表人诉讼的基本信息。再次，《欧盟指令》规定了诉讼参与人相互间的信息传达义务。成员国应制定关于向消费者传播代表人诉讼相关信息的适当规则，以确保有机会形成代表人诉讼。应由成员国来决定谁应对此信息传播负责。消费者还应当被告知规定了禁令措施、补救措施和被批准的和解协议的最终判决，其发现存在侵权行为后的权利，以及代表人诉讼所涉消费者可采取的后续行动。侵权经营者应当将最终决定的禁令措施和补救措施，以及所有法院或行政当局批准的和解协议告知所有涉诉消费者。

（三）证据披露

证据对于确定寻求禁令措施或补救措施的代表人诉讼是否有充分立案依据至关重要。然而，企业与消费者之间的关系具有信息不对称的特征，并且一些必要证据可能完全由经营者控制，致使适格原告无法获得。因此，《欧盟指令》成员国应当确保，在遵循欧盟和成员国的保密原则和相称原则的前提下，若适格原告提供了足以支持代表人诉讼的合理证据并指出其他证据在被告或第三方的控制之下，该适格原告提出请求的，法院或行政当局有权以证据披露令的形式，命令被告或第三方根据国内诉讼法披露这些证据。考虑到当事人平等原则，被告提出请求的，法院或行政当局也同样能够根据国内诉讼法，平等地责令适格原告或第三方披露相关证据。为了使代表人诉讼中的证据披露制度的实施更规范化，《欧盟指令》要求提起代表人诉讼的法院或行政当局应根据国家程序法认真评估证据披露令的必要性、范围和相称性。[1]

(四)诉讼费用

考虑到应对诉讼不经济及由此造成的适格主体诉讼不积极问题进行改善,《欧盟指令》对诉讼费用分担以及对适格主体的资助方面作了较为详细的规定。

第一,《欧盟指令》明确要求成员国应保留或采取措施,以确保适格主体不会因费用障碍而无法根据《欧盟指令》提起代表人诉讼。

第二,尽管《欧盟指令》仍然规定了诉讼所涉个体消费者不应支付诉讼费用,但同时提出了两项特殊规定:其一,寻取补救措施的代表人诉讼中,若有因诉讼所涉个体消费者故意或过失行为而产生的诉讼费用,如由于其违法行为导致诉讼延期而产生的费用,则可以要求个体消费者支付此费用。其二,允许成员国制定规则,以授权适格原告要求已表示希望由其代行实施代表人诉讼的消费者支付适量的诉讼实施费或类似费用,以便参加该代表人诉讼。这是为了维护适格主体的合法权益,提高适格主体的诉讼积极性而做的最新突破。

第三,代表人诉讼在支持向适格主体提供资金援助的同时,对其资金来源的资格审查作了详细的规定。由第三方资助的代表人诉讼,应当满足在国内法允许范围内可规避利益冲突的要求,且与该代表人诉讼的提起及判决结果有经济利益关联的,不会使代表人诉讼偏离对消费者集体利益的保护。其中,成员国应特别确保:(1)第三方不会对适格主体在代表人诉讼中的程序性决定(包括决定和解)造成不当影响,从而损害涉诉消费者的集体利益;(2)受第三方资助的代表人诉讼的被告方,不是第三方资助者的竞争对手(与被告在同一市场经营的经营者针对具体代表人诉讼的直接资助,一律视为隐含利益冲突)或第三方所依附的资助者。为了扩大资助资金的来源以尽可能鼓励代表人诉讼的应用,符合要求的通过成员等额出资或捐款(包括经营者在企业社会责任倡议或众筹框架内的捐款)成立的组织对代表人诉讼的间接资助,也应被视为适格的第三方资助。确认不符合资助资格

---

[1] 欧盟的规定类似于大陆法系的证据披露制度。在英美法系浓厚的当事人主义下,证据披露的全程法官均处于被动消极的地位,只在最后审前会议上确认庭审证据的范围,因此不存在当事人申请法院或行政当局发出证据披露令以责令对方披露相关证据的程序。

的,法院或行政当局有权采取适当措施,如要求适格主体拒绝或变更相关资金来源,必要时撤销该主体的原告主体资格或宣告不予受理具体代表人诉讼,以维护代表人诉讼的公正性与实效性。

(五)判决效力

欧洲委员会的研究证实《2009 年禁令指令》颁布后,大多数成员国针对寻求禁令措施的诉讼作出的判决只约束提起该诉讼的适格主体和被告经营者(双方间的效力)。如果一个经营者的行为将侵犯消费者的合法权益且与另一个经营者的侵权行为相同,消费者也不能主张直接援引先前的判决,而需要重新证明行为是侵权行为,这显然增加了诉讼风险并徒增了司法成本。只有少数成员国在其法律规定中将寻求禁令措施的诉讼的判决效力扩大到其他当事方(普遍适用效力)。但是,一些国家对前述国家的这种判决效力扩张的规定是否符合欧盟法律,特别是 1993 年《关于消费者合同中不公平条款的指令》[1]表示质疑。针对上述质疑,匈牙利法院在 C-472/10 Invitel 一案中首次进行了解答。该案为匈牙利国家消费者保护局对电话网络运营商 Invitel 公司提起的公益诉讼。匈牙利法院认为 Invitel 公司在与消费者签订的合同中使用了不公平条款,使得消费者被迫支付最初没有达成协议的费用,遂作出争议条款无效且 Invitel 公司偿付消费者错误支出的价款的判决。最终,基于禁令措施的威慑性质和劝阻目的,匈牙利法院宣布该案的判决效力对与卖方或供应商订立同类合同的所有消费者(包括不是寻求禁令措施的诉讼当事人的消费者)有效。[2]

因此,一方面,针对终局判决的效力,《欧盟指令》作出了"成员国应确保消费者不会因针对同一经营者的同一案由重复获得赔偿"以及"任何成员国的法院或行政当局就存在损害消费者集体利益的侵权行为作出的最终判

---

[1] Council Directive 93/13/EEC of 5 April 1993 on unfair terms in consumer contracts. https://op. europa. eu/en/publication-detail/-/publication/954c3cd9-b2fa-47ae-a1f6-b6e62a488ad3/language-en/format-PDF/source-215062012#,最后访问时间:2021 年 6 月 8 日。

[2] Judgement of the Court of Justice of the European Union dated 26 April 2012,C-472/10 Nemzeti Fogyasztovedelmi Hatosdg v. Invitel Tdvkdzlesi Zrt,ECLI:EU:C:2012:242. https://curia.europa.eu/juris/document/document.jsf;jsessionid=CAECB3564E42DE695CAE7DF67F868BA1? text=&docid=122164&pageIndex=0&doclang=en&mode=lst&dir=&occ=first&part=1&cid=11255072,最后访问时间:2021 年 6 月 8 日。

决,可在针对同一经营者的同一行为提起的寻求补救措施的任何其他诉讼中作为各方的证据"的规定,体现出欧盟对代表人诉讼中确认被诉行为构成对欧盟法律的违反的判决以及责令经营者承担相关补救责任的判决的效力之终局性、不可推翻性的肯定。基于上述规定,成员国有权决定适格原告可以在一个或在分别的代表人诉讼中寻求禁令措施和补救措施。若选择提起单一的代表人诉讼,则其可在提起该诉讼时提出所有救济请求,或首先寻求相关禁令措施,然后酌情寻求补救措施。终局判决效力的扩张进一步确保了代表人诉讼机制的有效实施。

另一方面,《欧盟指令》第 16 条第 1 款要求成员国应当确保未决的寻求禁令措施的代表人诉讼在效力逻辑上能够中止或中断涉诉消费者纠纷的时效期间,以避免消费者因其适用的时效期间在寻求禁令措施的代表人诉讼中已届满而被阻止后续提起寻求补救措施的代表人诉讼。在法律体系中设置时效制度的目的在于惩罚"权利上的沉睡者",[1]但在代表人诉讼中先行寻求禁令措施的原告显然不是"权利上的沉睡者",因此维护消费者继续行使权利寻求补救措施的机会是必要的,是对判决效力扩张在时效层面的进一步完善。

四、《欧盟指令》对我国的启示

(一)程序机制

1.程序适用范围

欧盟关于当前消费领域的调研数据并非孤立的,其反映出的是世界消费市场的发展趋势,我国作为互联网、大数据发展潮流的领头羊,也正经历着相同的转变。因此,我国应学习欧盟代表人诉讼,在充分有效的调研汇总基础上,将我国适用于消费者集体救济的诉讼的适用范围扩充至数据保护、金融服务、旅游、能源、通讯等等,以涵盖一切可能发生经营者的侵权行为侵犯广大消费者权益的情形。

我国《最高人民法院关于审理消费民事公益诉讼案件适用法律若干问

---

[1] 陈洪杰、齐树洁:《欧盟关于民商事调解的 2008/52/EC 指令述评》,《法学评论》2009 年第 2 期。

题的解释》(以下简称《最高院关于消费民事公益诉讼的解释》)中以"经营者侵害众多不特定消费者合法权益或者具有危及消费者人身、财产安全危险等损害社会公共利益的行为"来界定提起消费民事公益诉讼的事由,可见,目前我国制定消费民事公益诉讼制度的主要目的是维护"社会公共利益"。明确界定集体救济,是构建、发展其法律规则的前提。[1] 无论是从观念层面,还是从法律规定层面,由维护"社会公共利益"向救济"消费者集体利益"(不论其间每一个个体消费者的利益大小)的转化,便是我国消费者集体救济诉讼路径的发展方向。只要诉讼会涉及众多消费者的利益,且经营行为侵害或者可能侵害消费者的合法权益,针对侵权行为提起的就应属于消费民事公益诉讼。[2]

2.原告资格

我国目前关于消费民事公益诉讼之原告的界定可以概括为"中国消费者协会以及在省、自治区、直辖市设立的消费者协会"及"法律规定或者全国人大及其常委会授权的机关和社会组织"。[3] 这样的规定一方面使适用对象范围过于狭隘,一方面对消费者协会或社会组织的标准界定过于笼统,以至于实践中符合要求的主体过少或者难以界定某组织是否符合原告资格,进而影响消费民事公益诉讼的落实。

另外,目前我国除了专门的消费民事公益诉讼,涉及众多消费者利益的群体性纠纷于法律规定层面还可选择代表人诉讼[4]或共同诉讼。但是,若欲通过共同诉讼对消费者群体性纠纷进行妥善解决,会有以下障碍:其一,法院为了将案件合并审理而一一确认原告的权利义务(普通共同诉讼),或者审查每一位共同诉讼人是否符合原告资格(必要共同诉讼)在实践中本身就欠缺可行性;其二,若侵权行为所致利益损失之于每一个个体消费者都过于微小,那么个体消费者很有可能不会选择共同诉讼解决纠纷。在代表人诉讼中,代表人经众多当事人推选或人民法院参与的协商产生,但在涉及众

---

[1]　黄忠顺:《中国民事公益诉讼年度观察报告》,《当代法学》2017 年第 6 期。

[2]　苏号朋、姚敏:《欧盟消费者集体救济的最新发展及其对中国的借鉴意义》,《西藏民族大学学报(哲学社会科学版)》2019 年第 1 期。

[3]　参见《最高人民法院〈关于审理消费民事公益诉讼案件适用法律若干问题的解释〉》第 1 条。

[4]　我国现行代表人诉讼与《欧盟指令》中所述代表人诉讼是截然不同的两种诉讼模式。

多消费者利益的群体性纠纷中,受害消费者数量的不确定性以及相互之间的陌生感与不信任感,均不便于甚至会阻碍代表人的推选,此后的诉讼进程便也无从谈起。此外,在我国的代表人诉讼中,代表人的一切程序性决定均需经过被代表人同意,与欧盟规定相较,实为徒增程序性负担。

关于我国的消费者集体救济之诉讼途径的原告,不必要全面学习欧盟的事先指定模式,但仍有许多值得借鉴的地方。首先,应该摒弃"国家级""省级"和"全国人大常委会授权的"等限制,不以原告的层级论资格,虽然目前的规定主要源于我国现阶段适格主体质量的参差不齐,但规则的更改也可以促进实体的发展转变;其次,我们可以借鉴欧盟对于适格主体的指定标准,对社会团体的资格标准作具体的、列举性的规定,划定清晰的资格边界,在使标准更加规范化的同时扩充适格原告的队伍;再次,对于适格主体提起诉讼后能够享有的程序性权利,我国法律应给予适度的扩充,并约束个体消费者在消费者集体救济诉讼中的权利,以保障适格原告的合法权益并提高其诉讼参与积极性。中国应当扭转主要通过国家机关治理的模式,逐步培育并倚重社会团体的治理能力。[1]扩大提起诉讼的原告范围并明确其界定标准,是完善我国消费者集体救济机制之诉讼路径的突破口。

3.规范对象

当前,我国关于消费者权益保护的法律条文中没有对"经营者"的直接定义,《最高院关于消费民事公益诉讼的解释》第 2 条将"经营者"框在了为消费者提供商品或服务且符合法律所列四种情形之一的人。显然,尽管有兜底条款,此规定与欧盟《欧盟指令》中规定相比,界定方式过于狭窄,无法做到对侵权经营者的全覆盖,因此应当完善有关规定,以"贸易""商业事务"等外延较大的词语界定"经营者",并放宽应诉方式等细节性规定。

4.救济措施

(1)完善确认之诉

正如《欧盟指令》指出的,对个体消费者数量与身份的不确定性,以及适格原告寻求禁令措施的便利的考量是十分必要的。但是这种考量在我国法律规定中鲜有体现,我国关于禁令措施的规定是极不充分的,尤其是关于确认之诉的规定。目前在我国的法律中,仅在《最高院关于消费民事公益诉讼

---

[1] 韩静茹:《社会治理型民事检察制度初探——实践、规范、理论的交错视角》,《当代法学》2014 年第 5 期。

的解释》中有原告认为经营者的格式条款对消费者不公平、不合理，主张无效的，人民法院可予以支持，这一相关规定，显然是难以满足对消费者集体利益救济需求的。

终局判决的效力扩张问题也与确认之诉息息相关，即对确认之诉的明确化、规范化，将直接决定我国消费民事公益诉讼能否在案件情况复杂，难以在第一时间实现对消费者救济的情况下，为其后续主张权利、寻求救济提供可能，真正最大限度地为消费者的利益保驾护航。

（2）确立损害赔偿措施和否认惩罚性赔偿措施

我国消费民事公益诉讼相关规定中，原告可以主张的诉讼请求有停止侵害、排除妨碍、消除危险、赔礼道歉，尚未明确原告可以请求损害赔偿。[1]基于私益诉讼理念和诉讼程序障碍的功利主义进路设计消费民事公益诉讼制度，必定导致对消费民事公益诉讼制度功能认识上的偏差。将消费民事公益诉讼制度定位为"制止、预防"而非"补偿"的功能结构，进而选择"不作为之诉"作为功能实现的路径，显然无法让经营者内化其违法行为产生的社会成本，进而不能强有力威慑其违法行为；同时，其也无法对已经受到损害的众多不特定消费者提供实质性救济。[2]因此，借鉴欧盟代表人诉讼的规定，确立并健全我国在处理消费者民事纠纷中的损害赔偿请求制度是重中之重。

我国法律条文中的惩罚性赔偿于1993年《消费者权益保护法》中首次出现，学界普遍将其中"双倍赔偿"的表述视为对经营者的惩罚性赔偿，此后"几倍赔偿"便成为我国惩罚性赔偿的常用表述。虽然法律规定如此，但"《消法》是调整消费者和经营者之间权利与义务关系的法律，应属于私法范畴，在私法范畴调整方法是以'填平式'或补偿性的调整方法为原则的……惩罚性赔偿力主惩罚，与'补偿'意旨迥异，性质也完全不同。惩罚性赔偿实质上是国家对损害赔偿的干预，是一种报应性赔偿，具有实质上的刑事性……可以说《消法》惩罚性赔偿制度为我国现行民商事法律体系中的一个

---

[1]　参见《最高人民法院关于审理消费民事公益诉讼案件适用法律若干问题的解释》第13条第1款。

[2]　杜乐其：《消费民事公益诉讼损害赔偿请求权研究》，《法律科学（西北政法大学学报）》2017年第6期。

异类"。[1] 显然,我国并未关注到消费者民事纠纷中的惩罚性赔偿措施可能造成的负面影响,因此应当先学习欧盟在制定指令前的充分调研活动,再在实证基础上对消费者集体救济中的惩罚性赔偿加以限制。

5.管辖规则

鉴于我国与欧盟的组织结构与立法环境截然不同,有关跨境代表人诉讼的相关规定,我国可借鉴的内容在于其在处理案件合并审理之管辖权问题上的识变从宜。正如《欧盟指令》序言第 31 条所言,在遵守司法管辖相关规则的前提下,不同成员国的适格原告应能够在单一法庭的单一代表人诉讼中联合起来。随着我国消费市场不断发展变化,消费侵权案件往往涉及多个省市,甚至会波及全国的消费者,这种灵活的管辖权规则,借鉴到我国即为在确有必要时,对于消费者群体性纠纷案件的审理不应受限于法院的地域管辖权,而应以结果导向——合并审理后是否更有利于作出最优判决作为合并审理的条件,从而追求消费者集体利益最大化与程序效率。

基于长远考虑,在我国消费民事公益诉讼体系较为完善后,也可以通过法律规定的形式要求适格原告之间加强关于参诉经验的沟通与交流。

(二)周边制度

1.鼓励适用庭前调解及和解

欧盟现阶段消费者集体救济外在表现形态是"诉讼""ADR"与"规制手段"相结合的"混合"执行模式,这种形态上的"混合"根源于欧盟近年来法律执行方式的变革:法律"私力执行"的推动与消费者法律"公力执行"的传统相结合并最终演变成"公力"与"私力"的"混合执行"模式。[2] 这种混合模式为消费者集体救济提供了多样化的选择,也更有利于方便、高效地实现集体救济。

我国现行《消费者权益保护法》将对消费者的投诉事项进行调解规定为消费者协会的公益性职责,并且将争议双方和解以及通过消费者协会或其他依法成立的调解组织进行调解列为消费者权益争议的解决途径[3],其他

---

[1] 高志宏:《惩罚性赔偿责任的二元体系与规范再造》,《比较法研究》2020 年第6 期。

[2] 王盛哲:《欧盟消费者集体救济的发展、评析与展望》,《中国国际私法与比较法年刊》2017 年第 20 卷。

[3] 参见《中华人民共和国消费者权益保护法》第 39 条。

有关调解书与和解协议的效力的规定也较为完善。可见,我国也在关注多种纠纷解决机制相结合解决消费纠纷的模式。下一阶段,我国可着重考量将庭前调解设置为适格主体提起寻求救济措施的诉讼的前置条件,给予违法经营者一次确定性的机会停止侵权行为,以强制性规定促进群体性消费纠纷以更加高效便捷的方式解决。

2.构建信息公开机制

以欧盟经验为样本,我国也可创建消费者集体救济的诉讼信息公开机制。第一,制定法规要求目前依法具有原告资格的消费者协会或组织创建独立的网站,并将其自身相关信息及其依据我国现行法律打算提起的、正在进行的和审结的消费者寻求救济措施的诉讼信息公开。第二,我国应当规定败诉经营者的信息传达义务,以告知消费者判决作出的救济措施相关决定及和解协议相关内容。第三,电子数据库的建立对消费者集体救济机制来说是便捷高效的,但根据目前我国的消费民事公益诉讼建设情况,创建电子数据库并不能采集到足够的信息,无法达到公开详尽的有关适格主体以及消费者集体救济诉讼的信息,从而促进消费者集体利益司法救济实施的预期,会造成资源浪费。创建电子数据库这一规定可置于我国逐步健全完善消费者集体利益救济机制的未来图景下加以学习借鉴。

3.规范证据披露制度

我国法律未采用“证据披露”这样的表述,但这一制度的设置原理类似于我国的举证责任倒置规则,均是为了帮助法官发现案件事实真相,持有证据的一方当事人,基于负有证明责任一方当事人的请求,出示其持有的与案件有关的证据材料。[1] 但二者的不同点在于:举证责任倒置规则是通过法律明文规定设置的强制性规则,而证据披露制度是基于一方当事人请求才会开始运作的制度。我国目前在消费纠纷中的证据规则中欠缺的是更尊重当事人意愿、更灵活的证据披露制度,在同样拥有职权主义色彩的立法环境下,欧盟规定的证据披露令模式也符合我国的实际情况。诉讼最理想的目标是追求案件的客观真实,寻求最大限度的司法正义,而正义是独一无二的,正义不外乎诚实信用原则本质,真实不过是诚实信用的内容。因此证据

---

[1] 王国征、彭三益:《知识产权侵权诉讼中的证据披露制度——以非新产品制造方法专利侵权纠纷为视角》,《江西社会科学》2019年第2期。

披露规则充分体现了程序正义与实质真实的双重要求。[1] 为了维护在消费纠纷信息不对等的环境中通常处于弱势的消费者的合法利益,我国应尽快构建证据披露制度,同时,为了遵循当事人平等原则,也应规定证据披露制度同样适用于被告经营者。此外,关于拒绝履行证据披露令的情形的规制是必要的,但笔者认为不是现阶段必需的,我国关于消费者集体救济诉讼途径中的各种周边制度的规定构建应循序渐进地进入大众视野,逐步推进。

4.完善诉讼费用相关规定

在我国,对于消费纠纷中原告为停止侵害、排除妨碍、消除危险采取合理预防、处置措施而发生的费用,以及原告及其诉讼代理人对侵权行为进行调查、取证的合理费用、鉴定费用、合理的律师代理费用均可以由被告经营者或者法院适当分担,以鼓励对我国消费民事公益诉讼的适用。然而,这些规定对于解决适格主体提起诉讼的经济压力是不充分的。我国应当完善对适格主体资助方面的规定,最重要的是配以严格细致的审查标准,具体内容可借鉴欧盟规定,从而避免诉讼中途发现资助者无法负担相应费用,或者资助者的身份特殊(如是被告的竞争对手)致使其并非以助力消费者集体救济,维护消费者利益为目的而提起诉讼的情况发生。

5.判决效力扩张

查阅我国目前的法律规定,法院判决的效力扩张在消费民事公益诉讼中是存在的——已被生效判决认定的事实以及经营者存在不法行为,在因同一侵权行为受到损害的消费者欲单独提起诉讼时,无须再次举证证明。[2] 但不足的是,在我国这主要表现为证明效力而缺乏既判力,可被相反证据所推翻。因此,我们需要将进一步完善有关消费者集体救济的诉讼判决效力扩张的规定,以明确前诉判决对后诉程序的裁判拘束力。

如前文所述,代表人诉讼中时效期间的中断规则是对判决效力扩张在时效层面的进一步完善和补充,而我国目前尚未有类似的规定,这对积极通过诉讼途径寻求救济的消费者或消费民事公益诉讼的原告来说是显失公允的,导致绝不属于"权利上的沉睡者"的诉讼原告或个体消费者毫无法律依

---

[1] 马柳颖、唐伟明、黄巍巍:《民事证据披露规则的构建》,《南华大学学报(社会科学版)》2003年第1期。

[2] 参见《最高人民法院关于审理消费民事公益诉讼案件适用法律若干问题的解释》第16条。

据地被划为怠于行使权利的一方。应在我国法律中补充类似于《欧盟指令》中的时效规则，使未决的寻求禁令措施的代表人诉讼能够中断涉诉消费者纠纷的时效期间，为其后续提起寻求补救措施的代表人诉讼提供条件。

以上几点均不利于消费民事公益诉讼的适格原告及相关个体消费者后续的权利救济，也不利于树立具有稳定性、可信性、确定性的司法威严，亟待对其加以完善。

结　语

《欧盟指令》的颁布，标志着欧盟正式将代表人诉讼纳入消费者集体救济机制体系，鼓励被侵权消费者通过诉讼途径主张权利，寻求救济，完善了欧盟的消费者集体救济机制。与此同时，《欧盟指令》的实施能否帮助建设欧盟层面统一协调的消费者集体救济机制面临着许多未知因素。首先，消费者集体救济采取代表人诉讼形式并增加补救措施等构想并非首次提出，相关建议及报告因一些商业部门和成员国的强烈抵制被一再搁置。其次，《2009 年禁令指令》中的部分问题，并未通过《欧盟指令》得到实质解决。再次，《欧盟指令》以遵循程序自治原则等为由，过度给予成员国关于具体程序规则的自由裁量权，难以实现欧盟内部的一致性。

尽管我国已有关于消费民事公益诉讼以及其他适用于消费者集体利益保护的法律规定，但消费者集体救济机制在我国的建设仍处于起步阶段。而无论是在诉讼要件的基本框架方面，如代表人诉讼适格主体的指定标准，诉讼适用范围的扩张，救济措施中确认之诉和损害赔偿请求权的确立，对惩罚性赔偿的杜绝，还是具体的辅助性程序方面，如信息公开、诉讼费用分担和对适格主体的资金援助规则，终局判决的效力扩张和时效中断规则等，《欧盟指令》均能够为我国的消费者集体救济机制之诉讼路径构建提供启示。考虑到当前我国消费者集体救济诉讼途径的规定尚未形成一个完整的体系，在多部法律中均有相关规定，因此，对外部经验之学习借鉴不必拘泥于消费民事公益诉讼制度或其他某一具体制度，而是应根据各具体制度的现有完整度、发展紧迫性以及借鉴可能性有选择地进行完善。

A Review of DIRECTIVE（EU）2020/1828 on Representative Actions for the Protection of the Collective Interests of Consumers

Fan Yuting

Absrtact: In order to provide an effective protection for the public interests of consumers, the DIRECTIVE（EU）2020/1828 on representative actions for the protection of the collective interests of consumers was promulgated in November 2020. Its core mechanism is to enable qualified entities to bring representative actions to achieve the judicial correction of unlawful practices that be harmful to the interests of consumers in the European Union. As a frontier regulation of the system on consumer collective redress mechanism at the EU level, the identification standard of qualified entities of representative actions, the establishment of the action of confirmation and the right of compensation for damages, the position taken on punitive damages, information disclosure system, evidence disclosure system, the expansion of Res Judicata and the rules of the interruption of limitation periods and so on in the Directive have much to learn for the construction and improvement of the collective redress procedure mechanism for consumers in China, we can start with the analysis of comparative law from the operation mechanism of procedure, such as the scope of application of action, the identification standard of qualified entities, litigating jurisdiction and the scope of validity of judgment and so on.

Key words: representative actions, consumer collective redress, qualified entities, redress measures, injunctive measures

美国《冠状病毒援助、救济
与经济安全法案》立法述评

程竞毅[*]　叶　盼[**]

摘要：在新冠肺炎疫情全球大流行的紧急立法背景下，美国面临着应急立法与程序正义、紧急医疗响应与患者权益保护以及大规模经济援助与高赤字高负债三种突出矛盾，从《冠状病毒援助、救济与经济安全法案》的现行规定考察，法案在立法程序、医疗支持和经济援助相应领域的取舍考量中均优先选择前者，并基于该价值取向在立法程序中追求快速、密集出台援助法案；在医疗支持系统中以医疗志愿者个人的限制责任规定豁免一定范围的医疗侵权损害责任；在经济援助中采取大规模现金直达式援助缓解居民现金支付压力以及企业的资金链断层。但法案背后也由此隐含着责任豁免的合宪性隐忧和资金援助的效用递减风险，以辩证眼光看待美国《冠状病毒援助、救济与经济安全法案》的疫情应对措施对于建构公共卫生事件治理机制具有参考价值。

关键词：新冠疫情；立法程序；医疗支持；经济援助

《冠状病毒援助、救济与经济安全法案》（CARES Act）于 2020 年美利坚合众国第 116 届国会第二次会议通过，法案主要内容包括新冠肺炎疫情期间国家维持工人的工资就业、改善医疗系统、稳定经济以及针对新冠病毒医疗响应和机构运行的紧急拨款规定，是第二次世界大战以来美国最大规模的经济刺激法案。

---

[*]　程竞毅，上海师范大学硕士研究生。

[**]　叶盼，上海师范大学硕士研究生。

一、立法背景

2020 年,新冠疫情将全球经济社会拉入衰退与失序,美国也并未幸免于外,疫情的冲击使得美国面临实体经济和金融秩序的剧烈动荡,民生和公众健康面临巨大威胁。2020 年 1 月 31 日,美国卫生与公众服务部部长依据 1944 年《公共卫生服务法》授权,宣布 2019 新型冠状病毒为突发公共卫生事件。3 月 20 日,特朗普批准纽约州进入疫情"灾难状态"(Disaster Declaration),纽约州由此成为美国首个进入疫情"灾难状态"的州。而疫情的蔓延远超政府预料,在短短不到一个月的时间内,至 4 月 11 日,美国所有 50 个州、首都华盛顿特区及 4 个海外领地均进入疫情"灾难状态",这是美国历史上首次出现如此严峻的局面。[1]

为迅速应对新冠疫情突发公共卫生事件,美国国会在较短时间内先后通过了四项新法令,通过大量财政资金投入对居民、家庭和企业进行纾困救助,响应支持美国公共医疗卫生服务供给和机构运行。

2020 年 3 月 6 日,美国国会通过《冠状病毒防备和应对补充拨款法案》(Coronavirus Preparedness and Response Supplemental Appropriations Act),向美国联邦机构拨款 83 亿美元,用于疫苗开发、疾病监测和灾难贷款提供。

2020 年 3 月 18 日,美国国会通过《家庭优先冠状病毒应对法案》(Families First Coronavirus Response Act),提供资金用于覆盖新冠病毒免费检测、工薪阶层 14 天带薪休假、税收抵免、食品援助和失业救助的扩大以及医疗补助资金的增加等。

2020 年 3 月 27 日,美国国会通过《冠状病毒援助、救济与经济安全法案》(Coronavirus Aid, Relief, and Economic Security Act,以下简称 CARES Act),为居民、家庭和企业提供 2 万亿美元的资金援助,用于经济纾困与刺激。

2020 年 4 月 24 日,美国国会通过《薪资保障计划和医疗保健增强法案》(Paycheck Protection Program and Health Care Enhancement Act),对

---

[1] 周康:《新冠疫情下美国公共卫生体系的运行:机制与评价》,《当代美国评论》2021 年第 1 期。

CARES Act 中的薪酬保护计划提供进一步补充与资金支持。

这四部法案共同构成美国国会应对新冠肺炎疫情的四项重大立法举措,作为其中第三部法案,CARES Act 以援助资金规模最大、纾困效果最显著为特色,是第二次世界大战以来美国最大规模的经济刺激法案,所提供的援助资金高达 2 万亿美元。法案着眼于纾困与托底,主要目的为减缓社交隔离对美国居民和非金融企业的冲击与挑战。

二、立法价值选择下的三种冲突

立法从来都离不开价值判断与利益衡量,尤其是在突发公共卫生事件的紧急状态下,法案从制定到出台都包含着利益的取舍与权衡,在利益的优先级排序下,优先保护更为紧迫的利益,同时将对次级利益的侵害限制在最小限度范围内。纵观 CARES Act,在立法价值选择中,法案所衡量的冲突主要为三种,即应急立法与程序正义、紧急医疗响应与患者权益保护以及大规模经济援助与高赤字高负债风险之间的矛盾与对立。

(1)应急立法与程序正义

受疫情影响,美国经济遭受严重冲击,民众生活和企业经营都陷入水深火热,据美联储 2019 年调查报告显示,美国家庭中,12%的成年人难以应付当月账单,一旦出现 400 美元的意外支出,28%的成年人难以应付,绝大多数人没有储蓄存款来应对长达 3 个月的失业期。[1] 在这种突发事件下,美国社会急需一项援助法案的快速出台来缓解社会各主体的现金支付压力。而美国的立法程序又一向以复杂化、多极化为特征,以程序性博弈来解决立法过程中利益博弈的实质性争议,立法周期具有长期性与不确定性。

由此,在重大疫情防控背景下,美国国会的立法应对面临应急立法与程序正义的抉择,这背后关系着社会政治经济关系调整的紧迫性与社会对于程序正义信仰的可动摇性。美国社会长期以正当程序为基点,以分权制衡抑制消减个体私欲,保全立法中的公共理性,民众对于程序正义内心确信程度如何,若在紧急状态下优先考虑应急立法,加速推进法治生成,缩短牺牲部分利益博弈与策略性程序辩论,对于美国程序正义的法治信仰究竟有何

---

[1] 黄燕飞:《美国关怀法案的财政影响及其对我国的启示》,《财政科学》2020 年第 12 期。

种程度内耗,是立法者在紧急公共卫生事件中不可回避的权衡与考量。

(2)紧急医疗响应与患者权益保护

在新冠肺炎疫情的突发公共卫生应对中,法案对医疗领域的支持,除了提供大量的医疗补助资金用于疫苗开发研究与设备更新,对执业医师紧缺背景下的公共卫生服务供给也须给予一定的激励与调整。CARES Act 欲对医疗志愿者个人在提供新冠疫情相关医疗服务时所产生的侵权损害赔偿责任进行豁免规定,则不可避免地存在着对紧急医疗响应与患者人身财产权利保护冲突的衡量判断,衡量的实质是紧急医疗响应下的国家安全利益与患者个人私益的优先级问题,即在疫情背景下个人权利限缩的边界如何界定以及如何保障,除外情形的设置是否可以有效牵制国家公益对患者私益的对立威胁。

(3)大规模经济援助与高赤字高负债

美国自金融危机爆发至今,已累积巨额财政赤字,此次新冠疫情的暴发与蔓延,又急剧加大了财政赤字规模。据统计,美国 2020 年的财政赤字总额为 3.13 万亿美元,比上年剧增 2.14 万亿美元,债务余额也上升到 26.95 万亿美元,而疫情下的四项法案预算总额就接近 3 万亿美元,其对美国联邦赤字的规模贡献过半,尤其是拨款规模最大,数额高达 2 万亿美元的 CARES Act,对形成财政赤字的贡献最大。且法案救援资金的筹集大多依托发行国债扩大联邦赤字实现,而增量国债的主要购买者就是各级社保基金、养老基金和美联储,虽然美国国债利率的下降可一定程度上减少联邦政府利息支出,但未来养老金和医疗基金的缺口也将因收益率的下降缺口变大。

一方面是被疫情冻结急需现金流补充的经济困境,一方面是本就已居高不下的财政赤字负债规模以及各项社会保障资金缺口,美国想在疫情后迅速开启经济重启,恢复经济发展,缓解疫情下经济的冻结与内需的收缩,为低收入群体和中小企业注入更多现金流,缓解其难以为继的现金支付压力,增强疫情压力下经济的日后可恢复性与可塑性,就不可避免地需要在矛盾中作出取舍。

三、立法选择与重点评述

本部分将介绍 CARES Act 的主要内容和相关立法评述,重点关注三个领域,分别为法案立法程序、医疗支持系统和经济援助。

(一)立法程序:紧急情势下的快速立法

1. 常态下的美国立法

美国国会立法程序向来以复杂化、多极化和专业化著称,讲求民主立法、程序正义的美国在立法程序上极为谨慎,法案从提出到成为法律中间须经历层层审议和辩论,每一细小步骤和环节都极有可能使法案中断审议甚至无疾而终。立法程序中法案的提出者和支持者总会想方设法地推动法案走向通过,而反对者则会用尽一切手段阻止法案向前推进,因此,立法中的每个环节其实都充斥着利益的拉锯与博弈,包括利益集团的暗箱操作、权钱交易、党派之间的纷争角逐,参众两院之间的牵制博弈以及总统否决权对立法权的干涉与制衡。美国企图以立法程序的复杂设计将立法难题中的实质性争议转化为程序性博弈,以正当程序为基点,抑制消减非理性的个体私欲,保全并凝聚共同理性,加强民主与法治。[1]

常态下的美国立法程序,主要为四个阶段:(1)国会议员提出议案;(2)议案提交委员会审议,委员会对议案审查结果形成报告并进行表决,重要议案举行听证会;(3)委员会表决通过,报告、原议案及修正案送交国会(参议院或众议院)进行辩论与投票;(4)国会表决通过,参众两院形成相同文本后,法案提交总统签署批准或否决。看似清晰简洁的每一步骤背后都隐藏着制约法案通过的潜在危机,程序机制随时会被利益集团利用以拖延立法进度,滞缓立法进程。

第一阶段议案提出,利益集团是该场博弈主力军,受各种复杂动机影响,议员所提议案背后是各利益集团的利益诉求,且所有立法从动议到最终成型,必须在同届国会的任期内完成,否则就前功尽弃,需要在新国会中重新来过。任期带来的影响不容忽视,换届中国会控制力量的改变、政党势力格局的变迁使得超过90%的议案都难逃夭折的宿命。

第二阶段委员会审议,委员会的筛选同样是决定议案生死的重要环节,议案将被委派给具体的委员会,因此挑选委员会的工作成为控制议案后续走向的重要手段,议会领导人往往会将议案委派给自己信赖的委员会,并

---

[1] 王怡:《民选的议会与不民主的立法:当代美国非正统立法程序考察》,《中南大学学报(社会科学版)》2018年第4期。

且,倘若议案被进一步分配给子委员会,则子委员会的挑选同委员会的挑选一样,成为关键的博弈手段。同时,重要议案的听证会制度要求听取院外政府官员、专家学者、社会名人意见,这又为行政部门和各种利益集团影响立法活动提供出一种合法路径。

第三阶段国会辩论投票,该阶段的议案要经历前后两轮冲突与妥协。第一轮发生于辩论环节,参议院或众议院的政党领袖可决定何时对议案进行辩论抑或直接雪藏,来取得议案控制权,除非议员联名请愿迫使其决定对议案进行辩论。同时参议院的无限制辩论所极易产生的冗长辩论,包含的也是赞成者与反对者的策略角逐。第二轮发生于参众两院就各自修改后的不同文本一起进行的协商讨论,相互冲突的议案如何形成同一文本,该过程如同商业谈判,在两院之间展开拉锯。

第四阶段总统签署与否决,总统的一锤定音式否决权是行政权对立法权的直接干预,除非否决后参众两院各以三分之二多数否决总统的否决,法案方可成为法律,然而实践中成功的例子少之又少。故而总统的态度又拉长了法案"分娩"的战线时长。

2.疫情期间 CARES Act 的快速通过与颁布

新冠疫情对美国经济与社会的剧烈冲击,使得美国政府不得不迅速作出反应,采取相应措施援助救济疫情冲击下千疮百孔的美国社会,尤其是在美国新冠疫情蔓延的第一次高峰,即 2020 年 3 月中旬至 4 月下旬,美国国会密集通过一系列救助法案以帮助企业、家庭和个人渡过疫情难关。联邦层面的立法行动包括四项新法令,分别是《冠状病毒防备和应对补充拨款法案》(Coronavirus Preparedness and Response Supplemental Appropriations Act)、《家庭优先冠状病毒应对法案》(Families First Coronavirus Response Act)、《冠状病毒援助、救济和经济安全法案》(Coronavirus Aid, Relief, and Economic Security Act, CARES Act)和《薪资保障计划和医疗保健增强法案》(Paycheck Protection Program and Health Care Enhancement Act),总计 401 页的法案文本在 51 天内便获通过,这在以程序复杂、多极化著称的美国立法历史上十分罕见,疫情法案的快速通过源于紧急情况下两党克服分歧的尝试努力和白宫、国会的协调配合。[1]

---

[1] Deepa Das Acevedo, Essentializing Labor Before, During, and After the Coronavirus Pandemic, 52 *Arizona State Law Journal*, 1091(2020).

CARES Act作为第三部法案,于2019年1月24日提出,主要立法目的为修订1986年《国内税收法》,以废除对高成本雇主赞助的医疗保险征收消费税制度,法案在2019年7月18日才提交至参议院,中间出现多次暂停审议、推迟审议等情形。立法进程的突然加快发生在美国疫情第一个高峰暴发(即2020年3月份)时期,程序开始被迅速推进:2020年3月20日参议院动议继续审议其提出的措施,2020年3月25日议案在参议院获得通过,并于26日发送给众议院,众议院经过3小时辩论,以声音表决的方式顺利通过,其间有人要求记录表决,被主席拒绝。3月27日,法案在参议院获得通过,随即提交给总统,特朗普于27日当天签署通过,法案生效。由此,法案在7天内突破层层程序设置迅速"分娩",出台速度比起美国次贷危机和国际金融危机爆发时期出台的《经济稳定紧急法案》(Emergency Economic Stabilization Act,EESA)和《美国复苏与再投资法案》(American Recovery and Reinvestment Act,ARRA)加快许多。

3.评述:快速立法的策略选择与深层动因

纵览疫情紧急情况下CARES Act的通过,其快速立法程序大致具有如下特点:

(1)声音表决(voice vote)的策略运用

声音表决,又称口头表决,是美国声音表决、分组表决(division vote)、"赞成和反对票"表决(yea and nay vote)、记录表决(recorded vote)四种方式中最快捷、高效的表决方式,其只需按照声音响度来判断胜出一方,并不记录议员个人的投票情况。[1]

在CARES Act的立法程序中,声音表决出现于参众两院分歧的解决阶段,就参众两院是否能形成相同文本,众议院以声音表决的方式同意参议院修正案,并于当天顺利提交给总统,缩短了表决时间,加快立法进程。

(2)多元利益主体的妥协推进

第一,民主、共和两党层面:政党博弈的重要手段之一就是通过政策和法律的制定来表达利益诉求。利益的竞合使得美国民主党和共和党在国会立法中斗争拉锯,企图通过政党在国会中的势力结构以及各种立法策略推进有利于自身资源分配的法案,因而在委员会挑选、规则委员会委员构成控

---

[1] 刘妤:《代议机关投票表决的公开性和秘密性研究》,华东政法大学2020年博士学位论文。

制、参议院与众议院的辩论中处处有党派斗争的身影,"冗长辩论"就是党派斗争拖延立法进度的典型例子。

然而在此次新冠疫情冲击下,两党对于快速、密集出台宏观经济政策帮助企业和居民纾困,尽快维稳经济,帮助美国摆脱疫情目的一致,存在利益的交叉与融合,故美国民主党和共和党虽然在很多问题上分歧较大,但是此次选择了尽可能地合作,加速推进法案制定,并未在立法进程中上演党派斗争的厮杀与较劲。

第二,参众两院层面:参众两院作为立法中的直接参与者,其作用不可忽视,任何一项法律议案都需要同时获得两院通过才能提交总统签署,面对分别经历两院辩论修改之后的不同文本,两院之间关于达成相同文本的交涉同商业谈判般相互拉锯。而此次法案的通过,如上文所述,众议院以声音表决的方式同意参议院文本,快速完成议会辩论阶段将法案推进至总统签署环节。

第三,立法与行政层面:总统的法案否决权是美国国会立法中分权制衡的重要体现,也是行政权对国会立法权干预的直接方式,而此次 CARES Act,总统于提交当天签署,没有耽搁迟延,可以看出白宫与国会之间的合作与推进。美国政府就签署《冠状病毒援助、救济和经济安全法案》与记者交流发表讲话时表态:新冠疫情是一场针对病毒的战争,政府会运用所拥有的资源来保护美国工人和美国企业,做美国人民迫切需要做的事情。在立法层面,白宫为救助法案出台作出了一定的努力与尝试。

(二)医疗支持系统:医疗专业志愿者个人的限制责任

1. 限制责任的立法概况

美国新冠疫情暴发以来,国内医护人员和公共卫生服务供给面临巨大缺口,为鼓励快速制定和部署医疗对策,美国卫生与公众服务部部长于2020 年 3 月 10 日援引《公共准备和应急准备法》(The Public Readiness and Emergency Preparedness Act,PREP Act),确定 COVID-19 为突发公共卫生事件,限制在突发公共卫生事件期间内相关人员因使用涵盖的医疗对策而造成的侵权损害责任。为配合美国疫情应对专项政策,三项国会法案已被签署生效成为法律,分别为《家庭优先冠状病毒应对法案》第 6005 节、《冠状病毒援助、救济与经济安全法案》(CARES Act)第 3103 节和 3215 节,其中均涉及参与 COVID-19 疫情应对的个人侵权责任的豁免。

《家庭优先冠状病毒应对法案》第6005节和《冠状病毒援助、救济与经济安全法案》（CARES Act）第3103节是对《公共准备和应急准备法》（PREP Act）所进行的修订，明确规定某些"个人呼吸防护装置"（如 N95 呼吸器）也属于法案所涵盖的医疗对策，对其进行的管理、提供、分发和使用同样可适用责任豁免规定。[1]

在 CARES Act 中，最关键的还是第3215节有关新冠肺炎应急响应期间医疗专业志愿者限制责任的规定。该节明确除分节规定的除外情形外，医护专业人员对于在公共卫生紧急情况下提供医护服务时因作为或不作为所造成的任何损害，不应承担联邦或州法律的责任。对于在 CARES Act 颁布之后发生的造成损害的作为或不作为行为，均适用该责任豁免损害索赔规定。

2.限制责任中责任豁免的构成要件

根据 CARES Act 第3215节规定，医疗专业志愿者的限制责任具体适用要件为：（1）专业人员以志愿人员的身份提供医护服务，以应对此类突发公共卫生事件；（2）该作为或不作为发生于以下情形：第一，提供医护服务过程中；第二，以医疗专业志愿者的身份提供；第三，在提供医护服务的过程中，须在州许可、登记或认证机构所界定的志愿人员许可证、登记或认证范围内从事活动，且不得超出发生该作为或不作为的州内基本类似的医疗专业人士的许可、注册或证明的范围；第四，真诚地认为被治疗的个人需要接受医护服务。

3.限制责任中责任豁免的适用分析

（1）适用主体：个人志愿医护人员

在适用主体上，该节豁免的是个人志愿医护人员在 COVID-19 突发公共卫生事件中提供与 COVID-19 相关的医疗保健治疗服务时作为或不作为产生的侵权损害责任，并不保护此类侵权损害诉讼中的非个人被告（如医院），也不适用于以营利为目的提供 COVID-19 相关医疗服务的非志愿人员。其立法要旨类似于美国1997年的《志愿者保护法》（Volunteer Protection Act，VPA）中所规定的：保护为非营利组织或政府实体提供志愿服务的个人免受作为或不作为责任，适用主体排除非个人（如非营利组织）

---

[1] Kevin J. Hickey & Erin H. Ward，Legal Issues in COVID-19 Vaccine Development，*Congressional Research Service*，29(2020).

和非志愿者。[1]

条文中的"志愿者"系指在提供的医护服务方面不接受任何补偿或任何其他有价物替代补偿的医护专业人员。这些补偿包括根据任何保险单或健康计划,或根据任何联邦或州健康福利计划支付的款项;不包括上述医护专业人员以志愿者的身份在提供医护服务时收到的专用物资,以及当提供的服务距志愿者主要居住地超过120公里时,所报销的前往提供志愿服务地点所花费的差旅费用,以及以现金或实物支付的食宿费用。

(2)豁免的可索赔损失范围:广义"任何类型的损失"

在损失范围上,豁免的"损害"包括直接损害、间接损害、财产性损害和非财产性损害,即联邦或州法律下"任何类型的损失",涵盖死亡,身体、精神或情感的伤害,疾病或残疾等状况,对伤害的恐惧(包括医疗监测费用)以及财产损害(包括业务中断造成的损失)。该豁免的可索赔损失范围基本覆盖绝大多数法律侵权、医疗事故和非正常死亡索赔。[2]

(3)行为限定:新冠肺炎相关医护服务

法案所豁免的"医护服务"系指由医护专业人员或在医护专业人员监督下提供的:有关新冠肺炎的诊断、预防和治疗,或有关新冠肺炎确诊或疑似病例的评估或护理的医疗服务。

4.责任豁免的除外情形

CARES Act在规定了医疗志愿者个人责任豁免的同时,也规定了责任豁免的除外情形,以规避医护人员故意或重大过失行为对患者权益的过度侵害。根据法案规定,限制责任不适用于如下情形:

(1)损害是通过作为或不作为,构成故意或刑事不当行为、重大过失行为以及鲁莽不当行为产生,或由医护专业人员有意公然漠视个人的权利或安全所造成。

(2)医护专业人员在酒精或麻醉性药品的影响下(根据适用的州法律界定)提供医疗服务。

从性质上界定,两类行为均不属新冠疫情特殊情势下不得已而为之的

---

〔1〕 Kevin M. Lewis et al. COVID-19 Liability: Tort, Workplace Safety, and Securities Law, *Congressional Research Service*, 8(2020).

〔2〕 Kevin J. Hickey & Erin H. Ward, Legal Issues in COVID-19 Vaccine Development, *Congressional Research Service*, 25(2020).

紧急应对,而是医护人员采取合理注意和谨慎义务完全可以避免的过错行为,故出于对患者权益的合理考量,不应纳入豁免责任的适用范围。

5.与其他相关法律的适用位阶

针对美国的突发公共卫生事件应对,存在多种法律规制,从等级上划分,有CARES Act等联邦法律,也有相关州法律。从一般法与特别法上划分,有针对新冠疫情专项规制的CARES Act,也有《志愿者保护法》(CARES Act所提供的的保护实质上就是对1997年《志愿者保护法》之补充)、《公共准备和应急准备法》等一般法规定。相关法在疫情应对中存在交叉规定或矛盾条款,适用中难免出现法条的竞合与选择。在法律适用位阶上,CARES Act采特殊法优先与最大利益保护相结合原则,于第3215节作出明确规定:一般情形下,若一州的法律或该州的任何政治分支与本节规定不一致,则优先适用本节法律,除非那些法律提供了更大的免责保护。(如本节的豁免可能与《公共准备和应急准备法》的豁免情形存在重叠,但在不涉及覆盖对策的情形下,CARES Act提供了更大的免责保护,故仍优先适用CARES Act。)

6.评述:责任豁免的考量因素与潜在风险

新冠疫情作为重大突发公共卫生事件,对一国医疗卫生响应中的医疗资源供给与配置提出重大挑战。疫情下的公共卫生服务供给对于保护公众生命健康,迅速恢复社会治理秩序具有重要意义,故CARES Act作为新冠肺炎疫情期间的专项应对法案,不可避免地需要对突发公共卫生事件中的卫生应对进行有效规制,为吸纳更多医疗专业志愿者参与新冠疫情医疗响应创造相应法治环境与政策氛围。纵览CARES Act关于责任豁免的相关规定,可归纳出如下特征:

(1)政策与立法关联紧密,但措施单薄制约效果实现

政策的灵活性往往可以迅速对疫情作出准备与应对,立法则具有更强的刚性,展现出更强的宣示意义与调整效果。疫情期间,美国政府号召更多的医疗志愿者加入抗疫大军抗击疫情,在该层面CARES Act豁免医疗志愿者个人的侵权损害赔偿责任便是政策推动的结果,以立法的形式限制医疗志愿者的责任承担,减轻医疗志愿者的后顾之忧。美国特有的法律制度为这种政策和立法的有效互动提供了空间,可以说,CARES Act的责任豁免制度是与美国疫情应对、疫苗推进政策高度结合的产物。

但这种互动并未真正解决美国的公共卫生服务供给短缺,虽然此次政

策与立法互动的主要目的即为增强疫情期间执业医师供应,吸引适格执业医师加入应急医疗队伍,但该种紧密关联仅为责任豁免单层性配合互动,产生的实际效果并未完全缓解美国实际医疗响应中的供需缺口,面对上百万的肺炎患者,美国的执业医师供应仍显乏力,如何短期内有效扩充医疗人员队伍仍是美国政府的当务之急。毕竟,该豁免只是对既有适格医护志愿者的责任豁免,仅为在现有医疗队伍规模内部吸纳人员参与医疗服务供给,并未从根本上增加美国的适格执业医师数量以弥补供需鸿沟。疫情期间,美国联邦、州和地方政府以互补分工的方式承担着公共卫生服务供给,作为负责授权执业医师资格的州政府和议员,应探索授予医学院合格毕业生临时执业许可,将大量未找到住院医师项目、已通过资格考试的国内外医学院毕业生集中,使其在执业医师监管指导下提供紧急医疗服务,组建成人才宝库以改善全国医师供应的紧缺窘况。一方面,该措施可短期内快速弥补缺口,另一方面,由于这些医学院毕业生在医学院学习期间均接受过专业医学教育和培训,医护技能远超医生助理、护士、军事医护人员以及平民辅助医务人员或紧急医务技术员,其紧急医疗服务的供给质量也有所保障。[1]

(2)风险防控与责任豁免综合考量,但个人权利限缩蕴含合宪性隐忧

责任的承担和加重必然伴随着当事人谨慎义务和合理注意义务的增加,从而尽可能地规避风险的发生,但在紧急情况下,过度的谨慎与规避反而会造成治疗时机的贻误与错失。同样,纵容式的过度豁免也不利于风险防控,甚至会违背最初的豁免目的。限制责任是立法者于紧急情况下出于迅速应对疫情,鼓励医疗志愿者弥补公共卫生供给紧缺而采取的衡量之策,是在国家公共利益和患者个体私益冲突之中优先选择国家公共利益的妥协,但这种妥协并非没有限度,其依然遵循比例原则中的损害最小原则,需将对患者人身权利和财产权利的损害降低到最小限度,非必要不侵害。CARES Act在风险防控与责任豁免之间作出了一定的权衡与考量,以除外情形规制的方式,平衡患者私益与国家公益,从而在疫情背景下,尽可能保障公共医疗卫生服务供给的数量和质量。

不容忽视的是,责任豁免下患者个人权利的限缩,也隐含着合宪性的隐忧,国会联邦立法豁免COVID-19下医疗志愿者的侵权损害赔偿责任,首先

[1] Larkin, Paul J. Jr., COVID-19 and the Provisional Licensing of Qualified Medical School Graduates as Physicians, 76 *Washington and Lee Law Review Online*, 81(2020).

要解决的根本问题,是该项废除州侵权责任规定的条款是否具有宪法正当性,即国会所列提案是否具有宪法授权。由于美国宪法的制定者将联邦政府定位为有限政府,故国会的立法权限严格受到宪法限制。[1] 除非宪法中已列举权力授权国会通过某一特定法律,否则国会不得颁布该法律。因此,以何种原则论证法案豁免规定,使其属于宪法列举的权力范围,并不超出国会的立法权限需要国会议员进一步说明,同时,疫情下患者个人权利限缩边界的维持时效以及追溯效力都有待进一步讨论。

（3）国家担保责任机制的补偿应用

国家责任分为担保责任、财政责任和执行责任。[2] 在公共医疗卫生服务供给中,国家承担的主要是以财政拨款为依托的财政责任以及国家担保责任,国家必须保证新冠肺炎患者在医疗机构所接受的医疗服务是尽可能安全且有效的,一旦患者在接受治疗时遭受到了严重身体伤害（仅限于需要住院治疗或导致严重功能丧失或残疾的情况）甚至死亡,纵使医疗志愿者个人可豁免侵权损害赔偿责任,国家仍要承担接管责任、补充责任等。[3] 此次新冠疫情中的国家担保责任主要通过覆盖对策过程基金（Covered Countermeasure Process Fund）实现。

覆盖对策过程基金是覆盖对策损害赔偿项目（The Countermeasures Injury Compensation Program,CICP）所依赖的资金库,根据卫生与公众服务部对 CICP 程序的规范,符合条件的个人（或其遗属）如果因接受覆盖对策而直接死亡或遭受严重身体伤害,可以通过 CICP 报销合理的医疗费、误工费和死亡后的遗属抚恤金。[4] CARES Act 也提供了适当的资金,其拨款 270 亿美元给卫生与公众服务部部长用于类似目的,并规定部长可以将这些资金转移到覆盖对策过程基金中,用于与新冠疫情相关的损害赔偿项目。因此,CARES Act 将国家担保责任应用于新冠疫情医疗损害赔偿机制,以完善国家责任与私法责任间的衔接与替代。

---

[1] Kevin M. Lewis et al. COVID-19 Liability: Tort, Workplace Safety, and Securities Law, *Congressional Research Service*, 17(2020).

[2] 杨彬权:《后民营化时代的国家担保责任研究》,中国法制出版社 2017 年版,第 46 页。

[3] Kevin J. Hickey, Erin H. Ward, Legal Issues in COVID-19 Vaccine Development, *Congressional Research Service*, 27(2020).

[4] Kevin J. Hickey, Erin H. Ward, Legal Issues in COVID-19 Vaccine Development, *Congressional Research Service*, 29(2020).

(三)经济援助:资金规模最大的纾困政策

1.主要内容

(1)对家庭和个人的援助

CARES Act 对个人和家庭的援助方式主要采取增加现金收入和延迟或减少现金支付两种,并没有典型经济刺激政策中的减税内容。

法案增加现金收入的方式为向低收入群体发放现金、为失业群体发放失业救济,前者具体方案为:以年收入 7.5 万美元和 9.9 万美元为临界,对于年收入少于 7.5 万美元的居民发放 1200 美元现金;年收入在 9.9 万美元以上的居民不发放;介于 7.5 万与 9.9 万美元之间的居民逐级递减发放;同时每个家庭中的每个孩子获得 500 美元现金。[1] 关于失业救济,CARES Act 建立了一项临时性失业援助计划,用以扩大救济范围(包含自雇人员、独立承包商等),在州失业救济金的基础上,额外向失业人员发放 600 美元、最多为期 4 个月的失业援助,并积极鼓励各州政府在现有州失业救济金计划的基础上提供更多的补助金,援助周期最长不超过 39 周。[2]

针对延迟或减少现金支付,该法案采取暂缓支付联邦学生贷款及应计利息、延迟缴纳税款和社保薪金税以及给予某些纳税公民一次性税收抵免等措施,以延缓现金支付来缓解居民的资金压力。

(2)对企业的救助

CARES Act 将企业划分为所有符合条件的企业、中大企业和小企业三类进行救助。对于所有符合条件的企业,法案规定了一系列税收抵免和延期纳税的救助政策,包括推迟社保税缴纳、员工社保税留置、企业营业亏损抵免和利息抵扣等。[3] 对于中大企业的救助,法案将其分为联邦财政直接贷款和为美联储提供资本金由美联储发放贷款两种,联邦财政直接贷款是针对运输公司、航空公司、国家安全相关企业单设的救助措施;而为美联储注资发放贷款主要用于受疫情冲击严重的企业以及未被小企业贷款计划覆盖的企业贷

---

[1] 杨盼盼、徐奇渊、杨子荣:《复盘新冠疫情下的美国宏观经济政策》,《当代美国评论》2021 年第 1 期。

[2] 黄燕飞:《美国关怀法案的财政影响及其对我国的启示》,《财政科学》2020 年第 12 期。

[3] 杨盼盼、徐奇渊、杨子荣:《复盘新冠疫情下的美国宏观经济政策》,《当代美国评论》2021 年第 1 期。

款。对小企业的支持是CARES Act对企业救助的重心所在,法案中的援助资金被拨付给小企业管理局执行薪酬保障计划(Paycheck Protection Program,PPP),最初设立时援助资金总额为3490亿美元,后因款项的快速消耗,政府又追加了3100亿美元,共计6590亿美元投入到PPP专项计划,在该计划中,符合要求的小企业可申请豁免贷款的归还义务,即申请联邦政府担保的无追索权贷款用于小企业的关键业务活动,如支付员工薪酬、支付抵押贷款利息、租金、水电费、未偿还贷款的利息以及留住原有员工等。

2.评述:经济援助的实施效果与机制完善

CARES Act的主要内容就是维持工人的工资就业、稳定经济,通过对居民、家庭和企业的纾困与救助,减缓疫情影响下的美国经济衰退,为疫情控制后美国经济的全面重启做铺垫性准备,争取实现经济的平稳过渡。归纳CARES Act所确立的经济援助措施,这些措施主要具有如下特征:

(1)援助对象多层化,方式采现金援助直达受援对象

CARES Act所支持的援助对象根据居民、企业的主体类别以及年收入高低层次的不同,实施不同的经济援助政策,在援助对象与政策的选择上具有多极化、多类别的分级实施特点,如在对低收入群体进行现金援助时,以年收入7.5万美元和9.9万美元为界分发不同援助数额;在对企业进行救助时,也根据企业规模的大小以及经营性质的不同,将企业划分为中大企业和小企业实施不同的贷款政策与贷款路径。

同时,在援助方式上,CARES Act多采现金援助方式直达受援对象,其对个人的救助,根据个人在申报所得税系统中的银行账号或者邮寄地址,直接予以打款或者邮寄支票。[1]对小企业的援助是由小企业管理局联合商业银行开展,小企业可直接向商业银行申请贷款并获得贷款发放,一旦后期符合贷款豁免条件,小企业管理局付款给商业银行即可,企业自身豁免贷款归还义务。不难发现,CARES Act的救助意旨为通过现金或贷款的直接提供改善企业和个人的现金流,以及通过冻结或推迟部分款项支付减轻短期现金支付压力,方式均采直接针对性措施。

(2)监督与援助并行,预防救助资金滥用与欺诈支付

CARES Act作为援助力度最大的疫情法案,援助规模多达2万亿美

---

[1] 黄燕飞:《美国关怀法案的财政影响及其对我国的启示》,《财政科学》2020年第12期。

元,如何确保这笔巨额款项顺利流向适格救助主体,从而发挥经济援助的目的效用成为美国政府和社会公众关心的热点。据美国政府问责署和媒体相关报道,补贴发放中存在中低效率和腐败问题,如死亡人员后代舞弊继续享受补贴、重复享受补贴,小企业主申请薪酬保护计划不当使用资金等。

根据国内收入署统计,在法案通过后的 1,604 亿次付款共 2690 亿美元中,截至 4 月 30 日,共有 110 万次合计 14 亿美元支付给了收款人的后代,这类不当支付多是由于死亡人员数据更新不同步不及时。另外,失业保险和薪酬保护计划的援助对象存有交叉,可能存在重复领取问题。因为失业保险申请面向失业个人,而根据薪酬保护计划,雇主为留住原有员工或重新雇佣员工所支付薪酬而产生的贷款可以获取全额豁免,这将导致部分申请失业保险的个人同时收到了由薪酬保护计划提供的贷款支付的工资。此外,薪酬保护计划的宽松申请条件与便利申请程序,也使得有些小企业主不当使用,以从事关键业务活动为名骗取援助贷款。

为预防援助资金的滥用与欺诈支付,CARES Act 规定了多种方式监督救助款项,采监督与援助双向并行的调整机制。在高层利益规避层面,法案规定总统、副总统等直接利益相关人员的企业不能获得救助;在专项监督机构层面,法案赋予国会下属的政府问责署监督职责,负责审计与疫情相关的联邦支出和拨款,并及时将相关情况向国会报告;在举报监督层面,财政部设置举报热线收集利用法案谋取私利或援助中的不合规不合法行为。一旦发现滥用或欺诈支付,CARES Act 法案作出偿还、回收以及剥夺继续获取援助资格的惩戒规定。

(3)纾困效果显著,但刺激方案存在效用递减

CARES Act 庞大的资金规模,纾困效果显著,一定程度上缓解了低收入群体以及中小企业的资金压力,短期保障了居民、家庭以及中小企业的生存,对冲了疫情大流行对内需的不利影响,也使得一些航空业等处于破产边缘的大中型企业得以继续维持。可以说,法案避免了美国更大范围的人员失业和企业倒闭,是美国维持经济相对稳定的努力尝试。然而显著效果的背后,也存在着经济纾困的效用递减。

美国政府为增加低收入群体现金流,缓解其因经济活动停止带来的生活困难,为其提供大量现金补贴,使得部分失业居民个体的收入甚至高于疫情之前的平均工资,这从另一侧面也滋生了懒惰怠工的就业风气,削弱了该部分人群的再就业动力,不利于美国经济复苏后就业市场的动能恢复。同

时丰厚的纾困政策是以美国政府大幅增长的财政赤字以及增发货币导致的通货膨胀上升美元贬值为巨大代价，美国在国际金融市场的中心化下降以及成效上的效用递减均为美国后续的经济恢复埋下隐患，对全球经济的平稳发展也带来巨大冲击。

Commentary on the Legislation of the Coronavirus Aid, Relief and Economic Security Act

Cheng Jingyi　Ye Pan

Abstract：In the context of emergency legislation for the COVID-19 pandemic, the United States is facing three prominent contradictions, which are emergency legislation and procedural justice, emergency medical response and patient rights protection, and large-scale economic assistance and high deficits and high liabilities. In consideration of the current provisions of the Coronavirus Aid, Relief, and Economic Security Act (CARES Act), the act all prioritizes the former in the aspects of legislative procedure, medical support and economic assistance, and based on this value orientation, the United States pursues the rapid and intensive enactment of laws in the legislative procedure; shields the individual volunteer healthcare professionals from a certain range of liability for medical tort damage in the medical support system; appropriates large-scale cash directly to ease the pressure of residents' cash payment and the discontinuity of the financial chain of enterprises in the economic assistance. However, the act also implies the constitutional concerns of liability immunity and the risk of loss of efficiency of economic assistance. A dialectical view of the CARES Act's epidemic response measures has certain reference value in the construction of public health governance mechanism.

Key words：the COVID-19 pandemic; legislative procedure; medical support; economic assistance

《司法智库》约稿函

汇通信息　精研学术　服务司法

为研究司法前沿问题,推动理论与实践的互动,促进理论创新与司法改革,提升司法学术、司法政策与实务水平,现依托上海师范大学重点学科——诉讼法学科举办本集刊。

本集刊现已被"中国知网"数据库全文收录。设立"理论探索""制度分析""调查研究""焦点观察""域外文献""司法实务""案例分析"等栏目,每年编辑两卷,于同年年中、年底出版。现竭诚欢迎诸位同仁惠赐大作！本集刊文风追求严谨务实、鲜明简练,投稿时请注意以下事项:

一、所投稿件必须是本人原创,且尚未公开发表。若为与他人合作作品,须征得其他作者同意,并予以注明。因稿件著作权引发的纠纷,由作者自行负责。

二、投稿论文应以司法及相关领域为主题,论文字数一般以15000字以上为宜。本集刊编辑部有权对来稿进行删修,不同意删修的请在来稿中注明。

三、论文格式及注释体例详见附件。

四、稿件刊登后,赠当期集刊。

五、来稿一经刊登,即认为作者同意将文章版权(包括各种介质、媒体的版权)转至《司法智库》编辑部,使用时不再征询作者意见。

六、来稿必复,实行三审定稿、快捷审稿方式,初审时间为十日以内,二审和终审稿件根据需要与作者保持沟通,尽可能缩短审稿时间。

七、收稿邮箱:sifazhiku@126.com

《司法智库》编辑部

附件

论文格式

1.标题、署名、作者身份

标题用小二号宋体，居中书写。如果来稿属于基金项目资助范围内的研究成果，应在标题右上角用＊号引出说明论文资助背景的页下脚注，脚注应含有以下信息：基金项目的类别、名称、批准号。

署名位于标题的下一行，居中书写，小4号宋体，在右上角用＊号（若存在前段提及事项，则用＊＊号）引出作者身份的页下脚注，脚注应注明以下信息：

（1）作者简介：姓名、工作单位、职称或职务。

（2）作者的联系方式：所在省市、单位、地址、邮编、联系电话、电子信箱（以便寄送样刊）。

2.摘要与关键词

论文须列出摘要与关键词。在正文之前引出摘要（中文），不超过400字，5号楷体，前加"摘要"两字。在中文摘要后单独一行分别列出3～5个关键词，5号楷体，前加"关键词"。

3.正文

正文采用5号宋体，单倍行距，每一段文字首行缩进2字符。

各级标题采用以下体例：

第一级：一、二、……，

第二级：（一）（二）……，

第三级：1.2.……，

第四级：（1）（2）……

正文后用英文列出论文标题、作者姓名、摘要、关键词。

注释体例

1.一般规定

（1）提倡引用正式出版物，原则上不引用未公开出版物。

（2）文中注释一律采用页下脚注，每页重新编号，注码样式为：[1][2][3]。

（3）非直接引用原文时，注释前加"参见"；非引用原始资料时，应注明"转引自"。

（4）引文出自同一资料相邻数页时，注释体例为：第 x-x 页。

（5）引用自己作品时，直接标明作者姓名，不要使用"拙文"等自谦词。

（7）引用外文的，依从该文种注释习惯。

（8）引用网上资料须注明作者姓名、作品名称、网址及访问时间。

2.范例

（1）著作类

[1]季卫东：《法治秩序的建构》，中国政法大学出版社 1999 年版，第 20 页。

[2]崔建远主编：《合同法》，法律出版社 2016 年版，第 22～24 页。

（2）论文类

[1]朱芒：《行政立法程序基本问题试析》，《中国法学》2000 年第 1 期。

（3）文集类

[1][美]Philip J. Loree：《〈海洋法公约〉：对美国航运业更为可取的方式》，傅崐成等编译：《美国弗吉尼亚大学海洋法论文三十年精选集》，厦门大学出版社 2010 年版，第 443 页。

（4）译作类

[1][德]海因里希迈尔：《古今政治哲学中的核心问题》，林国基译，华夏出版社 2004 年版，第 20 页。

（5）报纸类

[1]许多奇：《"带头大哥"为何涉嫌非法集资》，《解放日报》2007 年 10 月 15 日第 3 版。

（6）古籍类

[1]《史记·秦始皇本纪》。

（7）辞书类

[1]《新英汉法律词典》，法律出版社 1998 年版，第 24 页。

（8）港台类

[1]傅崐成：《海洋管理的法律问题》，台湾文笙书局 2003 年版，第 33 页。

版权声明